la creación literaria

los cien grandes poemas
de españa y américa

*

julio ortega
(compilador)

h. rosi song
(asistente editorial)

siglo veintiuno editores

siglo veintiuno editores, s.a. de c.v.
CERRO DEL AGUA 248, DELEGACIÓN COYOACÁN, 04310, MÉXICO, D.F.

siglo veintiuno de españa editores, s.a.
PRÍNCIPE DE VERGARA 78 2º DCHA. MADRID, ESPAÑA

portada de germán montalvo

primera edición en español, 2000
© siglo xxi editores, s. a. de c. v.
isbn 968-23-2213-8

derechos reservados conforme a la ley
impreso y hecho en méxico / printed and made in mexico

ÍNDICE

AGRADECIMIENTOS		12
PRÓLOGO: FIN DE SIGLO Y POESÍA ESPAÑOLA, por JULIO ORTEGA		13
1	POEMA DE MIO CID	21
2	ROMANCE DEL REY MORO QUE PERDIÓ ALHAMA	31
3 JUAN RUIZ, ARCIPRESTE DE HITA (SIGLO XIII)	DE LAS PROPIEDADES QUE LAS DUEÑAS CHICAS HAN	33
4 MARQUÉS DE SANTILLANA (1398-1458)	SERRANILLA	35
5 JORGE MANRIQUE (1440-1479)	COPLAS POR LA MUERTE DE SU PADRE	37
6 JUAN BOSCÁN (c. 1500-1542)	SONETO LXI	53
7 GARCILASO DE LA VEGA (1503-1536)	SONETO V	54
8 GUTIERRE DE CETINA (¿1514/17?-¿1560?)	OJOS CLAROS, SERENOS	55
9 SANTA TERESA DE JESÚS (1515-1582)	VIVO SIN VIVIR EN MÍ	56
10 FRAY LUIS DE LEÓN (1527-1591)	A FRANCISCO SALINAS	58
11 FERNANDO DE HERRERA (1534-1597)	ROJO SOL, QUE CON HACHA LUMINOSA	60
12 SAN JUAN DE LA CRUZ (1542-1591)	CANCIONES DEL ALMA	61
13 LUIS BARAHONA DE SOTO (1548-1598)	CANCIÓN	69
14 LUIS DE GÓNGORA Y ARGOTE (1561-1627)	FÁBULA DE POLIFEMO Y GALATEA	74
15 LOPE DE VEGA (1562-1635)	POBRE BARQUILLA MÍA	87

16	BERNARDO DE BALBUENA (1568-1627)	*GRANDEZA MEXICANA (CAP. VII)*	91
17	RODRIGO CARO (1573-1647)	*CANCIÓN A LAS RUINAS DE ITÁLICA*	98
18	FRANCISCO DE QUEVEDO (1580-1645)	*AMOR CONSTANTE MÁS ALLÁ DE LA MUERTE*	100
19	JUAN DE TASIS, CONDE DE VILLAMEDIANA (1582-1622)	*ACONSEJA A UN AMIGO AL RETIRO*	101
20	LUIS CARRILLO Y SOTOMAYOR (1583-1610)	*SONETO XXXI*	102
21	FRANCISCO DE RIOJA (1583-1659)	*SILVA X*	103
22	ATRIBUIDO A MIGUEL DE GUEVARA (1585-1646)	*NO ME MUEVE, MI DIOS, PARA QUERERTE*	104
23	ESTEBAN MANUEL DE VILLEGAS (1589-1669)	*SÁFICOS*	105
24	FRANCISCO DE MEDRANO (1570-1607)	*SONETO XLVII*	106
25	LUIS DE SANDOVAL Y ZAPATA (¿1620?-1671)	*BLANCA AZUCENA QUE ALUMBRASTE EL PRADO*	107
26	SOR JUANA INÉS DE LA CRUZ (1651-1695)	*ESTA TARDE, MI BIEN, CUANDO TE HABLABA*	108
27	JUAN DEL VALLE Y CAVIEDES (1652-1697)	*PRIVILEGIOS DEL POBRE*	109
28	ANDRÉS BELLO (1781-1865)	*LA AGRICULTURA DE LA ZONA TÓRRIDA*	110
29	JOSÉ ZORRILLA (1817-1893)	*EL ÁNGEL EXTERMINADOR*	121
30	JOSÉ HERNÁNDEZ (1834-1886)	*MARTÍN FIERRO (I Y II)*	126
31	GUSTAVO ADOLFO BÉCQUER (1836-1870)	*CERRARON SUS OJOS*	135
32	ROSALÍA DE CASTRO (1837-1885)	*CANTAR VI(II)*	138
33	JOSÉ MARTÍ (1853-1895)	*VERSOS SENCILLOS*	140

ÍNDICE

34	MANUEL GUTIÉRREZ NÁJERA (1859-1895)	*LA DUQUESA JOB*	152
35	JULIÁN DEL CASAL (1863-1893)	*VENUS ANADYOMENA*	155
36	JOSÉ ASUNCIÓN SILVA (1865-1896)	*UNA NOCHE*	156
37	RICARDO JAIMES FREYRE (1866-1933)	*SIEMPRE...*	158
38	RUBÉN DARÍO (1867-1916)	*LOS MOTIVOS DEL LOBO*	159
39	LEOPOLDO LUGONES (1874-1938)	*LUNA DE LOS AMORES*	164
40	JOSÉ MARÍA EGUREN (1874-1942)	*EFÍMERA*	167
41	ANTONIO MACHADO (1875-1939)	*A JOSÉ MARÍA PALACIO*	168
42	JUAN RAMÓN JIMÉNEZ (1881-1958)	*SOY ANIMAL DE FONDO*	169
43	DELMIRA AGUSTINI (1886-1914)	*FIERA DE AMOR*	171
44	RAMÓN LÓPEZ VELARDE (1888-1921)	*SUAVE PATRIA*	172
45	GABRIELA MISTRAL (1889-1957)	*PUERTAS*	177
46	ALFONSO REYES (1889-1959)	*YERBAS DEL TARAHUMARA*	180
47	PEDRO SALINAS (1891-1951)	*VARIACIÓN XIV. SALVACIÓN POR LA LUZ*	183
48	ALFONSINA STORNI (1892-1938)	*ODIO...*	185
49	CÉSAR VALLEJO (1892-1938)	*ELLO ES QUE EL LUGAR DONDE ME PONGO*	186
50	VICENTE HUIDOBRO (1893-1948)	*ALTAZOR (CANTO VI)*	188
51	JORGE GUILLÉN (1893-1984)	*MÁS ALLÁ*	193
52	FEDERICO GARCÍA LORCA (1898-1936)	*GRITO HACIA ROMA*	200
53	LUIS PALÉS MATOS (1898-1959)	*PUERTA AL TIEMPO EN TRES VOCES*	203

54	VICENTE ALEIXANDRE (1898-1984)	*CRIATURAS EN LA AURORA*	206
55	JORGE LUIS BORGES (1899-1986)	*POEMA DE LOS DONES*	209
56	EMILIO PRADOS (1899-1962)	*EL CUERPO EN EL ALBA*	211
57	JOSÉ GOROSTIZA (1901-1973)	*MUERTE SIN FIN (1-3)*	213
58	RAFAEL ALBERTI (1902-1999)	*EL BOSCO*	221
59	NICOLÁS GUILLÉN (1902-1989)	*VELORIO DE PAPÁ MONTERO*	224
60	XAVIER VILLAURRUTIA (1903-1950)	*NOCTURNO ROSA*	226
61	LUIS CERNUDA (1902-1963)	*A UN POETA FUTURO*	228
62	PABLO NERUDA (1904-1973)	*TANGO DEL VIUDO*	231
63	CÉSAR MORO (1906-1956)	*CARTA DE AMOR*	233
64	MARTÍN ADÁN (1908-1984)	*LA ROSA DE LA ESPINELA*	236
65	MIGUEL HERNÁNDEZ (1910-1942)	*COMO EL TORO HE NACIDO PARA EL LUTO*	240
66	ENRIQUE MOLINA (1910-1996)	*EL PASAJERO DE LA HABITACIÓN NÚM. 23*	241
67	EMILIO ADOLFO WESTPHALEN (1911)	*HE DEJADO DESCANSAR...*	245
68	JOSÉ LEZAMA LIMA (1912-1976)	*HIMNO PARA LA LUZ NUESTRA*	247
69	NICANOR PARRA (1914)	*SOLILOQUIO DEL INDIVIDUO*	252
70	OCTAVIO PAZ (1914-1998)	*VIENTO ENTERO*	256
71	GONZALO ROJAS (1917)	*LA PALABRA PLACER*	262
72	OLGA OROZCO (1920-1999)	*"BOTINES CON LAZOS", DE VINCENT VAN GOGH*	264
73	CINTIO VITIER (1921)	*LA BALANZA Y LA CRUZ*	266
74	JUAN SÁNCHEZ PELÁEZ (1922)	*LO HUIDIZO Y PERMANENTE*	269
75	GABRIEL FERRATER (1922-1971)	*IN MEMORIAM*	271
76	JOSÉ HIERRO (1922)	*RÉQUIEM*	280
77	ÁLVARO MUTIS (1923)	*NOCTURNO EN COMPOSTELA*	283

78	CARLOS MARTÍNEZ RIVAS (1924-1988)	ECLESIASTÉS 285
79	JORGE EDUARDO EIELSON (1924)	EUROPA 286
80	ROBERTO JUARROZ (1925-1995)	POESÍA VERTICAL 289
81	ERNESTO CARDENAL (1925)	HORA 0 291
82	ÁNGEL GONZÁLEZ (1925)	NOTAS DE UN VIAJERO 307
83	BLANCA VARELA (1926)	CANTO VILLANO 309
84	JAIME SABINES (1926-1999)	ALGO SOBRE LA MUERTE DEL MAYOR SABINES 311
85	CARLOS GERMÁN BELLI (1927)	¡OH HADA CIBERNÉTICA! 314
86	TOMÁS SEGOVIA (1927)	ANAGNÓRISIS (FRAGMENTOS) 315
87	JAIME GIL DE BIEDMA (1929-1990)	BARCELONA JA NO ÉS BONA, O MI PASEO SOLITARIO EN PRIMAVERA 319
88	ENRIQUE LIHN (1929-1988)	PORQUE ESCRIBÍ 322
89	EDUARDO LIZALDE (1929)	IMPROVISACIONES Y SONETOS CANTINEROS 324
90	JOSÉ ÁNGEL VALENTE (1929)	LA NOCHE 326
91	RAFAEL CADENAS (1930)	AMANTE 327
92	JUAN GELMAN (1930)	CARTA ABIERTA 331
93	FRANCISCO BRINES (1932)	LA FABULOSA ETERNIDAD 334
94	CLAUDIO RODRÍGUEZ (1934-1999)	LOS ALMENDROS DE MARIALBA 335
95	MANUEL DÍAZ MARTÍNEZ (1936)	CARTA A UN AMIGO 337
96	JOSÉ EMILIO PACHECO (1939)	FIN DE SIGLO 339
97	ANTONIO CISNEROS (1942)	EL CEMENTERIO DE VILCASHUAMÁN 340
98	JOSÉ-MIGUEL ULLÁN (1944)	EL VIENTO 341
99	PERE GIMFERRER (1945)	ODA A VENECIA ANTE EL MAR DE LOS TEATROS 346
100	JOSÉ LUIS VEGA (1948)	ISLA 348
AUTORES		349

AGRADECIMIENTOS

En primer lugar a los editores de los textos clásicos, a cuya solvencia editorial debemos el establecimiento y el cuidado de nuestra memoria poética. También, a las familias y herederos de los poetas cuyas obras no están aún en el dominio público. Reconocimiento especial es debido a los poetas vivos, con quienes he tratado de consultar esta selección, aunque soy responsable de las decisiones finales. Varios corresponsales respondieron a mis preguntas sobre sus poemas favoritos, entre ellos Gabriel Zaid y Adolfo Castañón, de México. Jaime Labastida leyó el manuscrito y gracias a su sugerencia incluí un fragmento del poema de Mio Cid. Mis colegas de la Brown University, Mercedes Vaquero y Enric Bou me hicieron recomendaciones valiosas sobre la Edad Media y la poesía española del 27, respectivamente; y Elena del Río Parra colaboró con el proceso de selección de la poesía del Siglo de Oro y con la bibliografía de ese periodo. A todos estos amigos expreso mi gratitud.

JULIO ORTEGA

PRÓLOGO

I

Al abrirse las puertas del siglo XXI, la poesía ya estaba allí. Sin nuestra memoria el futuro no sería capaz de reconocer sus nombres; y la poesía es una memoria fecunda, cuya creatividad nos reconoce apenas cruzamos el umbral. También es verdad que sin nuevos instrumentos para rehacer el presente, el futuro no sería distinto al pasado; y un poema bien puede ser una herramienta para abrir nuevas puertas y ventanas, para forjar un espacio cambiante donde el lenguaje pueda recomenzar. En esta muestra de poemas excepcionales, espero que el lector reconozca tanto el valor de una memoria de la lengua como la calidad operativa de una destreza poética capaz de rehacer el lenguaje.

Memoria y herramienta, el gran poema sería aquel que actualiza el pasado y elabora el porvenir de la lectura. Memoria: el poema enciende la casa de la tradición, dándonos las pruebas de nuestra identidad imaginaria. Herramienta: el poema, en nuestras manos, amplía las operaciones que el habla dinamiza para generar nuevos significados, formas y rutas.

Este libro quisiera ser una fuente de memoria fresca y continua, para reconocer los momentos de privilegiada comunicación que algunos grandes poemas han hecho durables y preciosos. Pero este libro también quisiera ser una caja de herramientas, para que el nuevo lector reconozca la operatividad que tienen no pocos grandes poemas para reformular el lenguaje, haciéndole decir más de lo que dice.

Pero además de memorias e instrumentos, la literatura es capaz de generar poemas que son el planteamiento de un juego. Hay grandes poemas que no se proponen otra cosa que el placer de su propio desarrollo, de su feliz ocurrencia, ya sea como ingenio formal, sensorialidad visual o musical. Esto es, son poemas que convierten a la escritura en un objeto gratuito y hermoso. He incluido algunos de esos poemas que son regalo y parecen hechos para regalar.

En lugar de "las mejores poesías" me he propuesto aquí una selección de "los grandes poemas". La diferencia radica en la distinta función de las antologías. La primera sugiere un museo construido a nombre del valor permanente, del canon literario propuesto por la autoridad del crítico y la institucionalidad de la literatura; "lo mejor" está a cargo de la disciplina filológica, de la arqueología literaria, que garantiza las fuentes de la verdad y de la nacionalidad. En cambio, la segunda presume un espacio en construcción, donde los textos adquieren el valor de la actualidad de la lectura, y la tradición se reordena vivificada por las preguntas del lector; el "gran" poema tiene algo de nosotros: lo hacemos grande al ampliar su memoria, ponerlo en función, asumir su empatía, su goce de hablar, y su plenitud de significar.

Es cierto que el gusto nos permite reconocer la transición de nuestras propias lecturas. Pero los balances que nos proponemos no tienen que estar hechos para consagrar un gusto u otro, sino para proponer el mapa del gusto compartido, de una lectura que también requiere de términos de referencia, de su propia memoria selectiva.

Así, dentro de esta antología hay muchas otras antologías que hemos repasado tratando de reconocer una recurrencia del gusto, esa memoria de la actualidad. Por ello mismo, esta antología podría incluir otras por venir, en primer lugar la antología que cualquier lector quisiera componer con su propio ejercicio de la poesía. Éste es un libro que no se define por sus exclusiones sino, más bien, por su naturaleza inclusiva. Espero, por ello, que sea capaz de desencadenar una biblioteca.

Cada lector podrá encontrar aquí una página del día: el asombro del mundo, la vehemencia amorosa, la devoción por el padre o por el hijo, la nostalgia y la zozobra, el dolor y la alegría, son temas y diálogos que la poesía convierte en instantes emotivos y lúcidos de durable certidumbre o de duda perdurable. Pero cada uno de esos poemas debería llevarlo a otros poemas y, en definitiva, a la capacidad que tiene el lenguaje para cifrar el enigma y la transparencia de este o cualquier mundo.

Al final, o al principio, ésta es una memoria selecta, una caja de instrumentos del lenguaje más vasto, un tablero de juegos compatibles. Un libro para evocar, estudiar y regalar.

PRÓLOGO

II

La edición de la poesía última de Juan Ramón Jiménez *(Lírica de una Atlántida,1936-1954,* Barcelona, Galaxia Gutemberg, 1999), a cargo de Alfonso Alegre Heitzmann, reúne por primera vez la parte más valiosa de esa obra singular. Es revelador que el siglo termine con quien empezó, con el poeta más lírico, el más exigente y el más solitario de la España moderna. Leer esos cuatro libros finales, al modo de un cuadrángulo testamentario, entre ellos *Dios deseado y deseante,* la obra maestra del poeta, nos confirma que Juan Ramón Jiménez es, al final, el mayor poeta español del siglo. Recusado por poeta "puro", olvidado entre los exilios de la posguerra, rezagado por las estéticas sociales, y hasta evitado, dada su fama de intemperante, Jiménez, sin embargo, recorre la poesía de nuestro tiempo, entre ambos lados del Atlántico, como un modelo radical de lirismo extremo, auscultación interior y sabiduría poética. Su cultivo de la forma fue una ética rigurosa, una demanda de belleza y verdad en la ardiente y transparente felicidad de su lenguaje.

Por mucho tiempo, la poesía española tuvo que elegir entre esa saga del sujeto poético (el yo idealista y central de Jiménez podría ser un anacronismo si no fuese un eje indagatorio) y el modelo más contemporáneo, más históricamente situado, de la poesía de Antonio Machado. Aunque él mismo se hubiese alarmado de su figura pública, Machado terminó representado como un héroe cultural de la España bien pensante. Es, qué duda cabe, un gran poeta. Pero su lectura enfatizó la parte social y crítica, en desmedro de la más valiosa, la del recorrido interior, la del pensamiento irónico, de estirpe melancólica y cervantina. Como Cervantes ante la incólume realidad de su tiempo, Machado trató de humanizar la feroz tradición literal de Castilla. Al final del siglo, cuando los balances restituyen la memoria poética común, Jiménez y Machado nos son igualmente imprescindibles.

La generación poética del 27, esa extraordinaria constelación que incluye a Vicente Aleixandre, Federico García Lorca, Luis Cernuda, Emilio Prados, Dámaso Alonso, Rafael Alberti, Jorge Guillén, Pedro Salinas (y también a Luis Buñuel y María Zambrano) no ha cesado de replantear el sentido innovador de la escritura y la lectura de la poesía en España. Se diría que cada poeta posterior, incluso los más narrativos y sociales de la generación del 36, ha dirimido en la obra del 27 su propia voz. Que no se trataba de un diálogo fácil lo demuestra ya la conflictiva relación de este grupo con Juan Ramón Jiménez, que se creyó perseguido por varios de ellos y recusó a los más ("La voz a *mí* debida", dijo del libro de Salinas *La voz a ti debida*); si bien Alberti celebró siempre su calidad ejemplar. Pero, por otro lado, ésta es la gran generación del exilio en las Américas, donde su diálogo transfigura a los interlocutores, desde José Lezama Lima a Octavio Paz.

Como si la poesía tuviese siempre el camino más difícil, también estos poetas padecieron largo tiempo las simplificaciones de su lectura situada. Cada uno de ellos está limitado por la atribución de un estilo. A Aleixandre, por ejemplo, se le adjudica el surrealismo, cuando es evidente que su poesía es un cosmos fragmentario, de auscultaciones vivenciales. Aleixandre padeció, por simpleza de la crítica, la imagen de un proceso racionalizante: su obra habría pasado del experimentalismo y la vehemencia a una palabra comunicativa de diálogo cierto. Ese supuesto proceso sanciona como etapa transicional a la primera poesía, y como resolución feliz a la última, cuando es claro que el mejor Aleixandre no es el más explícito. Mayor ha sido el extravío de Lorca en los lugares comunes de su lectura, una y otra vez tributaria del populismo heroico, del supuesto irracionalismo, del esteticismo superficial. Sólo recientemente hemos logrado leerlo en la complejidad de sus rupturas, fecundidad de formas y voces, y hermetismo celebratorio. Jorge Guillén fue algunas veces simplificado como poeta intelectual, heredero de Valéry, cuando su rigor interior y conciencia formal son una pasión de ver y hacer, de recóndita destreza; y sus iluminaciones duraderas llevan el pleno sentido de la belleza contemplada. Sin Guillén la generación del 27 sería más histórica que actual.

Probablemente el gongorismo inicial de estos poetas (su punto de partida fue una celebración de Góngora) gravitó en su lectura, situándola en el formalismo. Esta lectura desaprensiva estuvo incluso en los juicios de Borges, quien, reaccionando tal vez a la postura desafiante de los gongoristas, exageró la voluntad inventiva de Góngora y lo perdió de vista. Si la opción por Góngora, en la generación del 27, presuponía la preferencia por la imagen, por la figura, por el barroco; también implicaba una cierta distancia frente a la dicción predominante de Garcilaso, que sería luego asumido por los poetas del régimen franquista como renacentista y soldado de la tradición. Lo cierto es que la gravitación de Góngora propició una línea figurativa, que es una de las opciones de la lengua poética española. La otra línea se fundamenta en la dicción más enunciativa de Garcilaso (el propio Lorca empleó esta dicción en sus sonetos del "amor oscuro") y en la de Lope, clara y dúctil.

La poesía elaborada como coloquio (balance de un decir emotivo) tuvo en José Hierro su mejor exponente; y en una dicción urbana (menos dramática, más irónica), Ángel González es responsable de su convocación más dialogada. José Ángel Valente ha buscado tramar la inmediatez del coloquio en el rigor de la escritura; y ha cultivado el fragmento, el poema en prosa, una forma narrativa sucinta. Su poesía más demandante, sin embargo, es aquella que vacía de discurso a la tradición poética española para remontar sus fuentes más ciertas, de estirpe mística; la concentración del decir ("decir breve" la llama) se da en el silencio, en el espacio de la contemplación.

La gran poesía catalana, desde su lengua propia, pero también desde el castellano reapropiado, ha sido capaz del milagro acendrado que es la poesía de Carles Riba; pero también del relato autorreflexivo de Jaime Gil de Biedma. Pere Gimferrer, probablemente el de mayor riqueza y complejidad entre los poetas españoles de entresiglos, ha desarrollado una trayectoria de gran destreza, riqueza analítica y pasión por la imaginación poética. Por otro lado, José Miguel Ullán es una voz más exploratoria y solitaria, que tiene su propio linaje disruptivo. Con una obra sistemática y a la vez libre, Ullán ha levantado un escenario de lo nuevo, hecho de un lirismo maduro y una capacidad de juego empática. Otra voz singular es Andrés Sánchez Robayna, feliz heredero de las vanguardias visuales, de regusto barroco y densidad luminosa.

Un dinámico debate recorre la poesía española de estos tiempos finiseculares. Al escepticismo frente a los valores consagrados por una crítica convencional y mediática ha seguido la necesidad de argumentar y esclarecer la operatividad poética, desde su lugar marginal pero más cierto. Ese debate alienta como una promesa crítica. Y permite releer la tradición moderna con mayor libertad, fuera de la academia y de la prensa. No es de extrañar que esa lectura esté animada, ahora mismo, por los poetas más jóvenes, entre ellos Carlos Ortega y Miguel Casado, y por revistas como *El Signo del Gorrión* y *La Rosa Cúbica*. En esta encrucijada de entresiglos, los nuevos poetas dan cuenta de su lugar más operativo, más dialógico, tanto en el espacio de la gran tradición española como también en los márgenes de una poesía hoy en día de mayor registro plurilingüe, cuya poética híbrida incluye los acentos latinoamericanos y la vecindad de otras lenguas, como el portugués y el inglés. Con las hablas de la particularidad, desde la textura de la diferencia, los jóvenes de hoy adelantan los mapas de la poesía venidera. Una poesía tan española como de cualquier tiempo.

III

Al final del siglo XX latinoamericano, ¿cuáles son los grandes poetas tutelares? Si Juan Ramón Jiménez se nos aparece, según creo yo, como el mayor poeta español del siglo, esa elección lleva consigo también la fuerza de un redescubrimiento, el sentido de restablecer las mayores demandas, sin las cuales la poesía no sería lo que es: algo superior a nuestras fuerzas.

Mucho me temo que Rubén Darío siga siendo casi el mayor de todos. Habiéndolo leído una y otra vez, sus magias parcialísimas se nos imponen todavía como un milagro: el lenguaje es un campo sensorial, y el mundo designado se estructura como una transparencia de los sentidos, donde hasta las palabras se atraen en el Eros constitutivo. Sólo que, releído, el grande y triste Rubén rinde todos sus saberes; y, en cambio, la poesía de César Vallejo nos resulta inexhausta; al punto que nos parece que cuanto más la leemos menos se rinde, más nos cifra y demanda. Claro que no hay sólo un Rubén sensorial y un Vallejo hermético, porque también hay un sabio narrador en aquel, y un dúctil hacedor del coloquio en éste. Son magistrales hasta en sus excesos, hasta en su tributo figurativo el uno, y hasta en su emotividad abrupta el otro. Convoquemos a un tercero para sumar los extremos, a José Lezama Lima, poeta oracular, tan sensorial como hermético, tan excesivo como exquisito. Si una fe en la poesía ha gestado América Latina, es la fe lezamiana, esa extraordinaria creencia en la creatividad de las imágenes, en la posibilidad de caminar sobre sus aguas.

Pero el lector, sin duda, ha optado ya por sus propios modelos mayores, que bien pueden incluir la luminosa inteligencia de Octavio Paz, cuyo lenguaje se nos queda entre los dedos, con un regusto ardiente, porque el instante privilegiado es una revelación de presencia. También, el desbasamiento radical de Nicanor Parra, cuyo lenguaje reordena la casa de la poesía como si fuese más habitable y compartible, y cuya gravitación en las nuevas dicciones poéticas es, probablemente, la más radical e innovadora. El lector está librado a las sumas de su entusiasmo, y la única regla en ello es la calidad de su demanda.

Ahora bien, ¿cuáles serían las voces ya no heroicas y fundadoras sino más inmediatas y contemporáneas? Sospecho que junto a aquellas voces tutelares, incluso oraculares, como pueden ser las obras insondables de Vallejo y Lezama Lima, nos acompañan otras, entre nuestros papeles cotidianos y memorias súbitas, a la vuelta de las palabras y en los recodos del discurso. Hay, quiero decir, una poesía que forma parte de nuestra habla reflexiva, que se enuncia en el ligero arbitrio del soliloquio, y que nos abre tienda de desierto en los extramuros del lenguaje. No son menos vehementes o menos inusitadas las obras de Jaime Sabines, Álvaro Mutis, Enrique Lihn, Blanca Varela...; pero sus revelaciones y abismos ocurren con nuestras propias palabras. De pronto, sus versos se nos imponen como nuestros: no como citas poéticas memorables sino como evidencias inmediatas. En seguida, las hablas poéticas de José Emilio Pacheco y Antonio Cisneros se confunden ya con nuestra propia construcción de una realidad común. Como es cierto también que otros poetas ponen en duda nuestras construcciones verbales al rehacer el lenguaje en tanto materia y espacio, como escritura y textura. Si el discurso confirma lo real, la escritura lo desconfirma, ilimitado. Me ha parecido entender que para los más jóvenes el mundo es más inmediato y se manifiesta como temporalidad. Si la página es un registro emotivo, el lenguaje es más enunciado que textual, y el hablante está más cerca del lector. Por ello, el acto poético sería menos recóndito y más dialógico.

Pero en la poesía latinoamericana no se trata sólo de revelar o celebrar, de compartir o cifrar. Una gran tradición nuestra tiene que ver con la poesía de leer: leer tanto el mundo como el lenguaje mismo. El venezolano Juan Sánchez Peláez y el peruano Jorge Eduardo Eielson son dos ejemplos paralelos de esta poesía que se resuelve como enigma de nuestra lectura. Estas obras de plenitudes fugaces se proponen nada menos que leer el desierto de la costa, en el caso de Eielson, y la delgada foresta, en el de Sánchez Peláez. Como ante un tejido Paracas, Eielson desata el hilo de un espacio radical, raigal, del deseo, anudándolo y señalizando su color. Pero leer el desierto es aquí convertirlo en un tiempo que se enhebra como habitable. En cambio, Sánchez Peláez trata de desatar la espesura forestal para hacer un claro en el bosque del discurso. En ambos poetas las reafirmaciones vitales, las formas felices y la claridad lírica alegorizan el lenguaje nomádico, que es una pura traza del camino.

Leer es intentar alguna ruta de lo nuevo, abierta entre flujos de exploración. Rutas que demandan nuevas articulaciones y contextualizaciones, allí donde el lenguaje pudiese levantar un albergue del sentido. Estos escenarios de intemperie y parajes de reconocimiento requieren el ejercicio de una lectura mediada, de una poética de auscultaciones y verificaciones, donde se gesta la construcción de un objeto de leer intermediador. Poetas como el peruano Pablo Guevara, el cubano Manuel Díaz Martínez, la uruguaya Marosa di Giorgio, el chileno Raúl Zurita, el mexicano Alberto Blanco, el puertorriqueño José Luis Vega, la venezolana María Auxiliadora Álvarez, han adelantado ese escenario de lo nuevo. Con ellos, y con otros no menos valiosos, el lector está siempre librado a la última justicia, la poética.

Al final, como al comienzo, la verdadera Musa poética es la lectura.

JULIO ORTEGA

Poema de Mio Cid

CANTAR I
(Fragmento)

De los sos ojos   tan fuerte mientre lorando
tornava la cabeça   y estava los catando.
Vio puertas abiertas   e uços sin cañados,
alcandaras vazias   sin pielles e sin mantos
e sin falcones   e sin adtores mudados.
Sospiro mio Çid   ca mucho avie grandes cuidados.
Ffablo mio Çid   bien e tan mesurado:
'¡Grado a ti, señor,   padre que estas en alto!
¡Esto me an buelto   mios enemigos malos!'
Alli pienssan de aguijar,   alli sueltan las riendas.
A la exida de Bivar   ovieron la corneja diestra
y entrando a Burgos   ovieron la siniestra.
Meçio mio Çid los ombros   y engrameo la tiesta:
'¡Albriçia, Albar Fañez,   ca echados somos de tierra!'
Mio Çid ruy Diaz   por Burgos entrava,
en su compaña   Lx. pendones levava.
Exien lo ver   mugieres e varones,
burgeses e burgesas   por las finiestras son,
plorando de los ojos   tanto avien el dolor.
De las sus bocas   todos dizian una razon:
'¡Dios, que buen vassalo!   ¡Si oviesse buen señor!'
Conbidar le ien de grado   mas ninguno non osava:
el rey don Alfonsso   tanto avie la grand saña,
antes de la noche   en Burgos del entro su carta
con grand recabdo   e fuerte mientre sellada,
que a mio Çid Ruy Diaz   que nadi nol diesse(n) posada,
e aquel que gela diesse   sopiesse –vera palabra–
que perderie los averes   e mas los ojos de la cara
e aun demas   los cuerpos e las almas.
Grande duelo avien   las yentes christianas;
asconden se de mio Çid   ca nol osan dezir nada.

El Campeador   adeliño a su posada;
asi commo lego a la puerta   falola bien cerrada
por miedo del rey Alfonsso   que assi lo avien parado
que si non la quebrantas pro fuerça   que non gela abriese nadi.
Los de mio Çid   a altas vozes laman,
los de dentro   non les querien tornar palabra.
Aguijo mio Çid,   a la puerta se legava,
saco el pie del estribera,   una feridal dava;
non se abre la puerta   ca bien era çerrada.
Una niña de nuef años   a ojo se parava:
'¡Ya Campeador   en buen ora cinxiestes espada!
El rey lo ha vedado,   anoch del entro su carta
con grant recabdo   e fuerte mientre sellada.
Non vos osariemos abrir   nin coger por nada:
si non, perderiemos   los averes e las casas
e demas   los ojos de las caras.
Çid, en el nuestro mal   vos non ganades nada;
mas ¡el Criador vos vala   con todas sus vertudes santas!'
Esto la niña dixo   e tornos pora su casa.
Ya lo vee el Çid   que del rey non avie graçia.
Partios de la puerta,   por Burgos aguijava,
lego a Santa Maria,   luego descavalga,
finco los inojos,   de coraçon rogava.
La oraçion fecha   luego cavalgava;
salio por la puerta   e (en) Arlançon p[a]sava.
Cabo essa villa   en la glera posava,
fincava la tienda   e luego descavalgava.
Mio Çid Ruy Diaz   el que en buen ora çinxo espada
poso en la glera   quando nol coge nadi en casa,
derredor del   una buena conpaña.
Assi poso mio Çid   commo si fuesse en montaña.
Vedada l'an compra   dentro en Burgos la casa
de todas cosas   quantas son de vianda;
non le osarien vender   al menos dinarada.
Martin Antolinez   el burgales complido
a mio Çid e a los suyos   abastales de pan e de vino;
non lo conpra,   ca el selo avie consigo;
de todo conducho   bien los ovo bastidos.
Pagos mio Çid   el Campeador [conplido]
e todos los otros   que van a so çervicio.

Fablo Martin Antolinez,   odredes lo que a dicho:
'¡Ya Canpeador   en buen ora fuestes naçido!
Esta noch y[a]gamos   e vay[a]mos nos al matino,
ca acusado sere   de lo que vos he servido;
en ira del rey Alfonsso   yo sere metido.
Si con vusco   escapo sano o bivo
aun çerca o tarde   el rey querer me ha por amigo;
si non, quanto dexo   ¡no lo preçio un figo!'
Fablo mio Çid   el que en buen ora çinxo espada:
'¡Martín Antolinez   sodes ardida lança!
Si yo bivo   doblar vos he la soldada.
Espeso e el oro   e toda la plata;
bien lo vedes   que yo no trayo [nada],
e huebos me serie   pora toda mi compaña:
fer lo he amidos,   de grado non avrie nada.
Con vuestro consego   bastir quiero dos archas;
incamos las d'arena   ca bien seran pesadas,
cubiertas de guadalmeçi   e bien enclaveadas.
Los guadameçis vermejos   e los clavos bien dorados.
Por Rachel e Vidas   vayades me privado:
quando en Burgos me vedaron compra   y el rey me a airado,
non puedo traer el aver   ca mucho es pesado,
empeñar gelo he   por lo que fuere guisado.
De noche lo lieven   que non lo vean christianos;
vealo el Criador   con todos los sos santos,
yo mas non puedo   e amidos lo fago.'
Martin Antolinez   non lo detar[da]va,
por Rachel e Vidas   a priessa demandava.
Passo por Burgos,   al castiello entrava,
por Rachel e Vidas   a priessa demandava.
Rachel e Vidas   en uno estavan amos
en cuenta de sus averes,   de los que avien ganados.
Lego Martin Antolinez   a guisa de menbrado:
'¿O sodes, Rachel e Vidas,   los mios amigos caros?
En poridad   f(l)hablar querria con amos.'
Non lo detardan,   todos tres se apartaron;
'Rachel e Vidas: amos me dat las manos
que non me descubrades   a moros nin a christianos;
por siempre vos fare ricos,   que non seades menguados.
El Campeador   por las parias fue entrado,

grandes averes priso   e mucho sobejanos;
retovo dellos   quanto que fue algo,
por en vino a aquesto   por que fue acusado.
Tiene dos arcas   lennas de oro esmerado.
Ya lo vedes   que el rey le a airado.
Dexado ha heredades   e casas e palaçios;
aquelas non las puede levar,   si non, ser ien ventadas;
el Campeador dexar las ha   en vuestra mano,
e prestalde de aver   lo que sea guisado.
Prended las archas   e meted las en vuestro salvo;
con grand jura   meted i las fes amos
que non las catedes   en todo aqueste año.'
Rachel e Vidas   seyen se consejando:
'Nos huebos avemos   en todo de ganar algo.
Bien lo sabemos   que el algo gaño,
quando a tierra de moros entro   que grant aver saco;
non duerme sin sospecha   qui aver trae monedado.
Estas archas   prendamos las amas,
en logar las metamos   que non sean ventadas.
Mas dezid nos del Çid: ¿de que sera pagado,
o que ganançia nos dara   por todo aqueste año?'
Respuso Martin Antolinez   a guisa de menbrado:
'Mio Çid querra   lo que ssea aguisado,
pedir vos a poco   por dexar so aver en salvo;
acogen sele omnes   de todas partes menguados;
a menester   seis çientos marcos.'
Dixo Rachel e Vidas: 'Dar gelos [hemos] de grado.'
'Ya vedes que entra la noch,   el Çid es presurado;
huebos avemos   que nos dedes los marchos.'
Dixo Rachel e Vidas: 'Non se faze assi el mercado,
si non primero prendiendo   e despues dando.'
Dixo Martin Antolinez: 'Yo desso me pago.
Amos tred   al Campeador contado,
e nos vos ayudaremos   que assi es aguisado
por aduzir las archas   e meter las en vuestro salvo,
que non lo sepan   moros nin christianos.'
Dixo Rachel e Vidas: 'Nos desto nos pagamos;
las archas aduchas,   prendet seyes çientos marcos.'
Martin Antolinez   cavalgo privado
con Rachel e Vidas   de voluntad e de grado.

Non viene a la pueent   ca por el agua a passado
que gelo non venta(n)ssen   de Burgos omne nado.
Afevos los a la tienda   del Campeador contado:
assi commo entraron   al Çid besaron las manos,
sonrrisos mio Çid,   estavalos fablando:
'¡Ya don Rachel e Vidas   avedes me olbidado!
Ya me exco de tierra   ca del rey so airado;
a lo quem semeja   de lo mio avredes algo.
mientras que vivades   non seredes menguados.'
Don Rachel e Vidas   a mio Çid besaron le las manos.
Martin Antolinez   el pleito a parado
que sobre aquelas archas   dar le ien .vi. çientos marcos
e bien gelas guardarien   fasta cabo del año;
ca assil dieran la fe   e gelo avien jurado
que si antes las catassen   que fuessen perjurados,
non les diesse mio Çid   de ganançia un dinero malo.
Dixo Martin Antolinez: 'Cargen las archas privado.
Levaldas, Rachel e Vidas,   poned las en vuestro salvo;
yo ire con vus[c]o   que adugamos los marcos,
ca a mover a mio Çid   ante que cante el gallo.'
Al cargar de las archas   veriedes gozo tanto:
non las podien poner en somo   mager eran esforçados.
Gradan se Rachel e Vidas   con averes monedados,
ca mientra que visquiessen   refechos eran amos.
Rachel a mio Çid   la manol ba besar:
'¡Ya Campeador   en buen ora çinxiestes espada!
De Castiella vos ides   pora las yentes estrañas;
assi es vuestra ventura,   grandes son vuestras gananças,
una piel vermeja   morisca e ondrada
Çid, beso vuestra mano   en don que la yo aya.'
'Plazme', dixo el Çid,   D'aquí sea mandada;
si vos la aduxier d'alla;   si non, contalda sobre las arcas.'
En medio del palaçio   tendieron un almofalla,
sobr'ella una savana   de rançal e muy blanca,
a tod el primer colpe   .iii.[ccc] marcos de plata echa[va]n,
notolos don Martino,   sin peso los tomava;
los otros .ccc.   en oro gelos pagavan.
Cinco escuderos tiene don Martino,   a todos los cargava.
Quando esto ovo fecho   odredes lo que fablava:
'Ya don Rachel e Vidas   en vuestras manos son las arcas;

yo, que esto vos gane,   bien mereçia calças.'
Entre Rachel e Vidas   aparte ixieron amos:
'Demos le buen don   ca el no' lo ha buscado.
Martin Antolinez   un burgales contado
vos lo mereçedes,   darvos queremos buen dado
de que fagades calças   e rica piel e buen manto;
damos vos en don   a vos .xxx. marchos.
Mereçer no' lo hedes,   ca esto es aguisado,
atorgar nos hedes   esto que avemos parado.'
Gradeçiolo don Martino   e reçibio los marchos;
grado exir de la posada   y espidios de amos.
Exido es de Burgos   e Arlançon a passado,
vino pora la tienda   del que en buen ora nasco;
reçibiolo el Çid   abiertos amos los braços:
'¿Venides, Martin Antolinez,   el mio fiel vassalo?
¡Aun vea el dia   que de mi ayades algo!'
'Vengo, Campeador,   con todo buen recabdo;
vos .vi. çientos   e yo .xxx. he ganados.
Mandad coger la tienda   e vayamos privado,
en San Pero de Cardeña   i nos cante el gallo;
veremos vuestra mugier   menbrada fija dalgo;
mesuraremos la posada   e quitaremos el reinado,
mucho es huebos   ca çerca viene el plazo.'
Estas palabras dichas,   la tienda es cogida,
Mio Çid e sus conpañas   cavalgan tan aina.
La cara del cavallo   torno a Santa Maria,
alço su mano diestra,   la cara se santigua:
'¡A ti lo gradesco, Dios,   que çielo e tierra guias!
¡Valan me tus vertudes   gloriosa Santa Maria!
D'aqui quito Castiella   pues que el rey he en ira;
non se si entrare i mas   en todos los mios dias.
¡Vuestra vertud me vala   Gloriosa, en mi exida,
e me ayude e(l) me acorra   de noche e de dia!
Si vos assi lo fizieredes   e la ventura me fuere complida
mando al vuestro altar   buenas donas e ricas;
esto e yo en debdo   que faga i cantar mill missas.'
Spidios el caboso   de cuer e de veluntad.
Sueltan las riendas   e pienssan de aguijar.
Dixo Martin Antolinez: 'Vere a la mugier a todo mio solaz,
castigar los he   commo abran a far.

Si el rey melo quisiere tomar   ¡a mi non m'inchal!
Antes sere con vusco   que el sol quiera rayar.'
Tornavas Martin Antolinez a Burgos   e mio Çid aguij[o]
pora San Pero de Cardeña   quanto pudo a espol[on]
con estos cavalleros   quel sirven a so sabor.
A prissa cantan los gallos   e quieren quebrar albores
quando lego a San Pero   el buen Campeador.
El abbat don Sancho   christiano del Criador
rezava los matines   abuelta de los albores:
i estava doña Ximena   con çinco dueñas de pro
rogando a San Pero   e al Criador:
'¡Tu que a todos guias   val a mio Çid el Campeador!'
Lamavan a la puerta,   i sopieron el mandado;
¡Dios, que alegre fue   el abbat don Sancho!
Con lumbres e con candelas   al corral dieron salto,
con tan grant gozo reçiben   al que en buen ora nasco:
'¡Gradesco lo a Dios, mio Çid!'   dixo el abbat don Sancho;
'Pues que aqui vos veo   prendet de mi ospedado.'
Dixo el Çid: 'Graçias, don abbat,   e so vuestro pagado.
Yo adobare conducho   pora mi e pora mis vassallos;
mas por que me vo de tierra   dovos .I. marchos,
si yo algun dia visquier   servos han doblados.
Non quiero fazer en el monesterio   un dinero de daño;
evades aqui pora doña Ximena   dovos .c. marchos,
a ella e a sus fijas e a sus dueñas   sirvades las est año.
Dues fijas dexo niñas   e prendet las en los braços,
aquellas vos acomiendo a vos,   abbat don Sancho;
dellas e de mi mugier   fagades todo recabdo.
Si essa despenssa vos falleçiere   o vos menguare algo,
bien las abastad,   yo assi vos lo mando;
por un marcho que despendades   al monesterio dare yo
    quatro
Otorgado gelo avie   el abbat de grado.
Afevos doña Ximena   con sus fijas do va legando,
señas dueñas las traen   e aduzen las adelant.
Ant'el Campeador   doña Ximena finco los inojos amos,
lorava de los ojos,   quisol besar las manos:
'¡Merçed, Campeador,   en ora buena fuestes nado!
Por malos mestureros   de tierra sodes echado.
¡Merçed, ya Çid,   barba tan complida!

Fem ante vos   yo e vuestras fijas
—iffantes son   e de dias chicas—
con aquestas mis dueñas   de quien so yo servida.
Yo lo veo   que estades vos en ida
e nos de vos   partir nos hemos en vida:
¡Da(n)d nos consejo   por amor de Santa Maria!'
Enclino las manos   [el de] la barba velida,
a las sus fijas   en braço' las prendia,
legolas al coraçon   ca mucho las queria.
Lora de los ojos,   tan fuerte mientre sospira:
'¡Ya doña Ximena   la mi mugier tan complida,
commo a la mi alma   yo tanto vos queria!
Ya lo vedes   que partir nos emos en vida,
yo ire   e vos fincaredes remanida.
¡Plega a Dios   e a Santa Maria
que aun con mis manos   case estas mis fijas,
o que de ventura   e algunos dias vida
e vos, mugier ondrada,   de mi seades servida!'
Grand yantar le fazen   al buen Campeador.
Tañen las campanas   en San Pero a clamor.
Por Castiella   oyendo van los pregones
commo se va de tierra   mio Çid el Campeador;
unos dexan casas   e otros onores,
en aques dia   a la puent de Arlançon
çiento quinze cavalleros   todos juntados son;
todos demandan   por mio Çid el Campeador.
Martin Antolinez   con ellos cojo;
vansse pora San Pero   do esta el que en buen punto naçio.
Quando lo sopo   mio Çid el de Bivar
quel creçe compaña   por que mas valdra,
a priessa cavalga,   reçebir los sal(i)e,
tornos a sonrisar,   legan le todos, la manol ban besar.
Fablo mio Çid   de toda voluntad:
'Yo ruego a Dios   e al Padre spirital,
vos, que por mi dexades   casas y heredades,
enantes que yo muera   algun bien vos puede far,
lo que perdedes   doblado vos lo cobrar.'
Plogo a mio Çid   por que creçio en la yantar,
plogo a los otros omnes todos   quantos con el estan.
Los .vi. dias de plazo   passados los an,

tres an por troçir   sepades que non mas.
Mando el rey   a mio Çid (a) aguardar,
que si despues del plazo   en su tierral pudies tomar
por oro nin por plata   non podrie escapar.
El dia es exido,   la noch querie entrar,
a sus cavalleros   mandolos todos juntar:
'¡Oid, varones,   non vos caya en pesar!
Poco aver trayo,   dar vos quiero vuestra part.
Sed membrados   commo lo devedes far;
a la mañana   quando los gallos cantaran
non vos tardedes,   mandedes ensellar;
en San Pero a matines   tandra el buen abbat.
la missa nos dira,   esta sera de Santa Trinidad;
la missa dicha,   penssemos de cavalgar
ca el plazo viene açerca,   mucho avemos de andar.'
Cuemo lo mando mio Çid   assi lo an todos ha far.
Passando va la noch,   viniendo la man;
a los mediados gallos   pienssan de [ensellar].
Tañen a matines   a una priessa tan grand;
mio Çid e su mugier   a la eglesia van.
Echos doña Ximena   en los grados delant'el altar
rogando al Criador   quanto ella mejor sabe
que a mio Çid el Campeador   que Dios le curias de mal:
'¡Ya Señor glorioso,   Padre que en el çielo estas!
Fezist çielo e tierra,   el terçero el mar,
fezist estrelas e luna   y el sol pora escalentar;
prisist encarnaçion   en Santa Maria madre
en Belleem apareçist   commo fue tu veluntad;
pastores te glorifficaron,   ovieron [t]e a laudare,
tres reyes de Arabia   te vinieron adorar
–Melchior   e Gaspar e Baltasar–
oro e tus e mirra   te offreçieron commo fue tu veluntad;
[salvest] a Jonas   quando cayo en la mar,
salvest a Daniel   con los leones en la mala carçel,
salvest dentro en Roma   al señor San Sabastian,
salvest a Santa Susanna   del falso criminal;
por tierra andidiste .xxxii. años,   Señor spirital,
mostrando los miraclos   por en avernos que fablar:
del agua fezist vino   e de la piedra pan,
resuçitest a Lazaro   ca fue tu voluntad;

a los judios te dexeste prender; do dizen monte Calvarie
pusieron te en cruz por nombre en Golgota,
dos ladrones contigo, estos de señas partes,
el uno es en paraiso ca el otro non entro ala;
estando en la cruz vertud fezist muy grant:
Longinos era çiego que nunquas vio alguandre,
diot con la lança en el costado dont ixio la sangre,
corrio la sangre por el astil ayuso, las manos se ovo de untar,
alçolas arriba, legolas a la faz,
abrio sos ojos, cato a todas partes,
en ti crovo al ora por end es salvo de mal;
en el monumento resuçitest,
fust a los infiernos commo fue tu voluntad,
quebranteste las puertas e saqueste los santos padres.
Tu eres rey de los reyes e de tod el mundo padre,
a ti adoro e creo de toda voluntad,
e ruego a San Peydro que me ayude a rogar
por mio Çid el Campeador que Dios le curie de mal,
¡quando oy nos partimos en vida nos faz juntar!'
La oraçion fecha, la missa acabada la an,
salieron de la eglesia, ya quieren cavalgar.
El Çid a doña Ximena iva la abraçar,
doña Ximena al Çid la manol va besar,
lorando de los ojos que non sabe que se far.

Romance del rey moro que perdió Alhama

Paseábase el rey moro
por la ciudad de Granada,
desde la puerta de Elvira
hasta la de Vivarrambla.
"¡Ay de mi Alhama!"
Cartas le fueron venidas
que Alhama era ganada:
las cartas echó en el fuego,
y al mensajero matara.
"¡Ay de mi Alhama!"
Descabalga de una mula,
y en un caballo cabalga;
por el Zacatin arriba
subido se habia al Alhambra.
"¡Ay de mi Alhama!"
Como en el Alhambra estuvo,
al mismo punto mandaba
que se toquen sus trompetas,
sus añafiles de plata.
"¡Ay de mi Alhama!"
Y que las cajas de guerra
apriesa toquen al arma,
porque lo oigan sus moros,
los de la Vega y Granada.
"¡Ay de mi Alhama!"
Los moros que el son oyeron
que al sangriento Marte llama,
uno á uno y dos á dos
juntado se ha gran batalla.
"¡Ay de mi Alhama!"
Allí habló un moro viejo,
de esa manera hablara:
—¿Para qué nos llamas, rey,
para qué es esta llamada?—

"¡Ay de mi Alhama!"
—Habeis de saber, amigos,
una nueva desdichada:
que cristianos de braveza
ya nos han ganado Alhama.
"¡Ay de mi Alhama!"
Allí habló un alfaquí
de barba crecida y cana:
—¡Bien se te emplea, buen rey,
buen rey, bien se te empleara!
"¡Ay de mi Alhama!"
Mataste los Bencerrajes,
que eran la flor de Granada;
cogiste los tornadizos
de Córdoba la nombrada.

"¡Ay de mi Alhama!"
Por eso mereces, rey,
una pena muy doblada:
que te pierdas tú y el reino,
y aquí se pierda Granada.—
"¡Ay de mi Alhama!"

JUAN RUIZ, ARCIPRESTE DE HITA (SIGLO XIII)

De las propiedades que las dueñas chicas han

Quiero vos abreviar la predicación,
Que siempre me pagué de pequeño sermón,
E de dueña pequeña e de breve razón,
Ca poco e bien dicho afíncase el corazón.
Del que mucho fabla ríen; quien mucho ríe es loco;
Es en la dueña chica amor e non poco;
Dueñas hay muy grandes, que por chicas non troco,
Mas las chicas e las grandes se repienten del troco.
De las chicas, que bien diga el amor me fizo ruego,
Que diga de sus noblezas, yo quiérolas decir luego,
Decirvos hé de dueñas chicas, que lo habredes por juego:
Son frías como la nieve, e arden como el fuego.
Son frías de fuera, con el amor ardientes,
En la cama solaz, trebejo, placenteras, rientes,
En casa cuerdas, donosas, sosegadas, bien facientes,
Mucho ál y fallaredes a do bien paredes mientes.
En pequeña girgonza yace grand resplandor,
En azúcar muy poco yace mucho dulzor,
En la dueña pequeña yace muy grand amor,
Pocas palabras cumplen al buen entendedor.
Es pequeño el grano de la buena pemienta,
Pero más que la nuez conorta e calienta,
Así dueña pequeña, si todo amor consienta,
Non ha placer del mundo que en ella non sienta.
Como en chica rosa está mucha color,
En oro muy poco grand precio e grand valor;
Como en poco blasmo yace grand buen olor,
Así en dueña chica yace muy grand sabor.

Como robí pequeño tiene mucha bondat,
Color, virtud e precio, e noble claridad,
Ansí dueña pequeña tiene mucha beldat,

Fermosura, donaire, amor e lealtad.
Chica es la calandria, e chico el ruiseñor,
Pero más dulce canta que otra ave mayor;
La mujer que es chica, por eso es mejor,
Con doñeo es más dulce que azúcar nin flor.
Son aves pequeñas papagayo e orior,
Pero cualquier dellas es dulce gritador,
Adonada, fermosa, preciada cantador:
Bien atal es la dueña pequeña con amor.
De la mujer pequeña non hay comparación.
Terrenal paraíso es, e grand consolación,
Solaz e alegría, placer e bendición,
Mejor es en la prueba que en la salutación.
Siempre quís mujer chica más que grande nin mayo
Non es desaguisado del grand mal ser foidor;
Del mal tomar lo menos, dícelo el sabidor,
Por ende de las mujeres la mejor es la menor.

MARQUÉS DE SANTILLANA (1398-1458)

Serranilla

Moça tan fermosa
Non ví en la frontera,
Como una vaquera
De la Finojosa.
   Façiendo la vía
Del Calatraveño
Á Sancta María,
Vençido del sueño
Por tierra fragosa
Perdí la carrera,
Do ví la vaquera
De la Finojosa.
   En un verde prado
De rosas é flores,
Guardando ganado
Con otros pastores,
La ví tan graçiosa
Que apenas creyera
Que fuesse vaquera
De la Finojosa.
   Non creo las rosas
De la primavera
Sean tan fermosas
Nin de tal manera,
Fablando sin glosa,
Si antes sopiera
D'aquella vaquera
De la Finojosa.
   Non tanto mirara
Su mucha beldat,
Porque me dexara
En mi libertat.

Mas dixe: "Donosa
(Por saber quién era),
¿Dónde es la vaquera
De la Finojosa?...
   Bien como riendo,
Dixo: "Bien vengades;
Que ya bien entiendo
Lo que demandades:
Non es desseosa
De amar, nin lo espera,
Aquessa vaquera
De la Finojosa.

JORGE MANRIQUE (1440-1479)

Coplas por la muerte de su padre

[I]

    Recuerde el alma dormida,
avive el seso e despierte,
    contemplando
cómo se passa la vida;
cómo se viene la muerte
    tan callando;
cuán presto se va el plazer;
cómo, después de acordado,
    da color;
cómo, a nuestro parescer,
cualquiere tiempo passado
    fue mejor.

[II]

    Pues si vemos lo presente,
cómo en un punto s'es ido
    e acabado,
si juzgamos sabiamente,
daremos lo non venido
    por passado.
Non se engañe nadi, no,
pensando que ha de durar
    lo que espera
más que duró lo que vio,
pues que todo ha de passar
    por tal manera.

[III]

    Nuestras vidas son los ríos
que van a dar en la mar,

        qu'es el morir;
allí van los señoríos
derechos a se acabar
        e consumir;
    allí los ríos caudales,
allí los otros medianos
        e más chicos,
allegados, son iguales
los que viven por su manos
        e los ricos.

Invocación

[IV]

    Dexo las invocaciones
de los famosos poetas
        y oradores;
non curo de sus ficciones
que traen yerbas secretas
        sus sabores.
    Aquél sólo m'encomiendo,
Aquél sólo invoco yo
        de verdad,
que en este mundo viviendo,
el mundo non conoció
        su deidad.

[V]

    Este mundo es el camino
para el otro, qu'es morada
        sin pesar;
mas cumple tener buen tino
para andar esta jornada
        sin errar.
    Partimos cuando nascemos,
andamos mientra vivimos,
        e llegamos

al tiempo que feneçemos;
assí que cuando morimos,
  descansamos.

[VI]

   Este mundo bueno fue
si bien usásemos dél
     como debemos,
porque, segund nuestra fe,
es para ganar aquél
     que atendemos.
   Aun aquel fijo de Dios
para sobirnos al cielo
     descendió
a nascer acá entre nos,
y a vivir en este suelo
     do murió.

[VII]

   Si fuesse en nuestro poder
hazer la cara hermosa
     corporal,
como podemos hazer
el alma tan glorïosa
     angelical,
¡qué diligencia tan viva
toviéramos toda hora,
     e tan presta,
en componer la cativa,
dexándonos la señora
     descompuesta!

[VIII]

   Ved de cuán poco valor
son las cosas tras que andamos
     y corremos,
que, en este mudo traidor,
aun primero que muramos
     las perdemos.

Dellas deshaze la edad,
dellas casos desastrados
    que acaeçen,
dellas, por su calidad,
en los más altos estados
    desfallescen.

[IX]

Dezidme: La hermosura,
la gentil frescura y tez
    de la cara,
la color e la blancura,
cuando viene la vejez,
    ¿cuál se para?
Las mañas e ligereza
e la fuerça corporal
    de juventud,
todo se torna graveza
cuando llega el arrabal
    de senectud.

[X]

Pues la sangre de los godos,
y el linaje e la nobleza
    tan crescida,
¡por cuántas vías e modos
se pierde su grand alteza
    en esta vida!
Unos, por poco valer,
por cuán baxos e abatidos
    que los tienen;
otros que, por non tener,
con oficios non debidos
    se mantienen.

[XI]

    Los estados e riqueza,
que nos dexan a deshora
    ¿quién lo duda?,
non les pidamos firmeza,
pues que son d'una señora;
    que se muda,
que bienes son de Fortuna
que revuelven con su rueda
    presurosa,
la cual non puede ser una
ni estar estable ni queda
    en una cosa.

[XII]

    Pero digo c'acompañen
e lleguen fasta la fuessa
    con su dueño:
por esso non nos engañen,
pues se va la vida apriessa
    como sueño.
E los deleites d'acá
son, en que nos deleitamos,
    temporales,
e los tormentos d'allá,
que por ellos esperamos,
    eternales.

[XIII]

    Los plazeres e dulçores
desta vida trabajada
    que tenemos,
non son sino corredores,
e la muerte, la çelada
    en que caemos.
Non mirando a nuestro daño,
corremos a rienda suelta
    sin parar;

desque vemos el engaño
y queremos dar la vuelta
    no hay lugar.

[XIV]

   Esos reyes poderosos
que vemos en las escripturas
    ya passadas
con casos tristes, llorosos,
fueron sus buenas venturas
    trastornadas;
   assí, que no ay cosa fuerte,
que a papas y emperadores
    e perlados,
assí los trata la muerte
como a los pobres pastores
    de ganados.

[XV]

   Dexemos a los troyanos,
que sus males non los vimos,
    ni sus glorias;
dexemos a los romanos,
aunque oímos e leímos
    sus hestorias,
   non curemos de saber
lo d'aquel siglo passado
    qué fue d'ello;
vengamos a lo d'ayer,
que también es olvidado
    como aquello.

[XVI]

   ¿Qué se hizo el rey don Joan?
Los Infantes d'Aragón,
    ¿qué se hizieron?
¿Qué fue de tanto galán,

qué de tanta inuinción
    que truxeron?
¿Fueron sino devaneos,
qué fueron sino verduras
    de las eras,
las justas e los torneos,
paramentos, bordaduras
    e çimeras?

[XVII]

¿Qué se hizieron las damas,
sus tocados e vestidos,
    sus olores?
¿Qué se hizieron las llamas
de los fuegos encendidos
    d'amadores?
¿Qué se hizo aquel trovar,
las músicas acordadas
    que tañían?
¿Qué se hizo aquel dançar,
aquellas ropas chapadas
    que traían?

[XVIII]

Pues el otro, su heredero
don Anrique, ¡qué poderes
    alcançaba!
¡Cuánd blando, cuánd halaguero
el mundo con sus plazeres
    se le daba!
Mas verás cuánd enemigo,
cuánd contrario, cuánd crüel
    se le mostró;
habiéndole sido amigo,
¡cuánd poco duró con él
    lo que le dio!

[XIX]

   Las dádivas desmedidas,
los edeficios reales
     llenos d'oro,
las vaxillas tan fabridas,
los enriques e reales
     del tesoro,
los jaezes, los caballos
de sus gentes e atavíos
     tan sobrados
¿dónde iremos a buscallos?;
¿qué fueron sino rocíos
     de los prados?

[XX]

   Pues su hermano el innocente
qu'en su vida sucessor
     se llamó
¡qué corte tan excellente
tuvo, e cuánto grand señor
     le siguió!
Mas, como fuesse mortal,
metióle la Muerte luego
     en su fragua.
¡Oh jüicio divinal!,
cuando más ardía el fuego,
     echaste agua.

[XXI]

   Pues aquel grand Condestable,
maestre que conoscimos
     tan privado,
non cumple que dél se hable,
mas sólo cómo lo vimos
     degollado.
   Sus infinitos tesoros,
sus villas e sus lugares,
     su mandar,

¿qué le fueron sino lloros?,
¿qué fueron sino pesares
    al dexar?

[XXII]

    E los otros dos hermanos,
maestres tan prosperados
    como reyes,
c'a los grandes e medianos
truxieron tan sojuzgados
    a sus leyes;
aquella prosperidad
quen tan alto fue subida
    y ensalzada,
¿qué fue sino claridad
que cuando más encendida
    fue amatada?

[XXIII]

    Tantos duques excelentes,
tantos marqueses e condes
    e varones
como vimos tan potentes,
di, Muerte, ¿dó los escondes,
    e traspones?
E las sus claras hazañas
que hizieron en las guerras
    y en las pazes,
cuando tú, cruda, t'enseñas,
con tu fuerça las atierras
    e desfazes.

[XXIV]

    Las huestes inumerables,
los pendones, estandartes
    e banderas,

los castillos impugnables,
   los muros e balüartes
      e barreras,
      la cava honda, chapada,
   o cualquier otro reparo,
      ¿qué aprovecha?
   Cuando tú vienes airada,
   todo lo passas de claro
      con tu flecha.

[XXV]

   Aquel de buenos abrigo,
amado, por virtuoso,
   de la gente,
el maestre don Rodrigo
Manrique, tanto famoso
   e tan valiente
sus hechos grandes e claros
non cumple que los alabe,
   pues los vieron;
ni los quiero hazer caros,
pues qu'el mundo todo sabe
   cuáles fueron.

[XXVI]

   Amigo de sus amigos,
¡qué señor para criados
   e parientes!
¡Qué enemigo d'enemigos!
¡Qué maestro d'esforçados
   e valientes!
   ¡Qué seso para discretos!
¡Qué gracia para donosos!
   ¡Qué razón!
¡Qué benino a los sujetos!
¡A los bravos e dañosos,
   qué león!

[XXVII]

En ventura, Octavïano;
Julio César en vencer
    e batallar;
en la virtud, Africano;
Aníbal en el saber
    e trabajar;
en la bondad, un Trajano;
Tito en liberalidad
    con alegría;
en su braço, Aureliano;
Marco Atilio en la verdad
    que prometía.

[XXVIII]

Antonio Pío en clemencia;
Marco Aurelio en igualdad
    del semblante;
Adriano en la elocuencia,
Teodosio en humanidad
    e buen talante.
Aurelio Alexandre fue
en deciplina e rigor
    de la guerra;
un Constantino en la fe,
Camilo en el grand amor
    de su tierra.

[XXIX]

Non dexó grandes tesoros,
ni alcançó muchas riquezas
    ni vaxillas;
mas fizo guerra a los moros
ganando sus fortalezas
    e sus villas;
y en las lides que venció,
cuántos moros e cavallos
    se perdieron;

y en este oficio ganó
las rentas e los vasallos
   que le dieron.

[XXX]

  Pues por su honra y estado,
en otros tiempos pasados
   ¿cómo s'hubo?
Quedando desamparado,
con hermanos e criados
   se sostuvo.
Después que fechos famosos
fizo en esta misma guerra
   que hazía,
fizo tratos tan honrosos
que le dieron aun más tierra
   que tenía.

[XXXI]

  Estas sus viejas hestorias
que con su braço pintó
   en joventud,
con otras nuevas victorias
agora las renovó
   en senectud.
Por su gran habilidad,
por méritos e ancianía
   bien gastada,
alcançó la dignidad
de la grand Caballería
   dell Espada.

[XXXII]

  E sus villas e sus tierras,
ocupadas de tiranos
   las halló;
mas por çercos e por guerras

e por fuerça de sus manos
    las cobró.
Pues nuestro rey natural,
si de las obras que obró
    fue servido,
dígalo el de Portogal,
y, en Castilla, quien siguió
    su partido.

[XXXIII]

Después de puesta la vida
tantas vezes por su ley
    al tablero;
después de tan bien servida
la corona de su rey
    verdadero;
después de tanta hazaña
a que non puede bastar
    cuenta cierta,
en la su villa d'Ocaña
vino la Muerte a llamar
    a su puerta,

[XXXIV]

diziendo: "Buen caballero,
dexad el mundo engañoso
    e su halago;
vuestro corazón d'azero
muestre su esfuerço famoso
    en este trago;
e pues de vida e salud
fezistes tan poca cuenta
    por la fama;
esfuércese la virtud
para sofrir esta afruenta
    que vos llama."

[XXXV]

"Non se vos haga tan amarga
la batalla temerosa
 qu'esperáis,
pues otra vida más larga
de la fama glorïosa
 acá dexáis.
 Aunqu'esta vida d'honor
tampoco no es eternal
 ni verdadera;
mas, con todo, es muy mejor
que la otra temporal,
 peresçedera."

[XXXVI]

"El vivir qu'es perdurable
non se gana con estados
 mundanales,
ni con vida delectable
donde moran los pecados
 infernales;
 mas los buenos religiosos
gánanlo con oraciones
 e con lloros;
los caballeros famosos,
con trabajos e aflicciones
 contra moros."

[XXXVII]

"E pues vos, claro varón,
tanta sangre derramastes
 de paganos,
esperad el galardón
que en este mundo ganastes
 por las manos;
e con esta confiança
e con la fe tan entera
 que tenéis,

partid con buena esperança,
qu'estotra vida tercera
    ganaréis."

[Responde el Maestre:]

[XXXVIII]

"Non tengamos tiempo ya
en esta vida mesquina
    por tal modo,
que mi voluntad está
conforme con la divina
    para todo;
e consiento en mi morir
con voluntad plazentera,
    clara e pura,
que querer hombre vivir
cuando Dios quiere que muera,
    es locura."

[Del Maestre a Jesús:]

[XXXIX]

"Tú que, por nuestra maldad,
tomaste forma servil
    e baxo nombre;
tú, que a tu divinidad
juntaste cosa tan vil
    como es el hombre;
tú, que tan grandes tormentos
sofriste sin resistencia
    en tu persona,
non por mis merescimientos,
mas por tu sola clemencia
    me perdona."

Fin

[XL]

   Assí, con tal entender,
todos sentidos humanos
      conservados,
cercado de su mujer
y de sus hijos e hermanos
      e criados,
    dio el alma a quien gela dio
(el cual la ponga en el cielo
      en su gloria),
que aunque la vida perdió,
dexónos harto consuelo
      su memoria.

JUAN BOSCÁN (c. 1500-1542)

Soneto LXI

Dulce soñar y dulce congojarme,
cuando estaba soñando que soñaba;
dulce gozar con lo que me engañaba,
si un poco más durara el engañarme;

dulce no estar en mí, que figurarme
podía cuanto bien yo deseaba,
dulce placer, aunque me importunaba
que alguna vez llegaba a despertame:

¡oh sueño, cuánto más leve y sabroso
me fueras si vinieras tan pesado
que asentaras en mí con más reposo!

Durmiendo, en fin, fui bienaventurado,
y es justo en la mentira ser dichoso
quien siempre en la verdad fue desdichado.

GARCILASO DE LA VEGA (1503-1536)

Soneto V

    Escrito está en mi alma vuestro gesto
y cuanto yo escribir de vos deseo:
vos sola lo escribistes; yo lo leo
tan solo* que aun de vos me guardo en esto.
    En esto estoy y estaré siempre puesto,**
que aunque no cabe en mí cuanto en vos veo,
de tanto bien lo que no entiendo creo,
tomando ya la fe por presupuesto.
    Yo no nací sino para quereros;
mi alma os ha cortado a su medida;
por hábito del alma misma os quiero;
    cuanto tengo confieso yo deberos;
por vos nací, por vos tengo la vida,
por vos he de morir, y por vos muero.

* *Tan solo*: tan a solas.
** *Puesto en*: dedicado a.

GUTIERRE DE CETINA (¿1514/17?-¿1560?)

Ojos claros, serenos

Ojos claros, serenos,
si de un dulce mirar sois alabados,
¿por qué, si me miráis, miráis airados?
Si cuanto más piadosos
más bellos parecéis a aquel que os mira,
no me miréis con ira
porque no parezcáis menos hermosos.
¡Ay, tormentos rabiosos!
Ojos claros, serenos,
ya que así me miráis, miradme al menos.

SANTA TERESA DE JESÚS (1515-1582)

Vivo sin vivir en mí

Versos nacidos del fuego del amor de Dios que en sí tenía.

Vivo sin vivir en mí,
y tan alta vida espero,
que muero porque no muero.

Glosa

Aquesta divina unión,
del amor con que yo vivo,
hace a Dios ser mi cautivo,
y libre mi corazón;
mas causa en mí tal pasión
ver a Dios mi prisionero,
que muero porque no muero.
 ¡Ay! ¡Qué larga es esta vida!
¡Qué duros estos destierros,
esta cárcel y estos hierros
en que el alma está metida!
Sólo esperar la salida
me causa un dolor tan fiero,
que muero porque no muero.
 ¡Ay! ¡Qué vida tan amarga
do no se goza el Señor!
Y si es dulce el amor,
no lo es la esperanza larga,
quíteme Dios esta carga,
más pesada que el acero,
que muero porque no muero.

Sólo con la confianza
vivo de que he de morir;

porque muriendo, el vivir
me asegura mi esperanza;
muerte do el vivir se alcanza
no te tardes que te espero,
que muero porque no muero.
    Mira que el amor es fuerte;
vida, no seas molesta;
mira que sólo te resta,
para ganarte, perderte;
venga ya la dulce muerte,
venga el morir muy ligero,
que muero porque no muero.
    Aquella vida de arriba
es la vida verdadera:
hasta que esta vida muera,
no se goza estando viva;
muerte no seas esquiva,
vivo muriendo primero,
que muero porque no muero.
    Vida, ¿qué puedo yo darle
a mi Dios, que vive en mí,
si no es perderte a ti,
para mejor a Él gozarle?
Quiero muriendo alcanzarle,
pues a Él sólo es el que quiero,
que muero porque no muero.
    Estando ausente de ti,
¿qué vida puedo tener,
sino muerte padecer
la mayor que nunca vi?
Lástima tengo de mí,
por ser mi mal tan entero,
que muero porque no muero.

FRAY LUIS DE LEÓN (1527-1591)

A Francisco Salinas

    El aire se serena
y viste de hermosura y luz no usada,
Salinas, cuando suena
la música extremada
por vuestra sabia mano gobernada.
    A cuyo son divino
mi alma, que en olvido está sumida,
torna a cobrar el tino
y memoria perdida
de su origen primera esclarecida.
    Y como se conoce,
en suerte y pensamientos se mejora;
el oro desconoce
que el vulgo ciego adora,
la belleza caduca engañadora.
    Traspasa el aire todo
hasta llegar a la más alta esfera,
y oye allí otro modo
de no perecedera
música, que es de todas la primera.
    Ve cómo el gran maestro
a aquesta inmensa cítara aplicado,
con movimiento diestro
produce el son sagrado
con que este eterno templo es sustentado.
    Y como está compuesta
de números concordes, luego envía
consonante respuesta,
y entrambas a porfía
mezclan una dulcísima armonía.
    Aquí el alma navega
por un mar de dulzura, y finalmente

en él así se anega,
que ningún acçidente
extraño o peregrino oye o siente.
 ¡Oh desmayo dichoso!
¡Oh muerte que das vida! ¡Oh dulce olvido!
¡Durase en tu reposo
sin ser restituido
jamas a aqueste baxo y vil sentido!
 A este bien os llamo,
gloria del apolíneo sacro coro,
amigos, a quien amo
sobre todo tesoro;
que todo lo demás es triste lloro.
 ¡Oh! Suene de contino,
Salinas, vuestro son en mis oídos,
por quien al bien divino
despiertan los sentidos,
quedando a lo demás adormecidos.

FERNANDO DE HERRERA (1534-1597)

Rojo sol, que con hacha luminosa

    Rojo sol, que con hacha luminosa
coloras el purpúreo y alto cielo,
¿hallaste tal belleza en todo el suelo
que iguale a mi serena luz dichosa?
    Aura suave, blanda y amorosa,
que nos halagas con tu fresco vuelo,
cuando el oro descubre y rico velo
mi luz, ¿trenza tocaste más hermosa?
    Luna, honor de la noche, ilustre coro
de los errantes astros y fijados,
¿consideraste tales dos estrellas?
    Sol puro, aura, luna, luces de oro,
¿oísteis mis dolores nunca usados?
¿Visteis luz más ingrata a mis querellas?

SAN JUAN DE LA CRUZ (1542-1591)

Canciones del alma que se goza de haber llegado al alto estado de la perfección, que es la unión con Dios, por el camino de la negación espiritual

    En una noche oscura,
con ansias, en amores inflamada,
¡oh dichosa ventura!,
salí sin ser notada,
estando ya mi casa sosegada.
    A escuras y segura
por la secreta escala, disfrazada,
¡oh dichosa ventura!,
a escuras y en celada,
estando ya mi casa sosegada,
    En la noche dichosa
en secreto, que nadie me veía,
ni yo miraba cosa,
sin otra luz y guía
sino la que en el corazón ardía.
    Aquesta me guiaba
más cierto que la luz del mediodía.
adonde me esperaba
quiero yo bien me sabía,
en parte donde nadie parecía.
    ¡Oh noche, que guiaste!
¡Oh noche amable más que el alborada!
¡Oh noche que juntaste
Amado con amada,
amada en el Amado transformada!
    En mi pecho florido,
que entero para él solo se guardaba,
allí quedó dormido,
y yo le regalaba,

y el ventalle* de cedros aire daba.
　　El aire de la almena,
cuando yo sus cabellos esparcía,
con su mano serena
en mi cuello hería,
y todos mis sentidos suspendía.
　　Quedéme y olvidéme,
el rostro recliné sobre el Amado;
cesó todo, y dejéme,
dejando mi cuidado
entre las azucenas olvidado.

Canciones entre el alma y el esposo

Esposa

　　¿Adónde te escondiste,
Amado, y me dejaste con gemido?
Como el ciervo huiste,
habiéndome herido;
salí tras ti clamando, y eras ido.
　　Pastores los que fuerdes
allá por las majadas al otero,
si por ventura vierdes
Aquel que yo más quiero,
decidle que adolezco, peno y muerto.
　　Buscando mis amores,
iré por esos montes y riberas,
ni cogeré las flores,
ni temeré las fieras,
y pasaré los fuertes y fronteras.

Pregunta a las criaturas

　　¡Oh bosques y espesuras,
plantadas por la mano del Amado!,

---

* *Ventalle*: "lo mismo que abanico". *Auts.*

¡oh prado de verduras,
de flores esmaltado!,
decid si por vosotros ha pasado.

Respuesta de las criaturas

   Mil gracias derramando,
pasó por estos sotos con presura,
y yéndolos mirando,
con sola su figura
vestidos los dejó de hermosura.

Esposa

   ¡Ay, quién podrá sanarme!
Acaba de entregarte ya de vero,
no quieras enviarme
de hoy más ya mensajero,
que no saben decirme lo que quiero.
   Y todos cuantos vagan
de ti me van mil gracias refiriendo,
y todos más me llagan,
y déjame muriendo
un no sé qué quedan balbuciendo.
   Mas ¿cómo perseveras,
¡oh vida!, no viendo donde vives,
y haciendo por que mueras
las flechas que recibes,
de lo que del Amado en ti concibes?
   ¿Por qué, pues has llagado
aqueste corazón, no le sanaste?
Y pues me le has robado,
¿por qué así le dejaste,
y no tomas el robo que robaste?
   Apaga mis enojos,
pues que ninguno basta a deshacellos,
y véante mis ojos,
pues eres lumbre dellos,
y sólo para ti quiero tenellos.

Descubre tu presencia,
y máteme tu vista y hermosura;
mira que la dolencia
de amor que no se cura
sino con la presencia y la figura.

¡Oh cristalina fuente,
si en esos tus semblantes plateados
formases de repente
los ojos deseados,
que tengo en mis entrañas dibujados!
Apártalos, Amado,
que voy de vuelo.

Esposo

Vuélvete, paloma,
que el ciervo vulnerado
por el otero asoma
al aire de tu vuelo, y fresco toma.

Esposa

Mi Amado, las montañas,
los valles solitarios nemorosos,
las ínsulas extrañas,
los ríos sonorosos,
el silbo de los aires amorosos;
    la noche sosegada
en par de los levantes del aurora,
la música callada,
la soledad sonora,
la cena, que recrea y enamora.
    Nuestro lecho florido,
de cuevas de leones enlazado,
en púrpura tendido,
de paz edificado,
de mil escudos de oro coronado.

A zaga de tu huella
las jóvenes discurren el camino
al toque de centella,
al adobado vino,
emisiones de bálsamo divino.
 En la interior bodega
de mi Amado bebí, y cuando salía
por toda aquesta vega,
ya cosa no sabía,
y el ganado perdí, que antes seguía.
 Allí me dio su pecho,
allí me enseñó ciencia muy sabrosa,
y yo le di de hecho
a mí, sin dejar cosa;
allí le prometí de ser su esposa.
 Mi alma se ha empleado
y todo mi caudal en su servicio:
ya no guardo ganado,
ni ya tengo otro oficio,
que ya sólo en amar es mi ejercicio.
 Pues ya si en el ejido
de hoy más no fuere vista ni hallada,
diréis que me he perdido,
que, andando enamorada,
me hice perdidiza, y fui ganada.
 De flores y esmeraldas
en las frescas mañanas escogidas,
haremos las guirnaldas,
en tu amor florecidas
y en un cabello mío entretejidas.
 En solo aquel cabello
que en mi cuello volar consideraste,
mirástele en mi cuello,
y en él preso quedaste,
y en uno de mis ojos te llagaste,
 Cuando tú me mirabas,
tu gracia en mí tus ojos imprimían;
por eso me adamabas,
y en eso merecían
los míos adorar lo que en ti vían.

    No quieras despreciarme,
que si color moreno en mí hallaste,
ya bien puedes mirarme,
después que me miraste,
que gracia y hermosura en mí dejaste.
    Cazadnos las raposas,
que está ya florecida nuestra viña,
en tanto que de rosas
hacemos una piña,
y no parezca nadie en la montiña.
    Detente, cierzo muerto;
ven, austro, que recuerdas* los amores,
aspira por mi huerto,
y corran sus olores,
y pacerá el Amado entre las flores.

Esposo

    Entrádose ha la Esposa
en el ameno huerto deseado,
y a su sabor reposa,
el cuello reclinado
sobre los dulces brazos del Amado.
    Debajo del manzano,
allí conmigo fuiste desposada,
allí te di la mano,
y fuiste reparada
donde tu madre fuera violada.
    A las aves ligeras,
leones, ciervos, gamos saltadores,
montes, valles, riberas,
aguas, aires, ardores
y miedos de las noches veladores,
        por las amenas liras
y canto de serenas os conjuro
que cesen vuestras iras,

    * *Recuerdas*: despiertas.

y no toquéis al muro,
por que la Esposa duerma más seguro.

Esposa

  ¡Oh ninfas de Judea!,
en tanto que en las flores y rosales
el ámbar perfumea,
morá en los arrabales,
y no queráis tocar nuestros umbrales.
  Escóndete, Carillo,
y mira con tu haz a las montañas,
y no quieras decillo;
mas mira las compañas
de la que va por ínsulas extrañas.

Esposo

  La blanca palomica
al arca con el ramo se ha tornado,
y ya la tortolica
al socio* deseado
en las riberas verdes ha hallado.
  En soledad vivía,
y en soledad ha puesto ya su nido,
y en soledad la guía
a solas su querido,
también en soledad de amor herido.

Esposa

  Gocémonos, Amado,
y vámonos a ver en tu hermosura
al monte y al collado,
do mana el agua pura;
entremos más adentro en la espesura.

* *Socio*: compañero.

Y luego a las subidas
cavernas de la piedra nos iremos,
que están bien escondidas,
y allí nos entraremos,
y el mosto de granadas gustaremos.
   Allí me mostrarías
aquello que mi alma pretendía,
y luego me darías
allí tú, vida mía,
aquello que me diste el otro día.
   El aspirar del aire,
el canto de la dulce Filomena,
el soto y su donaire,
en la noche serena
con llama que consume y no da pena.
   Que nadie lo miraba,
Aminadab tampoco parecía,
y el cerco sosegaba,
y la caballería
a vista de las aguas descendía.

LUIS BARAHONA DE SOTO (1548-1598)

Canción

    Cual llena de rocío
suele salir, los campos alegrando,
la clara aurora con el rostro helado,
sutil aura soplando,
tal por el verde prado
salió mi pastorcilla al llanto mío,
dejando alegre el suelo
y de sus gracias envidioso el cielo.

    Espárcese sin arte
sobre la nieve del marmóreo cuello,
tirada en hebras, larga vena de oro,
y para enriquecello
con bien mayor tesoro
en dos madejas varias se reparte,
descubriendo la cara
más que la luna y las estrellas clara.

    La tierna yerba crece
donde la planta sienta, y cría olores,
y el árbol que desgaja con su mano
pimpollos brota y flores,
y el aire fresco y vano,
hablando con olores lo enriquece,
y lleno de alegría
promete al mundo venturoso día.

    Alzó la vista luego
y al revolver llevó tras sí la lumbre
que el sol dio al río, al monte, al prado, al valle;
conoce su costumbre,
que no hay do no se halle

de su belleza el amoroso fuego,
y así cogió los ojos
llenos de gloria y ricos de despojos.

 Estaba yo midiendo
con tan dichoso bien mi desventura
y el fin de mis pasiones deseado,
con alma limpia y pura,
con el semblante amado,
y en los ojos clarísimos leyendo
de aquella que no fuera
para mí tan cruel si no me viera.

 Ya al cuello sentía en vano,
por dulces lazos, los estrechos nudos
de los hermosos brazos que aún se vían
sobre el codo desnudos,
y ya se me fingían
la ocasión y la dicha por mi mano,
cuando, mirando atenta,
de haberme descubierto amor se afrenta.

 Doncella temerosa
no huye el pie, de víbora pisada,
con tanta ligereza, ni el herido
ciervo a la deseada
fuente correr se vido
con alma más ferviente y pavorosa,
que ella volvió la espalda
soltando al viento la delgada falda.

 Alcéme de improviso
–temiendo tanta pérdida– del suelo,
y vi el nevado pie y la pierna bella,
y el delicado velo,
que el viento ondeaba en ella,
pedazos descubriendo del paraíso,
y que hurtaba el viento
la gloria que merece mi tormento.

Doquiera se ofrecían,
para esforzarme el curso, varias cosas
a los hambrientos ojos seguidores:
aquí las blancas rosas,
allí las tiernas flores
que huyendo de mí se le caían;
ya el pie en la blanda arena,
ya el cabello que el aire desordena.

   Mas tanto se apresura
el distro miedo y el deseo a porfía,
a nuestras plantas alas enlazando,
que en las piedras rompía
[sus pies, atropellando]
el milagro, mayor de hermosura,
y sobre blanca nieve
la sangre roja se derrama y llueve.

   ¿Cómo podrá sufrirse
tanta crueldad en tanta gentileza
y en tanto amor efetos tan crueles,
y que tanta aspereza
rompa las blancas pieles
do la gloria de amor puede escribirse?
Confuso así conmigo,
parando el curso, cobro aliento y digo:

   "Marfil, ébano, nieve,
rubíes, ámbar, plata, perlas, oro,
mis ojos, mi alma, mi regalo y vida,
detén, que no soy toro
ni fiera que herida
en tu desgracia y desamor se mueve;
un alma soy sedienta,
que con mirarte vive y se sustenta.

   Detén el paso agora
y vuelve a conocerme; no me huyas;
ya no te sigo: bástanme mis males.
Detente, no destruyas

las carnes celestiales
y aquesa clara luz que el sol adora;
detén, que esas espinas
no conocen el bien por do caminas.
   Matarme no te asombre,
y pues las fieras mata en las montañas,
vuelve esa flecha y mátame aquí agora;
rómpeme las entrañas,
donde tu imagen mira,
fiera a los hombres y a las fieras hombre,
que no aprovecha, esquiva,
matarte, si en mi pecho quedas viva.

   Vuelve esos ojos bellos
a aquesta tierra por donde has pasado,
que por lástima mía está sembrada
de aquese humor sagrado,
teñida colorada,
y cojamos del suelo los cabellos
y los fieros abrojos
que tienen de tu sangre los despojos.

   ¡Oh gloria mal perdida!
¡Oh licores divinos derramados!
¡Oh sangre sepultada entre estas peñas!
Si destos desdichados
miembros no te desdeñas,
tú serás mi manjar y mi bebida,
y la enemiga tuya
estará siempre en mí aunque más huya.

   ¡Oh hebras que supistes
vencer al oro y a la luz del día,
y como al mío encadenar mil cuellos!
¡Oh toda mi alegría,
manojos de cabellos
que de la ingratitud os despedistes!
¡Quedaos, quedaos conmigo,
que os seré más piadoso y más amigo!

¡Oh corazón de acero,
jamás de mis miserias lastimado,
y más soberbio y más presuntuoso
que el pavón alabado,
más bravo y desdeñoso
que osa de Libia y que león más fiero!
¡Oh si el cielo ordenase
que otro cual tú me tratas te tratase!"

Mas, ay de mí, ¿qué digo?
Nunca jamás te veas ablandado,
pues para mi dolor no te ablandaste,
que aquesto que he rogado
por hacerme de todos enemigo,
ya tú lo procuraste;
antes así fenezcas,
que nadie te ame y tú los aborrezcas.

Estando yo esparciendo
aquestas quejas de mi mal no hondas,
ella huyó con ligereza tanta
que por las claras ondas,
sin mojarse la planta,
pudiera de los ríos ir corriendo,
y encima, sin fatiga,
del alto trigo, sin doblar la espiga.

LUIS DE GÓNGORA Y ARGOTE (1561-1627)

Fábula de Polifemo y Galatea

Al conde de Niebla

Estas que me dictó, rimas sonoras,
culta sí, aunque bucólica Talía,
–¡oh excelso conde!– en las purpúreas horas
que es rosas el alba y rosicler el día,
ahora que de luz tu Niebla doras,
escucha, al son de la zampoña mía,
si ya los muros no te ven de Huelva
peinar el viento, fatigar la selva.
Templado pula en la maestra mano
el generoso pájaro su pluma,
o tan mudo en la alcándara, que en vano
aun desmentir al cascabel presuma;
tascando haga el freno de oro cano
del caballo andaluz la ociosa espuma;
gima el lebrel en el cordón de seda,
y al cuerno al fin la cítara suceda.
Treguas al ejercicio sean robusto,
ocio atento, silencio dulce, en cuanto
debajo escuchas de dosel augusto
del músico jayán el fiero canto.
Alterna con las Musas hoy el gusto,
que si la mía puede ofrecer tanto
clarín –y de la Fama no segundo–,
tu nombre oirán los términos del mundo.
Donde espumoso el mar siciliano
el pie argenta de plata al Lilibeo,
bóveda o de las fraguas de Vulcano
o tumba de los huesos de Tifeo,
pálidas señas cenizoso un llano
–cuando no de el sacrílego deseo–

de el duro oficio da. Allí una alta roca
mordaza es a una gruta de su boca.
Guarnición tosca de este escollo duro
troncos robustos son, a cuya greña
menos luz debe, menos aire puro
la caverna profunda, que a la peña;
caliginoso lecho, el seno oscuro
ser de la noche negra nos lo enseña
infame turba de nocturnas aves,
gimiendo tristes y volando graves.
De éste, pues, formidable de la tierra
bostezo, el melancólico vacío
a Polifemo, horror de aquella sierra,
bárbara choza es, albergue umbrío,
y redil espacioso donde encierra
cuanto las cumbres ásperas, cabrío,
de los montes esconde: copia bella
que un silbo junta y un peñasco sella.
Un monte era de miembros eminente
este que –de Neptuno hijo fiero–,
de un ojo ilustra el orbe de su frente,
émulo casi de el mayor lucero;
cíclope a quien el pino más valiente,
bastón, le obedecía tan ligero,
y al grave peso junco tan delgado,
que un día era bastón y otro cayado.
Negro el cabello, imitador undoso
de las oscuras aguas de el Leteo,
al viento que le peina proceloso
vuela sin orden, pende sin aseo;
un torrente es su barba impetüoso
que –adusto hijo de este Pirineo–
su pecho inunda –o tarde o mal en vano–
surcada aún de los dedos de su mano.
No la Trinacria en sus montañas, fiera,
armó de crüeldad, calzó de viento,
que redima feroz, salve ligera,
su piel manchada de colores ciento:
pellico es ya la que en los bosques era
mortal horror, al que con paso lento

los bueyes a su albergue reducía,
pisando la dudosa luz de el día.
Cercado es, cuanto más capaz más lleno,
de la fruta, el zurrón, casi abortada,
que el tardo otoño deja al blando seno
de la piadosa yerba encomendada:
la serva, a quien le da rugas el heno;
la pera, de quien fue cuna dorada
la rubia paja y –pálida tutora–,
la niega avara y pródiga la dora.
Erizo es, el zurrón, de la castaña;
y –entre el membrillo o verde o datilado–
de la manzana hipócrita, que engaña
–a lo pálido no–: a lo arrebolado;
y de la encina, honor de la montaña
que pabellón al siglo fue dorado;
el tributo, alimento, aunque grosero,
de el mejor mundo, de el candor primero.
Cerca y cáñamo unió –que no debiera–
cien cañas, cuyo bárbaro ruido,
de más ecos que unió cáñamo y cera
albogues, duramente es repetido.
La selva se confunde, el mar se altera,
rompe Tritón su caracol torcido,
sordo huye el bajel a vela y remo:
¡tal la música es de Polifemo!
Ninfa, de *Doris* hija, la más bella,
adora, que vio el reino de la espuma.
Galatea es su nombre, y dulce en ella
al terno Venus de sus gracias suma.
Son una y otra luminosa estrella
lucientes ojos de su blanca pluma:
si roca de cristal no es de Neptuno,
pavón que Venus es, cisne de Juno.
Purpúreas rosas sobre Galatea
la Alba entre lilios cándidos deshoja:
duda el Amor cuál más su color sea,
o púrpura nevada, o nieve roja.
De su frente la perla es, Eritrea,
émula vana. El ciego dios se enoja

y condenado su esplendor, la deja
prender en oro al nácar de su oreja.
Invidia de las Ninfas y cuidado
de cuantas honra el mar, deidades era;
pompa de el marinero niño alado
que sin fanal conduce su venera.
Verde del cabello, el pecho no escamado,
ronco sí, escucha a Glauco la ribera
inducir a pisar la bella ingrata,
en carro de cristal, campos de plata.
Marino joven, las cerúleas sienes
de el más tierno coral ciñe Palemo,
rico de cuantos la agua engendra bienes
de el Faro odioso al Promontorio extremo;
mas en la gracia igual, si en los desdenes
perdonado algo más que Polifemo,
de la que aun no le oyó y, calzada plumas,
tantas flores pisó como él espumas.
Huye la ninfa bella, y el marino
amante nadador ser bien quisiera
–ya que no áspid a su pie divino–,
dorado pomo a su veloz carrera.
Mas ¿cuál diente mortal, cuál metal fino,
la fuga suspender podrá ligera
que el desdén solicita? ¡Oh, cuánto yerra
delfín que sigue en agua corza en tierra!
Sicilia, en cuanto oculta, en cuanto ofrece,
copa es de Baco, huerto de Pomona:
tanto de frutas ésta la enriquece
cuanto aquél de racimos la corona.
En carro que estival trillo parece,
a sus campañas Ceres no perdona,
de cuyas siempre fértiles espigas
las provincias de Europa son hormigas.
A Pales su viciosa cumbre debe
lo que a Ceres, y aun más, su vega llana;
pues si en la una granos de oro llueve,
copos nieva en la otra mil de lana.
De cuantos siegan oro, esquilan nieve,
o en pipas guardan la exprimida grana,

bien sea religión, bien amor sea,
deidad, aunque sin templo, es Galatea.
Sin aras no: que el margen donde para
del espumoso mar su pie ligero,
al labrador de sus primicias ara,
de sus esquilmos es al ganadero;
de la copia a la tierra poco avara
el cuerno vierte el hortelano entero
sobre la mimbre que tejió prolija,
si artifiosa no, su honesta hija.
Arde la juventud, y los arados
peinan las tierras que surcaron antes,
mal conducidos, cuando no arrastrados,
de tardos bueyes cual su dueño errantes;
sin pastor que los silbe, los ganados
los crujidos ignoran resonantes
de las hondas, si en vez del pastor pobre
el Céfiro no silba, o cruje el robre.
Mudo la noche el can, el día dormido,
de cerro en cerro y sombra en sombra yace.
Bala el ganado; al mísero balido,
nocturno el lobo de las sombras nace:
Cébase –y fiero deja humedecido
en sangre de una lo que la otra pace–.
¡Revoca, Amor, los silbos, o a su dueño
el silencio del can siga y el sueño!
La fugitiva Ninfa en tanto, donde
hurta un laurel su tronco al Sol ardiente,
tantos jazmines cuanta yerba esconde
la nieve de sus miembros da a una fuente.
Dulce se queja, dulce le responde
un ruiseñor a otro, y dulcemente
al sueño de sus ojos la armonía,
por no abrasar con tres soles el día.
Salamandria del Sol, vestido estrellas,
latiendo el can del cielo estaba, cuando
–polvo el cabello, húmidas centellas,
sino ardientes aljófares sudando–
llegó Acis, y de ambas luces bellas
dulce Occidente viendo al sueño blando,

su boca dio –y sus ojos, cuanto pudo,
al sonoro cristal– al cristal mudo.
Era Acis un venablo de Cupido,
de un Fauno –medio hombre, medio fiera–,
en Simetis, hermosa Ninfa habido;
gloria del mar, honor de su ribera.
El bello imán, el ídolo dormido,
que acero sigue, idólatra venera,
rico de cuanto el huerto ofrece pobre,
rinden las vacas y fomenta el robre.
El celestial humor recién cuajado
que la almendra guardó, entre verde y seca,
en blanca mimbre se le puso al lado,
y un poco, en verdes juncos, de manteca;
en breve corcho, pero bien labrado,
un rubio hijo de una encina hueca
dulcísimo panal, a cuya cera
su néctar vinculó la Primavera.
Caluroso, al arroyo de las manos,
y con ellas, las ondas a su frente,
entre dos mirtos que –de espuma canos–
dos verdes garzas son de la corriente.
Vagas cortinas de volantes vanos
corrió Favonio lisonjeramente,
a la del viento –cuando no sea cama
de frescas sombras– de menuda grama.
La Ninfa, pues, la sonorosa plata
bullir sintió del arroyuelo apenas,
cuando –a los verdes márgenes ingrata–
seguir se hizo de sus azucenas.
Huyera..., mas tan frío se desata
un temor perezoso por sus venas,
que a la precisa fuga, al presto vuelo
grillos de nieve fue, plumas de hielo.
Fruta en mimbres halló leche exprimida
en juncos, miel en corcho, mas sin dueño;
si bien al dueño debe, agradecida,
su deidad culta, venerado el sueño.
A la ausencia mil veces ofrecida,
este de cortesía no pequeño

indicio, la dejó –aunque estatua helada–,
más discursiva y menos alterada.
No al Cíclope atribuye, no, la ofrenda;
no a Sátiro lascivo, ni a otro feo
morador de las selvas, cuya rienda
el sueño aflija que aflojó el deseo.
El niño dio, entonces, de la venda,
ostentación gloriosa, alto trofeo
quiere que al árbol de su madre sea
el desdén hasta allí de Galatea.
Entre las ramas de el que más se lava
en el arroyo, mirto levantado,
carcaj de cristal hizo, si no aljaba,
su blando pecho de un arpón dorado.
El monstruo de rigor, la fiera brava,
mira la ofrenda ya con más cuidado,
y aun siente que a su dueño sea devoto,
confuso alcaide más, el verde soto.
Llamárale, aunque muda; mas no sabe
el nombre articular que más querría,
ni le ha visto; si bien pincel süave
le ha bosquejado ya en su fantasía.
Al pie –no tanto ya de el temor grave–
fía su intento; y, tímida, en la umbría
cama de campo y campo de batalla,
fingiendo sueño al cauto garzón halla.
El bulto vio, y haciéndole dormido,
librada en un pie toda sobre él pende
–urbana al sueño, bárbara al mentido
retórico silencio que no entiende–:
no el ave reina así el fragoso nido
corona inmóvil, mientras no desciende
–rayo con plumas– al milano pollo,
que la eminencia abriga de un escollo,
como la Ninfa bella –compitiendo
con el garzón dormido en cortesía–
no sólo para, mas el dulce estruendo
de el lento arroyo enmudecer querría.
A pesar luego de las ramas, viendo
colorido el bosquejo que ya había

en su imaginación Cupido hecho,
con el pincel que le clavó su pecho.
De sitio mejorada, atenta mira,
en la disposición robusta, aquello
que, si por lo süave no la admira,
es fuerza que la admire por lo bello.
De el casi tramontado Sol aspira,
a los confusos rayos, su cabello:
flores su bozo es, cuyas colores,
como duerme la luz, niegan las flores.
(En la rústica greña yace oculto
el áspid de el intenso prado ameno,
antes de que el peinado jardín culto
en el lascivo, regalado seno.)
En lo viril desata de su bulto
lo más dulce el amor de su veneno:
bébele Galatea, y da otro paso,
por apurarle la ponzoña al vaso.
Acis —aún más de aquello que dispensa
la brújula de el sueño vigilante—,
alterada la Ninfa esté, o suspensa,
Argos es siempre atento a su semblante,
lince penetrador de lo que piensa,
cíñalo bronce o múrelo diamante;
que en sus Paladïones Amor ciego,
sin romper muros, introduce fuego.
El sueño de sus miembros sacudido,
gallardo el joven la persona ostenta,
y al marfil luego de sus pies rendido,
el coturno besar dorado intenta.
Menos ofende el rayo prevenido
al marinero, menos la tormenta
prevista le turbó, o prognosticada:
Galatea lo diga salteada.
Más agradable, y menos zahareña,
al mancebo levanta venturoso,
dulce ya concediéndole, y risueña,
paces no al sueño, treguas sí al reposo.
Lo cóncavo hacía de una peña
a un fresco sitial dosel umbroso,

y verdes celosías unas yedras,
trepando troncos y abrazando piedras.
Sobre una alfombra, que imitara en vano
el tirio sus matices –si bien era
de cuantas sedas ya hiló gusano
y artífice tejió la Primavera–
reclinados, al mirto más lozano
una y otra lasciva, si ligera,
paloma se caló, cuyos gemidos
–trompas de Amor– alteran sus oídos.
El ronco arrullo al joven solicita;
mas, con desvíos Galatea süaves,
a su audacia los términos limita,
y el aplauso al contento de las aves.
Entre las ondas y la fruta, imita
Acis al siempre ayuno en penas graves:
que, en tanta gloria, infierno son no breve
fugitivo cristal, pomos de nieve.
No a las palomas concedió Cupido
juntar de sus dos picos los rubiés,
cuando el clavel el joven atrevido
las dos hojas le chupa carmesíes.
Cuantas produce Pafo, engendra Gnido,
negra vïolas, blancos alhelíes,
llueven sobre el que Amor quiere que sea
tálamo de Acis y de Galatea.
Su aliento humo, sus relinchos fuego
–si bien su freno espumas– ilustraba
las columnas Etón, que erigió el Griego,
do el carro de la luz sus ruedas lava,
cuando, de Amor el fiero jayán ciego,
la cerviz oprimió a una roca brava,
que a la playa, de escollos no desnuda,
linterna es ciega y atalaya muda.
Arbitro de montañas y ribera,
aliento dio, en la cumbre de la roca,
a los albogues que agregó la cera,
el prodigioso fuelle de su boca;
la Ninfa los oyó, y ser más quisiera
breve flor, yerba humilde y tierra poca,

que de su nuevo tronco vid lasciva,
muerta de amor y de temor no viva.
Mas –cristalinos pámpanos sus brazos–
amor la implica, si el temor la anuda,
al infelice olmo, que pedazos
la segur de los celos hará, aguda.
Las cavernas en tanto, los ribazos
que ha prevenido la zampoña ruda,
el trueno de la voz fulminó luego:
referidlo, Píérides, os ruego.
    "¡Oh bella Galatea, más süave
que los claveles que tronchó la Aurora;
blanca más que las plumas de aquel ave
que dulce muere y en la aguas mora,
igual en pompa al pájaro que, grave,
su manto azul de tantos ojos dora
cuantas el celestial zafiro estrellas!
¡Oh tú que en dos incluyes las más bellas!
    "Deja las ondas, deja el rubio coro
de las hijas de Tetis, y el mar vea,
cuando niega la luz un carro de coro,
que en dos la restituye Galatea.
Pisa la arena, que en la arena adoro
cuantas el blanco pie conchas platea,
cuyo bello contacto puede hacerlas,
sin concebir rocío, parir perlas.
    "Sorda hija de el mar, cuyas orejas
a mis gemidos son rocas al viento;
o dormida te hurten a mis quejas
purpúreos troncos de corales ciento,
o al disonante número de almejas
–marino, si agradable no, instrumento–,
coros tejiendo estés, escucha un día
mi voz, por dulce, cuando no por mía.
    "Pastor soy, mas tan rico de ganados,
que los valles impido más vacíos,
los cerros desparezco levantados,
y los caudales seco de los ríos:
no los que, de sus ubres desatados
o derribados de los ojos míos,

leche corren y lágrimas; que iguales
en número a mis bienes son mis males.
"Sudando néctar, lambicando olores,
senos que ignora aún la golosa cabra,
corchos me guardan, más que abeja flores
liba inquïeta, ingenïosa labra;
troncos me ofrecen árboles mayores,
cuyos enjambres, o el abril los abra
o los desate el mayo, ámbar destilan,
y en ruecas de oro rayos de el Sol hilan.
"De el Júpiter soy hijo de las ondas,
aunque pastor, si tu desdén no espera
a que el Monarca de esas grutas hondas
en trono de cristal te abrace nuera;
Polifemo te llama, no te escondas,
que tanto esposo admira la ribera,
cual otro no vio Febo más robusto,
del perezoso Volga al Indo adusto.
"Sentado, a la alta palma no perdona
su dulce fruto mi robusta mano;
en pie, sombra capaz es mi persona
de innumerables cabras el verano.
¿Qué mucho si de nubes se corona
por igualarme la montaña en vano,
y en los cielos, desde esta roca, puedo
escribir mis desdichas con el dedo?
"Marítimo Alcïón, roca eminente
sobre sus huevos coronaba, el día
que espejo de zafiro fue luciente
la playa azul de la persona mía;
miréme, y lucir vi un sol en mi frente,
cuando en el cielo un ojo se veía:
neutra el agua dudaba a cuál fe preste:
o al cielo humano o Cíclope celeste.
"Registra en otras puertas el venado
sus años, su cabeza colmilluda
la fiera, cuyo cerro levantado
de Helvecias picas es muralla aguda;
la humana suya el caminante errado
dio ya a mi cueva, de piedad desnuda,

albergue hoy por tu causa al peregrino,
do halló reparo, si perdió camino.
 "En tablas dividida, rica nave
besó la playa miserablemente,
de cuantas vomitó riquezas grave,
por las bocas de el Nilo el Orïente.
Yugo aquel día, y yugo bien süave,
de el fiero mar a la sañuda frente,
imponiéndole estaba, si no al viento,
dulcísimas coyundas mi instrumento.
 "Cuando, entre globos de agua, entregar veo
a las arenas ligurina haya,
en cajas los aromas de el Sabeo,
en cofres las riquezas de Cambaya;
delicias de aquel mundo, ya trofeo
de Scila que, ostentado en nuestra playa,
lastimoso despojo fue dos días
a las que esta montaña engendra harpías.
 "Segunda tabla a un Ginovés mi gruta
de su persona fue, de su hacienda:
la una reparada, la otra enjuta.
Relación de el naufragio hizo horrenda.
Luciente paga de la mejor fruta
que en yerbas se recline, en hilos penda,
colmillo fue de el animal que el Ganges
sufrir muros le vio, romper falanges.
 "Arco, digo, gentil, bruñida aljaba,
obras ambas de artífice prolijo,
y de malaco rey a deida java
alto don, según ya mi huésped dijo,
de aquél la mano, de ésta el hombre agrava;
convencida la madre, imita al hijo:
serás a un tiempo, en estos horizontes,
Venus de el mar, Cupido de los montes."
Su horrenda voz, no su dolor interno,
cabras aquí le interrumpieron, cuantas
–vagas el pie, sacrílegas el cuerno–
a Baco se atrevieron en sus plantas.
Mas, conculcado el pámpano más tierno
viendo el fiero pastor, voces él tantas,

y tantas despidió la honda piedras,
que el muro penetraron de las yedras.
De los nudos, con esto, más süaves,
los dulces dos amantes desatados,
por duras guijas, por espinas graves
solicitan el mar con pies alados:
tal rendimiento de importunas aves
incauto meseguero sus sembrados,
de liebres dirimió copia así amiga,
que vario sexo unió y un surco abriga.
Viendo el fiero jayán con paso mudo
correr al mar la fugitiva nieve
–que a tanta vista el Líbico desnudo
registra el campo de su adarga breve–
y al garzón viendo, cuantas mover pudo
celoso trueno, antiguas hayas mueve:
tal, antes que la opaca nube rompa
previene rayo fulminante trompa.
Con vïolencia desgajó, infinita,
la mayor punta de la excelsa roca,
que al joven, sobre quien la precipita,
urna es mucha, pirámide no poca.
Con lágrimas la Ninfa solicita
las Deidades de el mar, que Acis invoca:
concurren todas, y el peñasco duro,
la sangre que exprimió, cristal fue puro.
Sus miembros lastimosamente opresos
del escollo fatal fueron apenas,
que los pies de los árboles más gruesos
calzó el líquido aljófar de sus venas.
Corriendo plata al fin sus blancos huesos,
lamiendo flores y argentando arenas,
a Doris llega, que son llanto pío,
yerno le saludó, le aclamó río.

LOPE DE VEGA (1562-1635)

Pobre barquilla mía

¡Pobre barquilla mía,
Entre peñascos rota,
Sin velas desvelada,
Y entre las olas sola!
　¿Adónde vas perdida?
　¿Adónde, dí te engolfas?
Que no hay deseos cuerdos
Con esperanzas locas.
　Como las altas naves,
Te apartas animosa
De la vecina tierra,
Y al fiero mar te arrojas.
　Igual en las fortunas,
Mayor en las congojas,
Pequeña en las defensas,
Incitas a las ondas.
　Advierte que te llevan
A dar entre las rocas
De la soberbia envidia,
Naufragio de las honras.
　Cuando por las riberas
Andabas costa a costa,
Nunca del mar temiste
Las iras procelosas.
　Segura navegabas;
Que por la tierra propia
Nunca el peligro es mucho
Adonde el agua es poca.
　Verdad es que en la patria
No es la virtud dichosa,
Ni se estima la perla
Hasta dejar la concha.

Dirás que muchas barcas
Con el favor en popa,
Saliendo desdichadas,
Volvieron venturosas.
No mires los ejemplos
De las que van y tornan,
Que a muchas ha perdido
La dicha de las otras.
Para los altos mares
No llevas cautelosa,
Ni velas de mentiras,
Ni remos de lisonjas.
¿Quién te engañó, barquilla?
Vuelve, vuelve la proa;
Que presumir de nave
Fortunas ocasiona.
¿Qué jarcias te entretejen?
¿Qué ricas banderolas
Azote son del viento
Y de las aguas sombra?
¿En qué gavia descubres
Del árbol alta copa,
La tierra en perspectiva,
Del mar incultas orlas?
¿En qué celajes fundas
Que es bien echar la sonda,
Cuando, perdido el rumbo,
Erraste la derrota?
Si te sepulta arena,
¿Qué sirve fama heroica?
Que nunca desdichados
Sus pensamientos logran.
¿Qué importa que te ciñan
Ramas verdes o rojas,
Que en selvas de corales
Salado césped brota?
Laureles de la orilla
Solamente coronan
Navíos de alto bordo
Que jarcias de oro adornan.

No quieras que yo sea,
Por tu soberbia pompa,
Faetonte de barqueros
Que los laureles lloran.
   Pasaron ya los tiempos
Cuando lamiendo rosas
El céfiro bullía
Y suspiraba aromas.
   Ya fieros huracanes
Tan arrogantes soplan
Que, salpicando estrellas,
Del sol la frente mojan;
   Ya los valientes rayos
De la vulcana forja,
En vez de torres altas,
Abrasan pobres chozas.
   Contenta con tus redes,
A la playa arenosa
Mojado me sacabas;
Pero vivo, ¿qué importa?
   Cuando de rojo nácar
Se afeitaba la aurora,
Más peces te llenaban
Que ella lloraba aljófar.
   Al bello sol que adoro,
Enjuta ya la ropa,
Nos daba una cabaña
La cama de sus hojas.
   Esposa me llamaba,
Yo la llamaba esposa,
Parándose de envidia
La celestial antorcha.
   Sin pleito, sin disgusto,
La muerte nos divorcia:
¡Ay de la pobre barca
Que en lágrimas se ahoga!
   Quedad sobre la arena,
Inútiles escotas;
Que no ha menester velas
Quien a su bien no torna.

Si con eternas plantas
Las fixas luces doras,
¡Oh dueño de mi barca!
Y en dulce paz reposas,
  Merezca que le pidas
Al bien que eterno gozas,
Que adonde estás, me lleve,
Más pura y más hermosa.
  Mi honesto amor te obligues
Que no es digna victoria
Para quejas humanas
Ser las deidades sordas.
  Mas ¡ay que no me escuchas!
Pero la vida es corta:
Viviendo, todo falta;
Muriendo, todo sobra.

BERNARDO DE BALBUENA (1568-1627)

Grandeza mexicana

CAPÍTULO VII
ARGUMENTO

Gobierno ilustre

Deste bello jardín, a quien el cielo
por mostrar sus grandezas se dispuso
a darle sitio en lo mejor del suelo,

y los ricos tesoros que en él puso,
ésta es la flor, y aunque es de maravilla,
de otras mayores le adornó y compuso.

Dejo su gran lealtad, su fe sencilla,
su imperial nombre, el ser y el haber sido
del mundo nuevo la primera silla;

sus calles, sus caballos, su ruido,
sus ingenios, sus damas, su belleza,
sus letras, su virtud, su abril florido,

primores, joyas, galas y riqueza:
en todo es grande, y aunque grande en todo
hoy goza y tiene otra mayor grandeza.

No el ver la plata, el oro y seda a rodo,
ni el océano inmenso, que cargado
de flotas de tributos a su modo,

ni el tener todo el orbe encadenado,
ni las curiosidades que le envía
el chino ardiente y el flamenco helado;

que esa grandeza aquí o allí se cría:
mas la que hoy la gobierna es sola una,
desde do nace a do se esconde el día.

Es un príncipe heroico, a quien fortuna,
si usara de razón, hiciera dueño
de cuanto abraza el cerco de la luna,

y fuera a su valor cetro pequeño;
que a tan alto caudal el que ahí se muestra
es mundo estrecho y majestad de sueño;

y así hubo de quedar corta su diestra,
y él agraviado con un nuevo mundo,
haciendo toda la ganancia nuestra.

Éste es desta ciudad el sin segundo
bien de que goza, ésta es la grandeza
que la hará insigne y célebre en el mundo;

de España lo mejor en la nobleza,
de Acevedo y de Zúñiga la gloria,
de valor y virtud toda la alteza;

del gran Mendoza de feliz memoria
la grave majestad y ánimo altivo,
de imperio digno y de inmortal historia;

y de los dos Velascos muerto y vivo
el dulce trato, discreción y seso,
prudencia afable, entendimiento vivo;

la amorosa llaneza de gran peso
del primero marqués, y del segundo
juicio agudo, memoria con exceso;

de don Martín Enríquez el profundo
saber, del de Coruña la templanza,
del arzobispo la igualdad del mundo;

al fin, donde lo más precioso alcanza
de aquestos ocho príncipes, cimiento
desta gran tierra y cielos de bonanza,

majestad grave, altivo pensamiento,
trato suave, discreción, memoria,
saber, prudencia, seso, entendimiento,

amorosa llaneza, gusto y gloria,
templanza, rectitud, viva agudeza,
y lo que pide otra mayor historia,

con ventajas y excesos de fineza
en el príncipe ilustre resplandece,
que hoy rige esta ciudad y su nobleza.

Ella le ama, le adora y obedece,
y no es mucho, que el mundo lo hiciera,
si le pudiera dar lo que merece.

Al fin, señora, aquesta es la primera
silla desta ciudad, y el principado
con voz de rey y majestad entera;

a quien sigue un gravísimo senado,
de autoridad, prudencia y letras lleno,
de lo mejor del mundo acrisolado;

una audiencia real, espuela y freno
de la virtud y el vicio, claustro santo,
si es santo lo que sumamente es bueno;

cuatro alcaldes de corte, horror y llanto
ce ánimos inquietos, cuya espada
defiende, corta, quita, y pone espanto;

sin otra grande suma señalada
de legales ministros inferiores,
y en bondad no a la más acreditada.

Fiscales, secretarios, relatores,
abogados, alcaides, alguaciles,
porteros, canciller, procuradores,

almotacenes, otro tiempo ediles,
receptores, intérpretes, notarios
y otros de menos cuenta y más serviles.

Dejo la infinidad de extraordinarios,
qu a éstos se llegan, y al dosel supremo
sirven y asisten en oficios varios.

Dejo el gran consulado, cuyo extremo
de valor, gravedad, peso y justicia,
agraviarlo, quedando corto, temo;

donde a pesar del tiempo y su malicia
se aclaran mil enredos, que al decoro
del mundo inventa y teje la codicia.

Dejo la caja del real tesoro,
donde sus llaves guardan más riqueza
de fe y lealtad, que no de plata y oro;

y la casa enemiga de pobreza,
que acuña las medallas y blasones
que el mundo adora y pone en su cabeza.

Dejo en silencio, paso entre renglones
la suma de escribientes y escribanos
que de su plaza ocupan los rincones;

su gran legalidad, plumas y manos
llenas de fe, con otro gran concurso
de honrados pretensores cortesanos.

Aquesto es largo y breve mi discurso;
y su ilustre cabildo y regimiento
pide un Virgilio en eminencia y curso;

y no es posible en tan medido asiento
asentar un valor tan sin medida
menos que en estrechez y encogimiento.

Quédese a otra ocasión más extendida,
do ya me siento celebrar sus loores
en voz más grave y pompa más debida;

y en versos de inmortales resplandores
las grandezas oirán, que ahora callo,
sus insignes y graves regidores;

su gran corregidor, que comparallo
en majestad a sus alcaldes quiero,
por la exageración mayor que hallo.

Al fin, éste es el uno y otro fuero
del gobierno seglar, que ser podía,
como es de una ciudad, de un mundo entero.

Éstos son en su imperio y monarquía
los polos, las columnas, los puntales
de su paz, su concierto y policía;

sin otros dos supremos tribunales,
cuya jurisdicción siendo de cielo,
pasa y excede límites mortales;

ambos de un mismo norte y paralelo,
y que siguen por medios diferentes
un mismo fin y un religioso celo.

Un arzobispo, lumbre de las gentes,
cuyo gran nombre de esperanzas lleno
promete al mundo siglos excelentes;

danos cielo, Señor, manso y sereno,
mar apacible, aires de bonanza;
no usurpen nuestros males tanto bueno;

llegue a dichoso colmo esta esperanza,
en que sola tu gloria se pretende
y la nuestra mortal toda se alcanza;

y este sol, cuya luz tanto se extiende,
deje su oriente y venga a nuestro ocaso
adonde alumbre lo que ahora enciende.

Volverá el siglo de oro al mismo paso
de su venida, y en virtud y ciencia
su Apolo gozará nuestro Parnaso;

que sólo le faltaba de excelencia
una estrella a su cielo soberano,
de favorable guía y influencia.

Mas ya está en su cenit, y el pueblo ufano
en vela de un pastor, que sin exceso
merece serlo del sitial romano.

El otro tribunal, que en igual peso,
sin excepción de dignidad ni Estado
la religión cristiana tiene en peso,

es de la fe un alcázar artillado,
terror de herejes, inviolable muro,
de atalayas divinas rodeado:

una espía, a quien no hay secreto oscuro,
que tiene ojos de Dios, y el delincuente
aun en el ataúd no está seguro.

Oficio santo, en todo preeminente,
desnudo de pasión y amor humano,
consistorio de limpia y noble gente.

Y de la catedral el cortesano
cabildo ilustre, que en virtud y ciencia
al mundo excede y gana por la mano,

lleno de graves letras y eminencia,
de insignes borlas, varias facultades
de gran valor, gran peso y suficiencia.

No ha visto el tiempo en todas sus edades
iglesia tan servida de doctores,
ni de mayor tesoro de verdades.

Desde el menor oficio a los mayores
todo es sombra de borlas y de grados,
en ciencia iguales, varias en colores.

Con un modelo de ánimos honrados,
deán suyo, juez de la Cruzada,
de tribunal y casos reservados.

Y aunque entra su grandeza aquí abreviada
es éste su lugar; y éste, señora,
desta insigne ciudad, mal dibujada,
el gran gobierno que la rige ahora.

RODRIGO CARO (1573-1647)

Canción a las ruinas de Itálica

Estos, Fabio, ¡ay dolor!, que ves ahora
campos de soledad, mustio collado,
fueron un tiempo Itálica famosa.
Aquí de Cipïón la vencedora
colonia fue: por tierra derribado
yace el temido honor de la espantosa
muralla, y lastimosa
reliquia es solamente.
De su invencible gente
sólo quedan memorias funerales,
donde erraron ya sombras de alto ejemplo.
Este llano fue plaza; allí fue templo;
de todo apenas quedan las señales.
Del gimnasio y las termas regaladas
leves vuelan cenizas desdichadas.
Las torres que desprecio al aire fueron
a su gran pesadumbre se rindieron.

Este despedazado anfiteatro,
impio honor de los dioses, cuya afrenta
publica el amarillo jaramago,
ya reducido a trágico teatro,
¡oh fábula del tiempo!, representa
cuánta fue su grandeza y es su estrago.
¿Cómo en el cerco vago
de su desierta arena
el gran pueblo no suena?
¿Dónde, pues fieras hay, está el desnudo
luchador? ¿Dónde está el atleta fuerte?
Todo desapareció: cambió la suerte
voces alegres en silencio mudo;
mas aun el tiempo da en estos despojos

espectáculos fieros a los ojos,
y miran tan confusos lo presente
que voces de dolor el alma siente.

Aquí nació aquel rayo de la guerra,
gran padre de la patria, honor de España,
pío, felice, triunfador Trajano,
ante quien muda se postró la tierra
que ve del sol la cuna, y la que baña
el mar también vencido gaditano.
Aquí de Elio Adrïano,
de Teodosio divino,
de Silio peregrino.

FRANCISCO DE QUEVEDO (1580-1645)

Amor constante más allá de la muerte

    Cerrar podrá mis ojos la postrera
sombra que me llevare el blanco día,
y podrá desatar esta alma mía
hora, a su afán ansioso lisonjera;

    mas no de esotra parte en la ribera
dejará la memoria, en donde ardía:
nadar sabe mi llama el agua fría,
y perder el respeto a ley severa.

    Alma, a quien todo un Dios prisión ha sido,
venas, que humor a tanto fuego han dado,
medulas, que han gloriosamente ardido,

    su cuerpo dejará, no su cuidado;
serán ceniza, mas tendrá sentido;
polvo serán, mas polvo enamorado.

JUAN DE TASIS, CONDE DE VILLAMEDIANA (1582-1622)

Aconseja a un amigo al retiro

Marino, si es tu nombre el que tiene
el honor de las Musas, ¿qué castigo
de hado con violencia de enemigo,
tolerante paciencia no previene?

Si el dios del arte en tu defensa viene,
hecho del desengaño dulce amigo,
menos solo estarás solo contigo,
pues en ti la virtud su premio tiene.

Superior en los casos y en las cosas,
bajarás a mirar gloriosamente
las inquietudes del glorioso Marte,

y cuando emulaciones cautelosas
alteren el sosiego a tu memoria,
a ti puedes de ti en ti escaparte.

LUIS CARRILLO Y SOTOMAYOR (1583-1610)

Soneto XXXI

Mirásteme, vi el sol, y en bellos lazos
ciñó –¡dulce ceñir!– mi rostro y frente.
Hízose ocaso su divino Oriente,*
tomó la noche el hemisferio en brazos

Temí –bien pude–, ¡oh Lisi!, sus abrazos**
–dirálo bien quien de mis males siente–;
lloré –y amargo bien fue–, como ausente,
robos del alma en sus escuros brazos.

Rompí el silencio de su tez escura
con desiguales quejas, y a mi llanto
mostró, ¡oh Lisi!, tu sol su frente pura.

Dio nuevas della al alma alegre el canto:
tal puede en mí tu sol; tal, tu hermosura;
tal, el no verte, Lisi; el verte, tanto.

---

* Anochece.
** Los abrazos de la noche.

FRANCISCO DE RIOJA (1583-1659)

Silva X

Pura, encendida rosa,
émula de la llama
que sale con el día,
¿cómo naces tan llena de alegría
si sabes que la edad que te da el cielo
es apenas un breve i veloz buelo,
i ni valdrán las puntas de tu rama
ni púrpura hermosa
a detener un punto
la execución del hado presurosa?
El mismo cerco alado
que estoi viendo rïente,
ya temo amortiguado,
presto despojo de la llama ardiente.
Para las hojas de tu crespo seno
te dio Amor de sus alas blandas plumas,
i oro de su cabello dio a tu frente.
¡Ô fiel imagen suya peregrina!
Bañóte en su color sangre divina
de la deidad que dieron las espumas,
¡i esto, purpúrea flor, esto no pudo
hazer menos violento el rayo agudo?
Róbate en una ora,
róbate licencioso su ardimiento
el color i el aliento:
tiendes aún no las alas abrasadas,
i ya buelan al suelo desmayadas.
Tan cerca, tan unida
está al morir tu vida,
que dudo si en sus lágrimas la aurora
mustia tu nacimiento o muerte llora.

ATRIBUIDO A MIGUEL DE GUEVARA (1585-1646)

No me mueve, mi Dios, para quererte

    No me mueve, mi Dios, para quererte,
el cielo que me tienes prometido;
ni me mueve el infierno tan temido
para dejar por eso de ofenderte.

    Tú me mueves, Señor; muéveme el verte
clavado en una cruz y escarnecido;
muéveme el ver tu cuerpo tan herido;
muévenme tus afrentas y tu muerte.

    Muéveme, en fin, tu amor, en tal manera
que aunque no hubiera cielo yo te amara
y aunque no hubiera infierno te temiera.

    No tienes que me dar porque te quiera;
porque aunque cuanto espero no esperara,
lo mismo que te quiero te quisiera.

ESTEBAN MANUEL DE VILLEGAS (1589-1669)

Sáficos

    Dulce vecino de la verde selva,
    huésped eterno del abril florido,
    vital aliento de la madre Venus,
        Céfiro blando.
    Si de mis ansias el amor supiste,
    tú que las quejas de mi voz llevaste,
    oye, no temas, y a mi ninfa dile,
        dile que muero.
    Filis un tiempo mi dolor sabía,
    Filis un tiempo mi dolor lloraba,
    quísome un tiempo, mas agora temo,
        temo sus iras.
    Así los dioses con amor paterno,
    así los cielos con amor benigno,
    nieguen al tiempo que feliz volares
        nieve a la tierra.
    Jamás el peso de la nube parda,
    cuando amenace la elevada cumbre,
    toque tus hombros, ni su mal granizo
        hiera tus alas.

FRANCISCO DE MEDRANO (1570-1607)

Soneto XLVII

A *Ernando de Soria*

Yo vi romper aquestas vegas llanas,
   y nacer vi y creçer en pocos meses
   estas ayer, Sorino, rubias mieses,
   breves manojos oy de espigas canas.

Éstas vi que oy son pajas, más ufanas
   sus ojas desplegar, para que vieses,
   vencida la esmeralda en sus embeses,
   las perlas en su haz por las mañanas.

Nació, creció, espigó, y granó, en un día,
   lo que vees con la hoz oy derrocado,
   lo que entonces tan otro pareçía.

¿Qué somos, pues? ¿Qué somos?: un traslado
   deesto; una mies, Sorino, más tardía.
   ¡Y a quántos sin granar los an segado!

LUIS DE SANDOVAL Y ZAPATA (¿1620?-1671)

Blanca azucena que alumbraste el prado

Blanca azucena que alumbraste el prado
desplegando tu espíritu flamante,
fuiste al alba verdor y al sol diamante,
con voz de aire ruiseñor nevado.

Oro marchito si cristal ajado,
polvo de nieve fue la luz brillante,
para buscar el monumento errante
está lo bello de tu ser alado.

¡Oh en poca plata cándido diluvio!
Un enemigo a tu beldad esquivo
hallaste en el pimpollo que rompiste,

y con la luz de ese veneno rubio,
y con el oro, aun cuando estaba vivo,
la deuda del morir no redimiste.

SOR JUANA INÉS DE LA CRUZ (1651-1695)

Esta tarde, mi bien, cuando te hablaba

Esta tarde, mi bien, cuando te hablaba,
como en tu rostro y tus acciones vía
que con palabras no te persuadía,
que el corazón me vieses deseaba;

y Amor, que mis intentos ayudaba,
venció lo que imposible parecía:
pues entre el llanto, que el dolor vertía,
el corazón deshecho destilaba.

Baste ya de rigores, mi bien, baste;
no te atormenten más celos tiranos,
ni el vil recelo tu quietud contraste

con sombras necias, con indicios vanos,
pues ya en líquido humor viste y tocaste
mi corazón deshecho entre tus manos.

JUAN DEL VALLE Y CAVIEDES (1652-1697)

Privilegios del pobre

El pobre es tonto, si calla;
y si habla es un majadero;
si sabe, es un hablador;
y si afable, es embustero;
si es cortés, entrometido;
cuando no sufre, soberbio;
cobarde, cuando es humilde;
y loco, cuando es resuelto;
si valiente, es temerario;
presumido, si es discreto;
adulador, si obedece;
y si se excusa, grosero;
si pretende, es atrevido;
si merece, es sin aprecio;
su nobleza es nada vista,
y su gala, sin aseo;
si trabaja, es codicioso,
y por el contrario extremo
un perdido, si descansa...
¡Miren si son privilegios!

ANDRÉS BELLO (1781-1865)

La agricultura de la zona tórrida

¡Salve, fecunda zona,
que al sol enamorado circunscribes
el vago curso, y cuanto ser se anima
en cada vario clima,
acariciada de su luz, concibes!
Tú tejes al verano su guirnalda
de granadas espigas; tú la uva
das a la hirviente cuba;
no de purpúrea fruta, o roja, o gualda,
a tus florestas bellas
falta matiz alguno; y bebe en ellas
aromas mil el viento;
y greyes van sin cuento
paciendo tu verdura, desde el llano
que tiene por lindero el horizonte,
hasta el erguido monte,
de inaccesible nieve siempre cano.

Tú das la caña hermosa,
de do la miel se acendra,
por quien desdeña el mundo los panales;
tú en urnas de coral cuajas la almendra
que en la espumante jícara rebosa;
bulle carmín viviente en tus nopales,
que afrenta fuera al múrice de Tiro;
y de tu añil la tinta generosa
émula es de la lumbre del zafiro.
El vino es tuyo, que la herida agave*
para los hijos vierte
del Anahuac feliz; y la hoja es tuya,

Notas de Pedro Grases.
* *Agave*: Maguey o pita (*Agave americana L.*) que da el pulque.

que, cuando de süave
humo en espiras vagorosas huya,
solazará el fastidio al ocio inerte.
Tú vistes de jazmines
el arbusto sabeo,*
y el perfume le das, que en los festines
la fiebre insana templará a Lieo.
Para tus hijos la procera palma**
su vario feudo cría,
y el ananás sazona su ambrosía;
su blanco pan la yuca;***
sus rubias pomas la patata educa;
y el algodón despliega al aura leve
las rosas de oro y el vellón de nieve.
Tendida para ti la fresca parcha****
en enramadas de verdor lozano,
cuelga de sus sarmientos trepadores
nectáreos globos y franjadas flores;
y para ti el maíz, jefe altanero
de la espigada tribu, hincha su grano;
y para ti el banano*****
desmaya al peso de su dulce carga;
el banano, primero
de cuantos concedió bellos presentes

* El café es originario de Arabia, y el más estimado en el comercio viene todavía de aquella parte del yemen en que estuvo el reino de Saba, que es cabalmente donde hoy está Moka.
** Ninguna familia de vegetales puede competir con las palmas en la variedad de productos útiles al hombre: pan, leche, vino, aceite, fruta, hortaliza, cera, leña, cuerdas, vestido, etcétera.
*** No se debe confundir (como se ha hecho en un diccionario de grande y merecida autoridad) la planta de cuya raíz se hace el pan de casabe (que es la *latropha manihot* de Linneo, conocida ya generalmente en castellano bajo el nombre de *yuca*) con la yucca de los botánicos.
**** *Parcha*. Este nombre se da en Venezuela a las *Pasifloras* o *Pasionarias*, género abundantísimo en especies, todas bellas, y algunas de suavísimos frutos.
***** El banano es el vegetal que principalmente cultiva para sí los esclavos de las plantaciones o haciendas, y de que sacan mediata o inmediatamente su subsistencia, y casi todas las cosas que les hacen tolerable la vida. Sabido es que el bananal no sólo da, a proporción del terreno que ocupa, más cantidad de alimento que ninguna otra siembra o plantío, sino que de todos los vegetales alimenticios, éste es el que pide menos trabajo y menos cuidado.

Providencia a las gentes
del ecuador feliz con mano larga.
No ya de humanas artes obligado
el premio rinde opimo;
no es a la podadera, no al arado
deudor de su racimo;
escasa industria bástale, cual puede
hurtar a sus fatigas mano esclava;
crece veloz, y cuando exhausto acaba,
adulta prole en torno le sucede.

   Mas ¡oh! ¡si cual no cede
el tuyo, fértil zona, a suelo alguno,
y como de natura esmero ha sido,
de tu indolente habitador lo fuera!
¡Oh! ¡si al falaz rüido
la dicha al fin supiese verdadera
anteponer, que del umbral le llama
del labrador sencillo,
lejos del necio y vano
fasto, el mentido brillo,
el ocio pestilente ciudadano!
¿Por qué ilusión funesta
aquellos que fortuna hizo señores
de tan dichosa tierra y pingüe y varia,
al cuidado abandonan
y a la fe mercenaria
las patrias heredades,
y en el ciego tumulto se aprisionan
de míseras ciudades,
do la ambición proterva
sopla la llama de civiles bandos,
o al patriotismo la desidia enerva;
do el lujo las costumbres atosiga,
y combaten los vicios
la incauta edad en poderosa liga?
No allí con varoniles ejercicios
se endurece el mancebo a la fatiga;
mas la salud estraga en el abrazo
de pérfida hermosura,

que pone en almoneda los favores;
mas pasatiempo estima
prender aleve en casto seno el fuego
de ilícitos amores;
o embebecido le hallará la aurora
en mesa infame de ruinoso juego.
En tanto a la lisonja seductora
del asiduo amador fácil oído
da la consorte; crece
en la materna escuela
de la disipación y el galanteo
la tierna virgen, y al delito espuela
es antes el ejemplo que el deseo.
¿Y será que se formen de ese modo
los ánimos heroicos denodados
que fundan y sustentan los estados?
¿De la algazara del festín beodo,
o de los coros de liviana danza,
la dura juventud saldrá, modesta,
orgullo de la patria, y esperanza?
¿Sabrá con firme pulso
de la severa ley regir el freno;
brillar en torno aceros homicidas
en la dudosa lid verá sereno;
o animoso hará frente al genio altivo
del engreído mando en la tribuna,
aquel que ya en la cuna
durmió al arrullo del cantar lascivo,
que riza el pelo, y se unge, y se atavía
con femenil esmero,
y en indolente ociosidad el día,
o en criminal lujuria pasa entero?
No así trató la triunfadora Roma
las artes de la paz y de la guerra;
antes fio las riendas del estado
a la mano robusta
que tostó el sol y encalleció el arado;
y bajo el techo humoso campesino
los hijos educó, que el conjurado
mundo allanaron al valor latino.

¡Oh! ¡los que afortunados poseedores
habéis nacido de la tierra hermosa,
en que reseña hacer de sus favores,
como para ganaros y atraeros,
quiso Naturaleza bondadosa!
romped el duro encanto
que os tiene entre murallas prisioneros.
El vulgo de las artes laborioso,
el mercader que necesario al lujo
al lujo necesita,
los que anhelando van tras el señuelo
del alto cargo y del honor ruidoso,
la grey de aduladores parasita,
gustosos pueblen ese infecto caos;
el campo es vuestra herencia; en él gozaos.
¿Amáis la libertad? El campo habita,
no allá donde el magnate
entre armados satélites se mueve,
y de la moda, universal señora,
va la razón al triunfal carro atada,
y a la fortuna la insensata plebe,
y el noble al aura popular adora.
¿O la virtud amáis? ¡Ah, que el retiro,
la solitaria calma
en que, juez de sí misma, pasa el alma
a las acciones, muestra
es de la vida la mejor maestra!
¿Buscáis durables goces,
felicidad, cuanta es al hombre dada
y a su terreno asiento, en que vecina
está la risa al llanto, y siempre, ¡ah! siempre
donde halaga la flor, punza la espina?
Id a gozar la suerte campesina;
la regalada paz, que ni rencores
al labrador, ni envidias acibaran;
la cama que mullida le preparan
el contento, el trabajo, el aire puro;
y el sabor de los fáciles manjares,
que dispendiosa gula no le aceda,
y el asilo seguro

de sus patrios hogares
que a la salud y al regocijo hospeda.
El aura respirad de la montaña,
que vuelve al cuerpo laso
el perdido vigor, que a la enojosa
vejez retarda el paso,
y el rostro a la beldad tiñe de rosa.
¿Es allí menos blanda por ventura
de amor la llama, que templó el recato?
¿O menos aficiona la hermosura
que de extranjero ornato
y afeites impostores no se cura?
¿O el corazón escucha indiferente
el lenguaje inocente
que los afectos sin disfraz expresa,
y a la intención ajusta la promesa?
No del espejo al importuno ensayo
la risa se compone, el paso, el gesto;
ni falta allí carmín al rostro honesto
que la modestia y la salud colora,
ni la mirada que lanzó al soslayo
tímido amor, la senda al alma ignora.
¿Esperaréis que forme
más venturosos lazos himeneo,
do el interés barata,
tirano del deseo,
ajena mano y fe por nombre o plata,
que do conforme gusto, edad conforme,
y elección libre, y mutuo ardor los ata?

   Allí también deberes
hay que llenar: cerrad, cerrad las hondas
heridas de la guerra; el fértil suelo,
áspero ahora y bravo,
al desacostumbrado yugo torne
del arte humana y le tribute esclavo.
Del obstrüido estanque y del molino
recuerden ya las aguas el camino;
el intrincado bosque el hacha rompa,
consuma el fuego; abrid en luengas calles

la oscuridad de su infructuosa pompa.
Abrigo den los valles
a la sedienta caña;
la manzana y la pera
en la fresca montaña
el cielo olviden de su madre España;
adorne la ladera
el cafetal; ampare
a la tierna teobroma en la ribera
la sombra maternal de su bucare;*
aquí el vergel, allá la huerta ría...
¿Es ciego error de ilusa fantasía?
Ya dócil a tu voz, agricultura,
nodriza de las gentes, la caterva
servil armada va de corvas hoces.
Mírola ya que invade la espesura
de la floresta opaca; oigo las voces,
siento el rumor confuso; el hierro suena,
los golpes el lejano
eco redobla; gime el ceibo anciano,
que a numerosa tropa
largo tiempo fatiga;
batido de cien hachas, se estremece,
estalla al fin, y rinde el ancha copa.
Huyó la fiera; deja el caro nido,
deja la prole implume
el ave, y otro bosque no sabido
de los humanos va a buscar doliente...
¿Qué miro? Alto torrente
de sonora llama
corre, y sobre las áridas rüinas
de la postrada selva se derrama.
El raudo incendio a gran distancia brama,
y el humo en negro remolino sube,
aglomerando nube sobre nube.
Ya de lo que antes era
verdor hermoso y fresca lozanía,

---

* El cacao (*Theobroma cacao L.*) suele plantarse en Venezuela a la sombra de árboles corpulentos llamados *bucares*.

sólo difuntos troncos,
sólo cenizas quedan; monumento
de la dicha mortal, burla del viento.
Mas al vulgo bravío
de las tupidas plantas montaraces,
sucede ya el fructífero plantío
en muestra ufana de ordenadas haces.
Ya ramo a ramo alcanza,
y a los rollizos tallos hurta el día;
ya la primera flor desvuelve el seno,
bello a la vista, alegre a la esperanza;
a la esperanza, que riendo enjuga
del fatigado agricultor la frente,
y allá a lo lejos el opimo fruto,
y la cosecha apañadora pinta,
que lleva de los campos el tributo,
colmado el cesto, y con la falda en cinta,
y bajo el peso de los largos bienes
con que al colono acude,
hace crujir los vastos almacenes.

¡Buen Dios! No en vano sude,
mas a merced y a compasión te mueva
la gente agricultora
del ecuador, que del desmayo triste
con renovado aliento vuelve ahora,
y tras tanta zozobra, ansia, tumulto,
tantos años de fiera
devastación y militar insulto,
aún más que tu clemencia antigua implora.
Su rústica piedad, pero sincera,
halle a tus ojos gracia; no el risueño
porvenir que las penas le aligera,
cual de dorado sueño
visión falaz, desvanecido llore;
intempestiva lluvia no maltrate
el delicado embrión; el diente impío
de insecto roedor no lo devore;
sañudo vendaval no lo arrebate,
ni agote al árbol el materno jugo

la calorosa sed de largo estío.
Y pues al fin te plugo,
árbitro de la suerte soberano,
que, suelto el cuello de extranjero yugo,
irguiese al cielo el hombre americano,
bendecida de ti se arraigue y medre
su libertad; en el más hondo encierra
de los abismos la malvada guerra,
y el miedo de la espada asoladora
al suspicaz cultivador no arredre
del arte bienhechora,
que las familias nutre y los estados;
la azorada inquietud deje las almas,
deje la triste herrumbre los arados.
Asaz de nuestros padres malhadados
expïamos la bárbara conquista.
¿Cuántas doquier la vista
no asombran erizadas soledades,
do cultos campos fueron, do ciudades?
De muertes, proscripciones,
suplicios, orfandades,
¿quién contará la pavorosa suma?
Saciadas duermen ya de sangre ibera
las sombras de Atahualpa y Motezuma.
¡Ah! Desde el alto asiento,
en que escabel te son alados coros
que velan en pasmado acatamiento
la faz ante la lumbre de tu frente,
(si merece por dicha una mirada
tuya la sin ventura humana gente),
el ángel nos envía,
el ángel de la paz, que al crudo ibero
haga olvidar la antigua tiranía,
y acatar reverente el que a los hombres
sagrado diste, imprescriptible fuero;
que alargar le haga al injuriado hermano,
(¡ensangrentóla asaz!) la diestra inerme;
y si la innata mansedumbre duerme,
la despierte en el pecho americano.
El corazón lozano

que una feliz oscuridad desdeña,
que en el azar sangriento del combate
alborozado late,
y codicioso de poder o fama,
nobles peligros ama;
baldón estime sólo y vituperio
el prez que de la patria no reciba,
la libertad más dulce que el imperio,
y más hermosa que el laurel la oliva.
Ciudadano el soldado,
deponga de la guerra la librea;
el ramo de victoria
colgado al ara de la patria sea,
y sola adorne al mérito la gloria.
De su trïunfo entonces, Patria mía,
verá la paz el suspirado día;
la paz, a cuya vista el mundo llena
alma, serenidad y regocijo;
vuelve alentado el hombre a la faena,
alza el ancla la nave, a las amigas
auras encomendándose animosa,
enjámbrase el taller, hierve el cortijo,
y no basta la hoz a las espigas.

¡Oh jóvenes naciones, que ceñida
alzáis sobre el atónito occidente
de tempranos laureles la cabeza!
honrad el campo, honrad la simple vida
del labrador, y su frugal llaneza.
Así tendrán en vos perpetuamente
la libertad morada,
y freno la ambición, y la ley templo.
Las gentes a la senda
de la inmortalidad, ardua y fragosa,
se animarán, citando vuestro ejemplo.
Lo emulará celosa
vuestra posteridad; y nuevos nombres
añadiendo la fama
a los que ahora aclama,
"hijos son éstos, hijos,

(pregonará a los hombres)
de los que vencedores superaron
de los Andes la cima;
de los que en Boyacá, los que en la arena
de Maipo, y en Junín, y en la campaña
gloriosa de Apurima,
postrar supieron al león de España".

JOSÉ ZORRILLA (1817-1893)

El ángel exterminador

En un confín recóndito del cielo,
De una selva viviente circundado,
Denso y confuso y misterioso velo
Que le tiene del orbe separado,
Hay un alcázar de azabache, obscuro,
Que en un hondo torrente ensangrentado
La sombra pinta de su inmenso muro
En contornos de sangre reflejado.
Jamás el aura de perfume henchida,
Que en los jardines del Edén murmura,
En tal lugar estremeció perdida
Del rudo bosque la hojarasca dura;
Ni el sol radió con fugitiva lumbre,
Ni sonó por la lóbrega espesura,
Ni retumbó la cóncava techumbre
Más que al rugir de la corriente impura.
  El aire denso, sin color e inmoble
Que aquel recinto por doquier rodea,
Hace el pavor de quien se acerca doble,
Y doble el caos a quien ver desea;
Sólo se alcanza entre las altas puntas,
Que el recio vendaval nunca cimbrea,
Entre dos torres del alcázar juntas
Un faro que en la sombra centellea.
Ya el aura que en los árboles vacila,
Ya el mar que ruge en la tormenta obscura;
  Si al son gozáis de mi canción, que miente
Ya el bronco empuje del errante trueno,
Ya el blando ruido de la mansa fuente
Lamiendo el césped que la cerca ameno;
  Si, cuando llamo a las cerradas rejas
De una hermosura a cuyos pies suspiro,

Sentís tal vez mis amorosas quejas,
Y os sonreís cuando de amor deliro;
Si, cuando en negra aparición nocturna
La raza evoco que en las tumbas mora,
Os estremece en la entreabierta urna
Respondiendo el espíritu a deshora;
   Si lloráis cuando en cántico doliente,
Hijo extraviado, ante mi madre lloro,
O al cruzar por el templo reverente
La voz escucho del solemne coro;
   Si alcanzáis en mi pálida mejilla,
Cuando os entono lastimosa endecha,
Una perdida lágrima que brilla
Al brotar en mis párpados deshecha,
   Todo es una ilusión, todo mentira,
Todo en mi mente delirante pasa;
No es esa la verdad que honda me inspira;
Que esa lágrima ardiente que me abrasa
   No me la arranca ni el temor ni el duelo,
Ni los recuerdos de olvidada historia.
¡Es un raudal que inunda de consuelo
Este sediento corazón de gloria!
   ¡*Gloria*! ¡Madre feliz de la esperanza,
Mágico alcázar de dorados sueños,
Lago que ondula en eternal bonanza,
Cercado de paisajes halagüeños!
   ¡Dame ilusiones, dame una armonía
Que arrulle el corazón con el oído,
Para que viva la memoria mía
Cuando yo duerma el eternal olvido!
   Ni ser alguno penetró el misterio
Que guarda allí la ciencia omnipotente,
Ni se sabe cuyo es aquel imperio
Donde nunca se oyó rumor de gente;
Ni arcángel sabio, ni profeta diestro
De este sitio alcanzó confusamente
Más que la lumbre del fanal siniestro
Y el estruendo medroso del torrente.
   En este bosque obscuro, y solitario,
En este alcázar negro y escondido,

Donde nunca llegó pie temerario,
Ni descansó jamás ojo atrevido,
Ni más sol alumbró que el rayo rojo
Del fanal en sus torres suspendido,
Tiene el señor las arcas de su enojo
Y el horno de sus rayos encendido.
    Allí vive un espíritu terrible
Que al son de aquellas aguas se adormece
Y a los ojos de Dios sólo visible,
Al acento de Dios sólo obedece.
Arcángel vengador, del cielo asombro,
Cuando deja el lugar do se guarece,
El rayo ardiendo y el carcaj al hombro,
Pronto a la lid ante su Dios parece.
    Espíritu sin fin ni nacimiento,
La eternidad existe en su memoria:
El solo del sagrado firmamento
Entera sabe la infinita historia,
Y al solo ruido de sus negras alas,
A su sola presencia transitoria,
Del firmamento en las eternas salas
Se suspenden los cánticos de gloria.
    Aborto del furor omnipotente,
Arcángel torvo que las vidas cuenta,
Vela de Dios el arsenal ardiente
Y los ultrajes del Señor asienta.
El carro guarda allí cuya cuadriga
Relincha con la voz de la tormenta,
Y allí está con su lanza y su loriga
La copa en que su cólera fermenta.
    En ella hierve con fragor horrible,
El ancho vaso hasta los bordes lleno,
El tremendo licor incorruptible
De las iras de Dios; y en su hondo seno
Se fermenta la esencia del granizo,
Y de la peste el infernal veneno,
Y el germen del relámpago pajizo,
Y el espíritu cóncavo del trueno.
    Allí está el aire que el contagio impele,
El zumo allí de la cicuta hendida,

La sed del tigre que la sangre huele,
Y de la hiena la intención torcida.
Y allí bulle, en el fondo envenenado,
La única de furor lágrima hervida
Con que lloró Luzbel desesperado
Su venturosa eternidad perdida.
En aquel arsenal inexpugnable,
Instrumento de la ira omnipotente,
Germinan en rebaño formidable
Las mil desdichas de la humana gente.
Y los vicios en torpe muchedumbre,
Se apiñan a beber la luz caliente
De aquel fanal de cuya viva lumbre
Es el sol una chispa solamente.
De allí se lanza con horrible estruendo
A ejecutar la voluntad divina
El misterioso espíritu tremendo
Que en este alcázar funeral domina
Arcángel fiero, portador de enojos,
Ase la copa y por doquier camina,
El aire inflama sus airados ojos
Y las estrellas con los pies calcina.
Con él va la tormenta; el trueno ronco
Bajo sus alas cruje; desgreñada,
De armas y quejas con estruendo bronco,
La guerra detrás de él va despeñada;
Y asidas a las orlas de su manto
Va tras él, con la muerte descarnada,
La peste, el hambre, y el amor y el llanto,
Y la ambición de crímenes preñada.
El espacio a su vista palidece
Y entolda su magnífica apariencia;
El disco de la luna se enrojece,
Y mancha el sol su fulgurante esencia.
Doquier las nubes que su sombra evitan
Se chocan y se rompen con violencia,
Y cometas doquier se precipitan,
Presagios ¡ay! de la fatal sentencia.
A su soplo la mar se encoleriza,
Y con gigante voz muge y atruena;

La planta de sus pies torna en ceniza
La limpia concha y la esponjosa arena;
El monte huella y la cerviz le inclina;
Pisa en el valle y de fetor le llena;
Y en la ciudad que a perecer destina
Vierte el licor fatal y la envenena.
Y ese el arcángel fue que inexorable
Lanzó al desnudo Adán del Paraíso,
Y, de su raza en él junta y culpable,
Fijó a la vida término preciso.
El arrancó en el Gólgota empinado
El ¡ay! postrero que exhaló sumiso
El Dios que de la mancha del pecado
Borrar la sombra con su sangre quiso.

El turbó la insensata ceremonia
Del pueblo santo ante el becerro impuro,
Sentenció a Baltasar y a Babilonia
Con tres palabras que pintó en el muro;
Inspiró al receloso Ascalonita
El degüello fatal, y abrió seguro
Nicho a Faraón, que con su gente habita
Del indignado mar el fondo oscuro.

Él llevó el fuego de Alarico a Roma,
Llevó a Jerusalén a Vespasiano;
En una noche convirtó a Sodoma
En lago impuro y en vapor insano.
Rompió las cataratas del diluvio,
Cegadas al impulso soberano,
Y encendió las entrañas del Vesubio,
Que busca sin cesar otro Herculano.

Y ese será el espíritu tremendo
Cuya gigante voz sonará un día,
Y a su voz, de la tierra irá saliendo
La triste raza que en su faz vivía.
La creación se romperá en sus brazos;
Y cuando toque el orden en su agonía,
Cuando a su soplo el sol caiga en pedazos,
¿Qué habrá ante Dios? La eternidad vacía.

JOSÉ HERNÁNDEZ (1834-1886)

Martín Fierro
(I y II)

I

    Aquí me pongo a cantar
al compás de la vigüela,
que el hombre que lo desvela
una pena estrordinaria,
como la ave solitaria
con el cantar se consuela.

    Pido a los santos del cielo
que ayuden mi pensamiento,
les pido en este momento
que voy a cantar mi historia
me refresquen la memoria
y aclaren mi entendimiento.

    Vengan santos milagrosos,
vengan todos en mi ayuda,
que la lengua se me añuda
y se me turba la vista;
pido a mi Dios que me asista
en una ocasión tan ruda.

    Yo he visto muchos cantores,
con famas bien otenidas,
y que después de alquiridas
no las quieren sustentar:
parece que sin largar
se cansaron en partidas.

    Mas ande otro criollo pasa
Martín Fierro ha de pasar;

nada lo hace recular
ni las fantasmas lo espantan,
y dende que todos cantan
yo también quiero cantar.

   Cantando me he de morir,
cantando me han de enterrar,
y cantando he de llegar
al pie del Eterno Padre;
dende el vientre de mi madre
vine a este mundo a cantar.

   Que no se trabe mi lengua
ni me falte la palabra;
el cantar mi gloria labra
y, poniéndome a cantar,
cantando me han de encontrar
aunque la tierra se abra.

   Me siento en el plan de un bajo
a cantar un argumento;
como si soplara el viento
hago tiritar los pastos.
Con oros, copas y bastos
juega allí mi pensamiento.

   Yo no soy cantor letrao,
mas si me pongo a cantar
no tengo cuándo acabar
y me envejezco cantando;
las coplas me van brotando
como agua de manantial.

   Con la guitarra en la mano
ni las moscas se me arriman;
naides me pone el pie encima,
y, cuando el pecho se entona,
hago gemir a la prima
y llorar a la bordona.

Yo soy toro en mi rodeo
y torazo en rodeo ajeno;
siempre me tuve por güeno
y si me quieren probar
salgan otros a cantar
y veremos quién es menos.

No me hago al lao de la güeya
aunque vengan degollando;
con los blandos yo soy blando
y soy duro con los duros,
y ninguno en un apuro
me ha visto andar tutubiando.

En el peligro ¡qué Cristo!
el corazón se me enancha,
pues toda la tierra es cancha,
y de esto naides se asombre;
el que se tiene por hombre
donde quiera hace pata ancha.

Soy gaucho, y entiéndanló
como mi lengua lo esplica:
para mí la tierna es chica
y pudiera ser mayor;
ni la víbora me pica
ni quema mi frente el sol.

Nací como nace el peje
en el fondo de la mar;
naides me puede quitar
aquello que Dios me dio;
lo que al mundo truje yo
del mundo lo he de llevar.

Mi gloria es vivir tan libre
como el pájaro del cielo;
no hago nido en este suelo
ande hay tanto que sufrir,
y naides me ha de seguir
cuando yo remuento el vuelo.

Yo no tengo en el amor
quien me venga con querellas,
como esas aves tan bellas
que saltan de rama en rama;
yo hago en el trébol mi cama
y me cubren las estrellas.

Y sepan cuantos escuchan
de mis penas el relato
que nunca peleo ni mato
sino por necesidá,
y que a tanta alversidá
sólo me arrojó el mal trato.

Y atiendan la relación
que hace un gaucho perseguido,
que padre y marido ha sido
empeñoso y diligente,
y sin embargo la gente
lo tiene por un bandido.

II

Ninguno me hable de penas,
porque yo penando vivo,
y naides se muestre altivo
aunque en el estribo esté,
que suele quedarse a pie
el gaucho más alvertido.

Junta esperencia en la vida
hasta pa dar y prestar
quien la tiene que pasar
entre sufrimiento y llanto;
porque nada enseña tanto
como el sufrir y el llorar.

Viene el hombre ciego al mundo,
cuartiándoló la esperanza,
y a poco andar ya lo alcanzan
las desgracias a empujones.
¡La pucha, que trae liciones
el tiempo con sus mudanzas!

Yo he conocido esta tierra
en que el paisano vivía
y su ranchito tenía
y sus hijos y mujer...
Era una delicia el ver
cómo pasaba sus días.

Entonces... cuando el lucero
brillaba en el cielo santo,
y los gallos con su canto
nos decían que el día llegaba,
a la cocina rumbiaba
el gaucho... que era un encanto.

Y sentao junto al jogón
a esperar que venga el día,
al cimarrón le prendía
hasta ponerse rechoncho,
mientras su china dormía
tapadita con su poncho.

Y apenas la madrugada
empezaba a coloriar,
los pájaros a cantar
y las gallinas a apiarse,
era cosa de largarse
cada cual a trabajar.

Éste se ata las espuelas,
se sale el otro cantando,
uno busca un pellón blando,
éste un lazo, otro un rebenque,
y los pingos relinchando
los llaman dende el palenque.

El que era pion domador
enderezaba al corral,
ande estaba el animal
–bufidos que se las pela... –
y, más malo que su agüela,
se hacia astillas el bagual.

Y allí el gaucho inteligente
en cuanto el potro enriendó,
los cueros le acomodó,
y se le sentó en seguida,
que el hombre muestra en la vida
la astucia que Dios le dio.

Y en las playas corcoviando
pedazos se hacía el sotreta
mientras él por las paletas
le jugaba las lloronas
y al ruido de las caronas
salía haciéndose gambetas.

¡Ah tiempos!... ¡si era un orgullo
ver jinetiar un paisano!
Cuando era gaucho baquiano,
aunque el potro se boliase,
no había uno que no parase
con el cabresto en la mano.

Y mientras domaban unos,
otros al campo salían,
y la hacienda recogían,
las manadas repuntaban,
y ansí sin sentir pasaban
entretenidos el día.

Y verlos al cáir la noche
en la cocina riunidos,
con el juego bien prendido
y mil cosas que contar,
platicar muy divertidos
hasta después de cenar.

Y con el buche bien lleno
era cosa superior
irse en brazos del amor
a dormir como la gente,
pa empezar al día siguiente
las fainas del día anterior.

    Ricuerdo... ¡qué maravilla!
cómo andaba la gauchada
siempre alegre y bien montada
y dispuesta pa el trabajo;
pero hoy en el día... ¡barajo!
no se la ve de aporriada.

    El gaucho más infeliz
tenía tropilla de un pelo;
no le faltaba un consuelo
y andaba la gente lista...
Tendiendo al campo la vista,
no vía sino hacienda y cielo.

    Cuando llegaban las yerras,
¡cosa que daba calor
tanto gaucho pialador
y tironiador sin yel!
¡Ah tiempos... pero si en él
se ha visto tanto primor!

    Aquello no era trabajo,
más bien era una junción,
y después de un güen tirón
en que uno se daba maña,
pa darle un trago de caña
solía llamarlo el patrón.

    Pues siempre la mamajuana
vivía bajo la carreta;
y aquel que no era chancleta,
en cuanto el goyete vía,
sin miedo se le prendía
como güerfano a la teta.

¡Y qué jugadas se armaban
cuando estábamos riunidos!
Siempre íbamos prevenidos,
pues en tales ocasiones
a ayudarles a los piones
caiban muchos comedidos.

Eran los días del apuro
y alboroto pa el hembraje,
pa preparar los potajes
y osequiar bien a la gente,
y ansí, pues, muy grandemente
pasaba siempre el gauchaje.

Venía la carne con cuero,
la sabrosa carbonada,
mazamorra bien pisada,
los pasteles y el güen vino...
pero ha querido el destino
que todo aquello acabara.

Estaba el gaucho en su pago
con toda siguridá,
pero aura... ¡barbaridá!
la cosa anda tan fruncida,
que gasta el pobre la vida
en juir de la autoridá.

Pues si usté pisa en su rancho
y si el alcalde lo sabe
lo caza lo mesmo que ave
aunque su mujer aborte...
No hay tiempo que no se acabe
ni tiento que no se corte.

Y al punto dése por muerto
si el alcalde lo bolea,
pues áhi no más se le apea
con una felpa de palos.
Y después dicen que es malo
el gaucho si los pelea.

Y el lomo le hinchan a golpes,
y le rompen la cabeza,
y luego con ligereza,
ansí lastimao y todo,
lo amarran codo con codo
y pa el cepo lo enderiezan.

Áhi comienzan sus desgracias,
áhi principia el pericón;
porque ya no hay salvación,
y que usté quiera o no quiera,
lo mandan a la frontera
o lo echan a un batallón.

Ansí empezaron mis males
lo mesmo que los de tantos.
Si gustan... en otros cantos
les diré lo que he sufrido.
Después que uno está perdido
no lo salvan ni los santos.

GUSTAVO ADOLFO BÉCQUER (1836-1870)

Cerraron sus ojos

    Cerraron sus ojos
Que aún tenía abiertos;
Taparon su cara
Con un blanco lienzo;
Y unos sollozando,
Otros en silencio,
De la triste alcoba
Todos se salieron.
    La luz, que en un vaso
Ardía en el suelo,
Al muro arrojaba
La sombra del lecho;
Y entre aquella sombra
Veíase, a intérvalos,
Dibujarse rígida
La forma del cuerpo.

    Despertaba el día,
Y a su albor primero,
Con sus mil rüidos
Despertaba el pueblo.
Ante aquel contraste
De vida y misterios,
De luz y tinieblas,
Yo pensé un momento:
¡Dios mío, qué solos
Se quedan los muertos!

    De la casa en hombros
Lleváronla al templo,
Y en una capilla
Dejaron el féretro.
Allí rodearon

Sus pálidos restos
De amarillas velas
Y de paños negros.

   Al dar de las ánimas
El toque postrero,
Acabó una vieja
Sus últimos rezos;
Cruzó la ancha nave,
Las puertas gimieron,
Y el santo recinto
Quedóse desierto.

   De un reloj se oía
Compasado el péndulo,
Y de algunos cirios
El chisporroteo.
Tan medroso y triste,
Tan oscuro y yerto
Todo se encontraba...
Que pensé un momento:
¡Dios mío, qué solos
Se quedan los muertos!

   De la alta campana
La lengua de hierro
Le dio, volteando,
Su adiós lastimero.
El luto en las ropas,
Amigos y deudos
Cruzaron en fila,
Formando el cortejo.

   Del último asilo,
Oscuro y estrecho,
Abrió la piqueta
El nicho a un extremo.
Allí la acostaron.
Tapiáronle luego,
Y con un saludo
Despidióse el duelo.

La piqueta al hombro,
El sepulturero,
Cantando entre dientes,
Se perdió a los lejos.
La noche se entraba,
Reinaba el silencio;
Perdido en las sombras,
Medité un momento:
*¡Dios mío, qué solos
Se quedan los muertos!*

En las largas noches
Del helado invierno,
Cuando las maderas
Crujir hace el viento
Y azota los vidrios
El fuerte aguacero,
De la pobre niña
A veces me acuerdo.

Allí cae la lluvia
Con un son eterno;
Allí la combate
El soplo del cierzo.
Del húmedo muro
Tendida en el hueco,
¡Acaso de frío
se hielan sus huesos!...

¿Vuelve el polvo al polvo?
¿Vuela el alma al cielo?
¿Todo es vil materia,
Podredumbre y cieno?
¡No sé; pero hay algo
Que explicar no puedo,
Que al par nos infunde
Repugnancia y duelo,
Al dejar tan tristes
Tan solos, los muertos!

ROSALÍA DE CASTRO (1837-1885)

Cantar VI

II

Ramo de flores parece	Ramo de froles parece
Mugía, la de altas peñas,	Muxía a das altas penas
con tanta rosa esparcida	con tanta rosa espallada
en esa blanca ribera,	naquela branca ribeira,
con tanto clavel pequeño	con tanto caraveliño
que reluce en las arenas,	que relose antre as areas,
con tanta gente que corre,	con tanta xente que corre,
que corre y se zarandea	que corre e se sarandea
al son de gaitas que tocan	ó son das gaitas que tocan
y cohetes que revientan,	e das bombas que reventan,
unos venden limonadas,	uns que venden limoada,
otros agua que refresca,	outros augua que refresca,
aquellos dulce resolio	aquéles dulce resolio
con rosquillitas de almendra;	con rosquilliñas de almendra;
los de más allá sandías	os de máis alá sandías
con deliciosas ciruelas;	con sabrosas sirigüelas,
mientras tanto cierto ciego	mentras tanto que algún cego
al son de alegre pandera	ó son de alegre pandeira,
toca un poco la guitarra	toca un carto de guitarra
para que bailen las nenas.	para que bailen as nenas.
¡Bendita Virgen da Barca!	¡Bendita a Virxe da Barca!
¡Bendita por siempre seas,	¡Bendita por sempre sea
Virgencita milagrosa,	miña Virxe milagrosa
en quien tantos se recrean!	en que tantos se recrean!
Todos van por visitarla,	Todos van por visitala,
todos van allí por verla	todos alí van por vela
en su barquita dorada,	na súa barca dourada,
en su barquita pequeña,	na súa barca pequena,
donde están dos angelitos,	donde están dous anxeliños,
dos angelitos que reman.	dous anxeliños que reman.
Allí llegó milagrosa	Alí chegóu milagrosa

en embarcación de piedra.
Allí, porque Dios lo quiso,
siempre adoradores tenga.
La piedra baila que baila
le sirve de centinela
y mientras duermen los hombres
ella adoración le presta
con ese son de campana
que escuchar lejos se deja
y al que el mar con sus bramidos
humillado le contesta.

Cuando las campanas tocan
y la música resuena,
como en cielo, por las naves
de la recogida iglesia;
cuando los cohetes rompen
en el aire y voces frescas
por el espacio con gaitas
y con tambores se mezclan,
entonces la piedra baila
tan alegre y tan contenta
que aunque un ciento de personas
brinca y salta encima de ella
como si fuera muchacha,
más que una pluma ligera,
alegre como unas pascuas
salta y rebrinca con ellas.
Llueven entonces presentes,
llueven entonces ofrendas,
que le traen los romeros
en bonitas carabelas
ante la Virgen bendita
al pie de la sacra Reina,
y por eso allí le cantan
cuando se despiden de ella:
Nuestra Señora de Barca
tiene el tejado de piedra;
bien lo tendrías de oro,
Virgen mía, si quisieras.

nunha embarcaçón de pedra.
Alí, porque Dios o quixo,
sempre adoradores teña.
A pedra, bala que bala,
sírvelle de centinela
e mentras dormen os homes
ela adoraçón lle presta
con aquel son campanudo
que escoitar lonxe se deixa
e a quen o mar con bramidos
humildosos lle contesta.

Cando as campanas repican
e a música retumbea,
cal nun ceo, polas naves
da recollidiña ygrexa;
cando os foguetes estalan
nos aires, e voces frescas
polo espaço cas gaitiñas
e cos tambores se mescran,
estonces a pedra bala
tan alegre e tan contenta
que anque un cento de presoas
brica e salta enriba dela,
como si fose mociña,
máis que unha pruma lixeira,
alegre como unhas páscuas
salta e rebrinca con elas.
Choven estonces presentes,
choven estonces ofertas
que lle traen os romeiros
en feitiñas carabelas
diante da Virxe bendita,
ós pés da sagrada Reina,
e por eso alí lle cantan
cando se despiden dela:
"Nosa Señora de Barca
ten o tellado de pedra;
Ben o pudera ter de ouro
miña Virxe si quixera".

JOSÉ MARTÍ (1853-1895)

Versos sencillos (selección)

I

    Yo soy un hombre sincero
De donde crece la palma,
Y antes de morirme quiero
Echar mis versos del alma.

    Yo vengo de todas partes,
Y hacia todas partes voy:
Arte soy entre las artes,
En los montes, monte soy.

    Yo sé los nombres extraños
De las yerbas y las flores,
Y de mortales engaños,
Y de sublimes dolores.

    Yo he visto en la noche oscura
Llover sobre mi cabeza
Los rayos de lumbre pura
De la divina belleza.

    Alas nacer vi en los hombres
De las mujeres hermosas:
Y salir de los escombros,
Volando, las mariposas.

    He visto vivir a un hombre
Con el puñal al costado,
Sin decir jamás el nombre
De aquella que lo ha matado.

Rápida como un reflejo,
Dos veces vi el alma, dos:
Cuando murió el pobre viejo,
Cuando ella me dijo adiós.

Temblé una vez –en la reja,
A la entrada de la viña–,
Cuando la bárbara abeja
Picó en la frente a mi niña.

Gocé una vez, de tal suerte
Que gocé cual nunca: –cuando
La sentencia de mi muerte
Leyó el alcaide llorando.

Oigo un suspiro, a través
De las tierras y la mar,
Y no es un suspiro, –es
Que mi hijo va a despertar.

Si dicen que del joyero
Tome la joya mejor,
Tomo a un amigo sincero
Y pongo a un lado el amor.

Yo he visto el águila herida
Volar al azul sereno,
Y morir en su guarida
La víbora del veneno.

Yo sé bien que cuando el mundo
Cede, lívido, al descanso,
Sobre el silencio profundo
Murmura el arroyo manso.

Yo he puesto la mano osada,
De horror y júbilo yerta,
Sobre la estrella apagada
Que cayó frente a mi puerta.

Oculto en mi pecho bravo
La pena que me lo hiere:
El hijo de un pueblo esclavo
Vive por él, calla y muere.

Todo es hermoso y constante,
Todo es música y razón,
Y todo, como el diamante,
Antes que luz es carbón.

Yo sé que el necio se entierra
Con gran lujo y con gran llanto, –
Y que no hay fruta en la tierra
Como la del camposanto.

Callo, y entiendo, y me quito
La pompa del rimador:
Cuelgo de un árbol marchito
Mi muceta de doctor.

II

Yo sé de Egipto y Nigricia,
Y de Persia y Xenophonte;
Y prefiero la caricia
Del aire fresco del monte.

Yo sé las historias viejas
Del hombre y de sus rencillas;
Y prefiero las abejas
Volando en las campanillas.

Yo sé del canto del viento
En las ramas vocingleras:
Nadie me diga que miento,
Que lo prefiero de veras.

Yo sé de un gamo aterrado
Que vuelve al redil, y expira, –
Y de un corazón cansado
Que muere oscuro y sin ira.

III

Odio la máscara y vicio
Del corredor de mi hotel:
Me vuelvo al manso bullicio
De mi monte de laurel.

Con los pobres de la tierra
Quiero yo mi suerte echar:
El arroyo de la sierra
Me complace más que el mar.

Denle al vano el oro tierno
Que arde y brilla en el crisol:
A mi denme el bosque eterno
Cuando rompe en él el Sol.

Yo he visto el oro hecho tierra
Barbullendo en la redoma:
Prefiero estar en la sierra
Cuando vuela una paloma.

Busca el obispo de España
Pilares para su altar;
¡En mi templo, en la montaña,
El álamo es el pilar!

Y la alfombra es puro helecho,
Y los muros abedul,
Y la luz viene del techo,
Del techo de cielo azul.

El obispo, por la noche,
Sale, despacio, a cantar:
Monta, callado, en su coche,
Que es la piña de un pinar.

Las jacas de su carroza
Son dos pájaros azules:
Y canta el aire y retoza,
Y cantan los abedules.

Duermo en mi cama de roca
Mi sueño dulce y profundo:
Roza una abeja mi boca
Y crece en mi cuerpo el mundo

Brillan las grandes molduras
Al fuego de la mañana,
Que tiñe las colgaduras
De rosa, violeta y grana.

El clarín, sólo en el monte,
Canta al primer arrebol:
La gasa del horizonte
Prende, de un aliento, el Sol.

¡Díganle al obispo ciego,
Al viejo obispo de España
Que venga, que venga luego,
A mi templo, a la montaña!

IV

Yo visitaré anhelante
Los rincones donde a solas
Estuvimos yo y mi amante
Retozando con las olas.

Sólo los dos estuvimos,
Solos, con la compañía
De dos pájaros que vimos
Meterse en la gruta umbría.

Y ella, clavando los ojos,
En la pareja ligera,
Deshizo los lirios rojos
Que le dio la jardinera.

La madreselva olorosa
Cogió con sus manos ella,
Y una madama graciosa,
Y un jazmín como una estrella.

Yo quise, diestro y galán,
Abrirle su quitasol;
Y ella me dijo: "¡Qué afán!
¡Si hoy me gusta ver el Sol!"

"Nunca más altos he visto
Estos nobles robledales:
Aquí debe estar el Cristo,
Porque están las catedrales."

"Ya sé donde ha de venir
Mi niña a la comunión;
De blanco la he de vestir
Con un gran sombrero alón."

Después, del calor al peso,
Entramos por el camino,
Y nos dábamos un beso
En cuanto sonaba un trino.

¡Volveré, cual quien no existe,
Al lago mudo y helado:
Clavaré la quilla triste:
Posaré el remo callado!

V

    Si ves un monte de espumas,
Es mi verso lo que ves:
Mi verso es un monte, y es
Un abanico de plumas.

    Mi verso es como un puñal
Que por el puño echa flor:
Mi verso es un surtidor
Que da un agua de coral.

    Mi verso es de un verde claro
Y de un carmín encendido:
Mi verso es un ciervo herido
Que busca en el monte amparo.

    Mi verso al valiente agrada:
Mi verso, breve y sincero,
Es del vigor del acero
Con que se funde la espada.

VI

    Si quieren que de este mundo
Lleve una memoria grata,
Llevaré, padre profundo,
Tu cabellera de plata.

    Si quieren, por gran favor,
Que lleve más, llevaré
La copia que hizo el pintor
De la hermana que adoré.

    Si quieren que a la otra vida
Me lleve todo un tesoro,
¡Llevo la trenza escondida
Que guardo en mi caja de oro!

VII

Para Aragón, en España,
Tengo yo en mi corazón
Un lugar todo Aragón,
Franco, fiero, fiel, sin saña.

Si quiere un tonto saber
Por qué lo tengo, le digo
Que allí tuve un buen amigo,
Que allí quise a una mujer.

Allá, en la vega florida,
La de la heroica defensa,
Por mantener lo que piensa
Juega la gente la vida.

Y si un alcalde lo aprieta
O lo enoja un rey cazurro,
Calza la manta el baturro
Y muere con su escopeta.

Quiero a la tierra amarilla
Que baña el Ebro lodoso;
Quiero el Pilar azuloso
De Lanuza y de Padilla.

Estimo a quien de un revés
Echa por tierra a un tirano:
Lo estimo, si es un cubano;
Lo estimo, si aragonés.

Amo los patios sombríos
Con escaleras bordadas;
Amo las naves calladas
Y los conventos vacíos.

Amo la tierra florida,
Musulmana o española,
Donde rompió su corola
La poca flor de mi vida.

VIII

    Yo tengo un amigo muerto
Que suele venirme a ver:
Mi amigo se sienta, y canta;
Canta en voz que ha de doler.

    "En un ave de dos alas
Bogo por el cielo azul:
Un ala del ave es negra
Otra de oro Caribú.

    El corazón es un loco
Que no sabe de un color:
O es su amor de dos colores,
O dice que no es amor.

    Hay una loca más fiera
Que el corazón infeliz:
La que le chupó la sangre
Y se echó luego a reír.

    Corazón que lleva rota
El ancla fiel del hogar,
Va como barca perdida,
Que no sabe adónde va."

    En cuanto llega a esta angustia
Rompe el muerto a maldecir:
Le amanso el cráneo: lo acuesto:
Acuesto el muerto a dormir.

IX

    Quiero, a la sombra de un ala,
Contar este cuento en flor:
La niña de Guatemala,
La que se murió de amor.

Eran de lirios los ramos,
Y las orlas de reseda
Y de jazmín: la enterramos
En una caja de seda.

...Ella dio al desmemoriado
Una almohadilla de olor:
El volvió, volvió casado:
Ella se murió de amor.

Iban cargándola en andas
Obispos y embajadores:
Detrás iba el pueblo en tandas,
Todo cargado de flores.

...Ella, por volverlo a ver,
Salió a verlo al mirador:
El volvió con su mujer:
Ella se murió de amor.

Como de bronce candente
Al beso de despedida
Era su frente ¡la frente
Que más he amado en mi vida!

...Se entró de tarde en el río,
La sacó muerta el doctor:
Dicen que murió de frío:
Yo sé que murió de amor.

Allí, en la bóveda helada,
La pusieron en dos bancos:
Besé su mano afilada,
Besé sus zapatos blancos.

Callado, al oscurecer,
Me llamó el enterrador:
¡Nunca más he vuelto a ver
A la que murió de amor!

XXXIV

¡Penas! ¿Quién osa decir
Que tengo yo penas? Luego,
Después del rayo, y del fuego,
Tendré tiempo de sufrir.

Yo sé de un pesar profundo
Entre las penas sin nombres:
¡La esclavitud de los hombres
Es la gran pena del mundo!

Hay montes, y hay que subir
Los montes altos; ¡después
Veremos, alma, quién es
Quien te me ha puesto al morir!

XXXIX

Cultivo una rosa blanca,
En julio como en enero,
Para el amigo sincero
Que me da su mano franca.

Y para el cruel que me arranca
El corazón con que vivo,
Cardo ni oruga cultivo;
Cultivo una rosa blanca.

XLIII

Mucho, señora, daría
Por tender sobre tu espalda
Tu cabellera bravía
Tu cabellera de gualda:
   Despacio la tendería,
   Callado la besaría.

Por sobre la oreja fina
Baja lujoso el cabello,
Lo mismo que una cortina
Que se levanta hacia el cuello.
   La oreja es obra divina
De porcelana de China.

   Mucho, señora, te diera
Por desenredar el nudo
De tu roja cabellera
Sobre tu cuello desnudo:
   Muy despacio la esparciera,
Hilo por hilo la abriera.

MANUEL GUTIÉRREZ NÁJERA (1859-1895)

La duquesa Job

En dulce charla de sobremesa,
Mientras devoro fresa tras fresa
Y abajo ronca tu perro Bob,
Te haré el retrato de la duquesa
Que adora a veces el duque Job.

No es la condesa que Villasana
Caricatura, ni la poblana
De enagua roja, que Prieto amó.
No es la criadita de pies andosos,
Ni la que sueña con los gomosos
Y con los gallos de Micoló.

Mi duquesita, la que me adora,
No tiene humos de gran señora:
Es la griseta de Paul de Kock.
No baila *Boston*, y desconoce
De las carreras el alto goce,
Y los placeres del *five o'clock*.

Pero ni el sueño de algún poeta,
Ni los querubes que vio Jacob,
Fueron tan bellos cual la coqueta
De ojitos verdes, rubia griseta
Que adora a veces el duque Job.

Si pisas alfombras, no es en su casa;
Si por Plateros alegre pasa
Y la saluda Madam Marnat,
No es, sin diputa, porque la vista;
Sí por que a casa de otra modista
Desde temprano rápida va.

No tiene alhajas mi duquesita,
Pero es tan guapa, y es tan bonita,

Y tiene un cuerpo tan *v'lan* tan *pschutt*,
De tal manera trasciende a Francia
Que no la igualan en elegancia
Ni las clientes de Hélene Kossut.

Desde las puertas de la Sorpresa
Hasta la esquina del Jockey Club,
No hay española, yankee o francesa,
Ni más bonita, ni más traviesa
Que la duquesa del duque Job.

¡Cómo resuena su taconeo
En las baldosas! ¡Con qué meneo
Luce su talle de tentación!
¡Con qué airecito de aristocracia
Mira a los hombres, y con qué gracia
Frunce los labios– ¡Mimí Pinson!

Si alguien la alcanza, si la requiebra,
Ella, ligera como una cebra,
Sigue camino del almacén;
Pero ¡ay del tuno si alarga el brazo!
Nadie le salva del sombrillazo
Que le descarga sobre la sien!

¡No hay en el mundo mujer más linda!
Pie de andaluza, boca de guinda,
Esprit rociado de Veuve Clicqot;
Talle de avispa, cutis de ala,
Ojos traviesos de colegiala
Como los ojos de Louise Theo!

Ágil, nerviosa, blanca, delgada,
Media de seda bien restirada,
Gola de encaje, corsé de ¡crac!
Nariz pequeña, garbosa, cuca,
Y palpitantes sobre la nuca
Rizos tan rubios como el cognac.

Sus ojos verdes bailan el tango;
Nada hay más bello que el arremango
Provocativo de su nariz!
Por ser tan joven y tan bonita,

Cual mi sedosa, blanca gatita,
Diera sus pajes la emperatriz.

¡Ah! tú no has visto cuando se peina,
Sobre sus hombros de rosa reina
Caer los rizos en profusión!
Tú no has oído qué alegre canta,
Mientras sus brazos y su garganta
De fresca espuma cubre el jabón!

¡Y los domingos...! ¡Con qué alegría
Oye en su lecho bullir el día
Y hasta las nueve quieta se está!
¡Cuál se acurruca la perezosa,
Bajo la colcha color de rosa,
Mientras a misa la criada va!

La breve cofia de blanco encaje
Cubre sus rizos, el limpio traje
Aguarda encima del canapé;
Altas, lustrosas y pequeñitas,
Sus puntas muestran las dos botitas,
Abandonadas del catre al pie.

Después ligera, del lecho brinca,
¡Oh quién la viera cuando se hinca
Blanca y esbelta sobre el colchón!
¿Qué valen junto de tanta gracia
Las niñas ricas, la aristocracia,
Ni mis amigas de cotillón?

Toco; se viste; me abre; almorzamos;
Con apetito los dos tomamos
Un par de huevos y un buen beefsteak,
Media botella de rico vino,
Y en coche juntos, vamos camino
Del pintoresco Chapultepec.

Desde las puertas de la Sorpresa
Hasta la esquina del Jockey Club,
No hay española, yankee o francesa,
Ni más bonita ni más traviesa
Que la duquesa del duque Job!

JULIÁN DEL CASAL (1863-1893)

Venus Anadyomena

Sentada, al pie de verdinegras moles,
sobre la espalda de un delfín cetrino
que de la aurora el rayo purpurino
jaspea de brillantes tornasoles;
envuelta en luminosos arreboles,
Venus emerge el cuerpo alabastrino
frente al húmedo borde del camino
alfombrado de róseos caracoles.

Moviendo al aire las plateadas colas,
blancas nereidas surgen de las olas
y hasta la diosa de ojos maternales

llevan, entre las manos elevadas,
níveas conchas de perlas nacaradas,
ígneas ramas de fúlgidos corales.

JOSÉ ASUNCIÓN SILVA (1865-1896)

Una noche

    Una noche
una noche toda llena de perfumes, de murmullos y de música
    de älas,
    Una noche
en que ardían en la sombra nupcial y húmeda, las luciérnagas
    fantásticas,
a mi lado, lentamente, contra mí ceñida, toda,
    muda y pálida
como si un presentimiento de amarguras infinitas,
hasta el fondo más secreto de tus fibras te agitara,
por la senda que atraviesa la llanura florecida
    caminabas,
    y la luna llena
por los cielos azulosos, infinitos y profundos esparcía su luz
    blanca,
    y tu sombra
    fina y lánguida
    y mi sombra
por los rayos de la luna proyectada
sobre las arenas tristes.
de la senda se juntaban
    Y eran una
    y eran una
y eran una sola sombra larga!
y eran una sola sombra larga!
y eran una sola sombra larga!

    Esta noche
    solo, el alma
llena de las infinitas amarguras y agonías de tu muerte,
separado de ti misma, por la sombra, por el tiempo y la distancia,
    por el infinito negro,

donde nuestra voz no alcanza,
solo y mudo
por la senda caminaba,
y se oían los ladridos de los perros a la luna,
   a la luna pálida
   y el chillido
   de las ranas,
sentí frío, era el frío que tenían en la alcoba
tus mejillas y tus sienes y tus manos adoradas,
   entre las blancuras níveas
   de las mortüorias sábanas!
Era el frío del sepulcro, era el frío de la muerte,
Era el frío de la nada...
   Y mi sombra
por los rayos de la luna proyectada,
   iba sola,
   iba sola
   ¡iba sola por la estepa solitaria!
   Y tu sombra esbelta y ágil
   fina y lánguida,
como en esa noche tibia de la muerta primavera,
como en esa noche llena de perfumes, de murmullos y de
   músicas de alas,
   se acercó y marchó con ella,
   se acercó y marchó con ella,
se acercó y marchó con ella... ¡Oh las sombras enlazadas!
¡Oh las sombras que se buscan y se juntan en las noches de
   negruras y de lágrimas!...

RICARDO JAIMES FREYRE (1866-1933)

Siempre...

Peregrina paloma imaginaria
que enardeces los últimos amores;
alma de luz, de música y de flores
peregrina paloma imaginaria.

Vuela sobre la roca solitaria
que baña el mar glacial de los dolores;
haya, a tu paso, un haz de resplandores,
sobre la adusta roca solitaria...

Vuela sobre la roca solitaria,
peregrina paloma, ala de nieve
como divina hostia, ala tan leve

Como un copo de nieve; ala divina,
copo de nieve, lirio, hostia, neblina,
peregrina paloma imaginaria...

RUBÉN DARÍO (1867-1916)

Los motivos del lobo

El varón que tiene corazón de lis,
alma de querube, lengua celestial,
el mínimo y dulce Francisco de Asís,
está con un rudo y torvo animal,
bestia temerosa, de sangre y de robo,
las fauces de furia, los ojos de mal:
el lobo de Gubbia, el terrible lobo.
Rabioso ha asolado los alrededores,
cruel ha deshecho todos los rebaños;
devoró corderos, devoró pastores,
y son incontables sus muertes y daños.

Fuertes cazadores armados de hierros
fueron destrozados. Los duros colmillos
dieron cuenta de los más bravos perros,
como de cabritos y de corderillos.

Francisco salió:
al lobo buscó
en su madriguera.
Cerca de la cueva encontró a la fiera
enorme, que al verle se lanzó feroz
contra él. Francisco con su dulce voz,
alzando la mano,
al lobo furioso dijo: —*¡Paz, hermano
lobo!* El animal
contempló al varón de tosco sayal;
dejó su aire arisco,
cerró las abiertas fauces agresivas,
y dijo: —*¡Está bien, hermano Francisco!*
¡Cómo! —exclamó el santo. —*¿Es ley que tú vivas
de horror y de muerte?*

*¿La sangre que vierte
tu hocico diabólico, el duelo y espanto
que esparces, el llanto
de los campesinos, el grito, el dolor
de tanta criatura de Nuestro Señor?
¿No han de contener tu encono infernal?
¿Vienes del infierno?
¿Te ha infundido acaso su rencor eterno
Luzbel o Belial?*
Y el gran lobo, humilde: —*¡Es duro el invierno,
y es horrible el hambre! En el bosque helado
no hallé qué comer; y busqué el ganado,
y en veces comí ganado y pastor.
¿La sangre? Yo vi más de un cazador
sobre su caballo, llevando el azor
al puño; o correr tras el jabalí,
el oso o el ciervo; y a más de uno vi
mancharse de sangre, herir, torturar,
de las roncas trompas al sordo clamor,
a los animales de Nuestro Señor.
Y no era por hambre, que iban a cazar.*
Francisco responde: —En el hombre existe
mala levadura.
*Cuando nace viene con pecado. Es triste.
Mas el alma simple de la bestia es pura.
Tú vas a tener
desde hoy que comer.
Dejarás en paz
rebaños y gente en este país.
¡Que Dios melifique tu ser montaraz!*
—Está bien, hermano Francisco de Asís.
—Ante el Señor, que todo ata y desata,
en fe de promesa tiéndeme la pata.
El lobo tendió la pata al hermano
de Asís, que a su vez le alargó la mano.
Fueron a la aldea. La gente veía
y lo que miraba casi no creía.
Tras el religioso iba el lobo fiero,
y, baja la testa, quieto le seguía
como un can de casa, o como un cordero.

Francisco llamó la gente a la plaza
y allí predicó.
Y dijo: —He aquí una amable caza.
El hermano lobo se viene conmigo;
me juró no ser ya nuestro enemigo,
y no repetir su ataque sangriento.
Vosotros, en cambio, daréis su alimento
a la pobre bestia de Dios. —¡Así sea!,
contestó la gente toda de la aldea.
Y luego, en señal
de contentamiento
movió testa y cola el buen animal,
y entró con Francisco de Asís al convento.

Algún tiempo estuvo el lobo tranquilo
en el santo asilo.
Sus bastas orejas los salmos oían
y los claros ojos se le humedecían.
Aprendió mil gracias y hacía mil juegos
cuando a la cocina iba con los legos.
Y cuando Francisco su oración hacía,
el lobo las pobres sandalias lamía.
Salía a la calle,
iba por el monte, descendía al valle,
entraba a las casas y le daban algo
de comer. Mirábanle como a un manso galgo.
Un día, Francisco se ausentó. Y el lobo
dulce, el lobo manso y bueno, el lobo probo,
desapareció, tornó a la montaña,
y recomenzaron su aullido y su saña.
Otra vez sintióse el temor, la alarma,
entre los vecinos y entre los pastores;
colmaba el espanto los alrededores,
de nada servían el valor y el arma,
pues la bestia fiera
no dio treguas a su furor jamás,
como si tuviera
fuegos de Moloch y de Satanás.

Cuando volvió al pueblo el divino santo,
todos lo buscaron con quejas y llanto,
y con mil querellas dieron testimonio
de lo que sufrían y perdían tanto
por aquel infame lobo del demonio.

   Francisco de Asís se puso severo.
Se fue a la montaña
a buscar al falso lobo carnicero.
Y junto a su cueva halló a la alimaña.
—*En nombre del Padre del sacro universo,
conjúrote,* dijo, *¡oh, lobo perverso!,
a que me respondas. ¿Por qué has vuelto al mal?
Contesta. Te escucho.*
Como en sorda lucha, habló el animal,
la boca espumosa y el ojo fatal:
—*Hermano Francisco, no te acerques mucho...
Yo estaba tranquilo allá, en el convento,
al pueblo salía,
y si algo me daban estaba contento
y manso comía.
Mas empecé a ver que en todas las casas
estaba la Envidia, la Saña, la Ira,
y en todos los rostros ardían las brasas
de odio, de lujuria, de infamia y mentira.
Hermanos a hermanos hacían la guerra,
perdían los débiles, ganaban los malos,
hembra y macho eran como perro y perra,
y un buen día todos me dieron de palos.
Me vieron humilde, lamía las manos
y los pies. Seguía tus sagradas leyes,
todas las criaturas eran mis hermanos,
los hermanos hombres, los hermanos bueyes,
hermanas estrellas y hermanos gusanos.
Y así, me apalearon y me echaron fuera.
Y su risa fue como un agua hirviente,
y entre mis entrañas revivió la fiera,
y me sentí lobo malo de repente;
mas siempre mejor que esa mala gente.
Y recomencé a luchar aquí,*

a me defender y a me alimentar.
Como el oso hace, como el jabalí,
que para vivir tiene que matar.
Déjame en el monte, déjame en el risco,
déjame exisitr en mi libertad,
vete a tu convento, hermano Francisco,
sigue tu camino y tu santidad.

El santo de Asís no le dijo nada.
Le miró con una profunda mirada,
y partió con lágrimas y con desconsuelos,
y habló al Dios eterno con su corazón.
El viento del bosque llevó su oración,
que era: *Padre nuestro, que estás en los cielos*...

LEOPOLDO LUGONES (1874-1938)

Luna de los amores

Desde el horizonte suburbano,
El plenilunio crepuscular destella
En el desierto comedor, un lejano
Reflejo, que apenas insinúa su huella.
Hay una mesa grande y un anaquel mediano.
Un viejo reloj de espíritu luterano.[1]
Una gota de luna en una botella.
Y sobre el ébano sonoro del piano,
Resalta una clara doncella.

Arrojando al hastío de las cosas iguales
Su palabra bisílaba y abstrusa,
En lento brillo el péndulo, como una larga fusa,[2]
Anota el silencio con tiempos inmemoriales.

El piano está mudo, con una tecla hundida
Bajo un dedo inerte. El encerado nuevo
Huele a droga desvanecida.
La joven está pensando en la vida.
Por allá dentro, la criada bate un huevo.

Llena ahora de luna y de discreta
Poesía, dijérase que esa joven brilla
En su corola de cambray,[3] fina y sencilla
Como la flor del peral. ¡Pobre Enriqueta!
La familia, en el otro aposento,
Manifiéstame, en tanto, una alarma furtiva,

[1] *Luterano*: se puede entender como "alemán" o "centroeuropeo", por el origen de Lutero, o como "hereje".
[2] *Fusa*: nota musical cuya duración es la mitad de la semicorchea.
[3] *Cambray*: tela blanca muy fina que se fabricaba en la ciudad francesa de Cambray.

Por el tenaz aislamiento
De esa primogénita delgada y pensativa.
"No prueba bocado. Antes le gustaba el jamón."
"Reza mucho y se cree un cero a la izquierda."
"A veces siente una puntada en el pulmón."
–Algún amor, quizá, murmura mi cuerda
Opinión...

En la oscuridad, a tientas halla
Mi caricia habitual la cabeza del nene...
Hay una pausa.
"Pero si aquí nadie viene
Fuera de usted", dice la madre. El padre calla.

El aire huele a fresia;[4] de no sé qué espesuras
Viene, ya anacrónico, el gorjeo de un mirlo
Clarificado por silvestres ternuras.
La niña sigue inmóvil, y ¿por qué no decirlo?
Mi corazón se preña de lágrimas oscuras.

No; es inútil que alimente un dulce engaño;
Pues cuando la regaño
Por su lección de inglés, o cuando llévola
Al piano con mano benévola,
Su dócil sonrisa nada tiene de extraño.

"Mamá, ¿qué toco?" dice con su voz más llana;
"¿*Forget me not*?[5]..." Y lejos de toda idea injusta,
Buenamente añade: "al señor Lugones le gusta",
Y me mira de frente delante de su hermana.

Sin idea alguna
De lo que pueda causar aquella congoja
–En cuya languidez parece que se deshoja–
Decidimos que tenga mal de luna.
La hermana, una limpia joven de batista,
Nos refiere una cosa que le ha dicho:

[4] *Fresia*: fresa.
[5] *Forget me not*: No me olvides.

A veces querría ser, por capricho,
La larga damisela de un cartel modernista.
Eso es todo lo que ella sabe; pero eso
Es poca cosa
Para un diagnóstico sentimental. ¡Escabrosa
Cuestión la de estas almas en trance de beso!
Pues el "mal de luna", como dice más arriba,
No es sino el dolor de amar sin ser amada,
Lo indefinible: Una Inmaculada
Concepción, de la pena más cruel que se conciba.

La luna, abollada
Como el fondo de una cacerola
Enlozada,
Visiblemente turba a la joven sola.
Al hechizo pálido que le insufla,
Lentamente gira el giratorio banco;
Y mientras el virginal ruedo blanco
Se crispa sobre el moño rosa de la pantufla,
Rodeando la rodilla con sus manos, unidas
Como dos palomas en un beso embebidas,
Con actitud que consagra
Un ideal quizá algo fotográfico,
La joven tiende su cuello seráfico
En un noble arcaísmo de Tanagra.[6]

Conozco esa mirada que ahora
Remonta al ensueño mis humanas miserias:

Es la de algunas veladas dulces y serias
En que un grato silencio de amistad nos mejora.
Una pura mirada,
Suspensa de hito en hito,
Entre su costura inacabada
Y el infinito...

---

[6] *Tanagra*: antiguas estatuillas de barro cocido encontradas en la necrópolis de Tanagra en Grecia.

JOSÉ MARÍA EGUREN (1874-1942)

Efímera

Da vespertino rayo la zarca luna,
ronda efímera verde por la laguna.

Por las aguas doradas dichosa vuelas
celebrando la vida, con tarantelas.

Ya miras las luciolas de los jardines,
y en ribereñas casas los lamparines.

Y en tu vuelo, soñando buscas la orquesta
de la luz nacarina por la floresta.

Ni temes las cercanas plomizas lluvias;
y en la laguna gozas las fiestas rubias.

Y desoyes la culpa de las ninfeas
por los juegos de amores que centelleas.

En tus celos las alas tiendes veloces
a la naciente imagen que desconoces.

Tú, ideal tempranero que el mundo invoca,
dejas tanta hermosura por fuga loca.

Y sueñas instintiva o iluminada
en la luz de la muerte. ¡Flor de la nada!

ANTONIO MACHADO (1875-1939)

A José María Palacio

Palacio, buen amigo,
¿está la primavera
vistiendo ya las ramas de los chopos
del río y los caminos? En la estepa
del alto Duero, Primavera tarda,
¡pero es tan bella y dulce cuando llega!...
¿Tienen los viejos olmos
algunas hojas nuevas?
Aun las acacias estarán desnudas
y nevados los montes de las sierras.
¡Oh, mole del Moncayo blanca y rosa,
allá, en el cielo de Aragón, tan bella!
¿Hay zarzas florecidas
entre las grises peñas,
y blancas margaritas
entre la fina hierba?
Por esos campanarios
ya habrán ido llegando las cigüeñas.
Habrá trigales verdes,
y mulas pardas en las sementeras,
y labriegos que siembran los tardíos
con las lluvias de abril. Ya las abejas
libarán del tomillo y el romero.
¿Hay ciruelos en flor? ¿Quedan violetas?
Furtivos cazadores, los reclamos
de la perdiz bajo las capas luengas,
no faltarán. Palacio, buen amigo,
¿tienen ya ruiseñores las riberas?
Con los primeros lirios
y las primeras rosas de las huertas,
en una tarde azul, sube al Espino,
el alto Espino donde está su tierra...

JUAN RAMÓN JIMÉNEZ (1881-1958)

Soy animal de fondo

"En fondo de aire" (dije) "estoy"
(dije), "soy animal de fondo de aire" (sobre tierra),
ahora sobre mar; pasado, como el aire, por un sol
que es carbón allá arriba, mi fuera, y me ilumina
con su carbón el ámbito segundo destinado.

Pero tú, dios, también estás en este fondo,
y a esta luz ves, venida de otro astro;
tú estás y eres
lo grande y lo pequeño que yo soy,
en una proporción que es ésta mía,
infinita hacia un fondo
que es el pozo sagrado de mí mismo.

Y en este pozo estabas antes tú
con la flor, con la golondrina, el toro
y el agua; con la aurora
en un llegar carmín de vida renovada;
con el poniente, en un huir de oro de gloria.
En este pozo diario estabas tú conmigo,
conmigo niño, joven, mayor, y yo me ahogaba
sin saberte, me ahogaba sin pensar en ti.
Este pozo que era, sólo y nada más ni menos,
que el centro de la tierra y de su vida.

Y tú eras en el pozo májico el destino
de todos los destinos de la sensualidad hermosa
que sabe que el gozar en plenitud
de conciencia amadora,
es la virtud mayor que nos trasciende.

Lo eras para hacerme pensar que tú eras tú,
para hacerme sentir que yo era tú,
para hacerme gozar que tú eras yo,
para hacerme gritar que yo era yo
en el fondo de aire en donde estoy,
donde soy animal de fondo de aire,
con alas que no vuelan en el aire,
que vuelan en la luz de la conciencia
mayor que todo el sueño
de eternidades e infinitos
que están después, sin más que ahora yo, del aire.

DELMIRA AGUSTINI (1886-1914)

Fiera de amor

Fiera de amor, yo sufro hambre de corazones.
De palomos, de buitres, de corzos o leones,
No hay manjar que más tiente, no hay más grato sabor;

Había ya estragado mis garras y mi instinto,
Cuando erguida en la casi ultratierra de un plinto,
Me deslumbró una estatua de antiguo emperador.

Y crecí de entusiasmo; por el tronco de piedra
Ascendió mi deseo como fulmínea hiedra
Hasta el pecho, nutrido en nieve al parecer;
Y clamé al imposible corazón... la escultura
Su gloria custodiaba serenísima y pura,
Con la frente en Mañana y la planta en Ayer.

Perenne mi deseo, en el tronco de piedra
Ha quedado prendido como sangrienta hiedra;
Y desde entonces muerdo soñando un corazón
De estatua, presa suma para mi garra bella;
No es ni carne ni mármol: una pasta de estrella
Sin sangre, sin calor y sin palpitación...

Con la esencia de una sobrehumana pasión!

RAMÓN LÓPEZ VELARDE (1888-1921)

Suave patria

Proemio

    Yo que sólo canté de la exquisita
partitura del íntimo decoro,
alzo hoy la voz a la mitad del foro
a la manera del tenor que imita
la gutural modulación del bajo,
para cortar a la epopeya un gajo.

    Navegaré por las ondas civiles
con remos que no pesan, porque van
como los brazos del correo chuán
que remaba la Mancha con fusiles.

    Diré con una épica sordina:
la patria es impecable y diamantina.

    Suave Patria: permite que te envuelva
en la más honda música de selva
con que me modelaste todo entero
al golpe cadencioso de las hachas,
entre gritos y risas de muchachas
y pájaros de oficio carpintero.

Primer acto

    Patria: tu superficie es el maíz,
tus minas el palacio del Rey de Oros,
y tu cielo, las garzas en desliz
y el relámpago verde de los loros.

El Niño Dios te escrituró un establo
y los veneros de petróleo el diablo.

   Sobre tu Capital, cada hora vuela
ojerosa y pintada, en carretela;
y en tu provincia, del reloj en vela
que rondan los palomos colipavos,
las campanadas caen como centavos.

   Patria: tu mutilado territorio
se viste de percal y de abalorio.

   Suave Patria: tu casa todavía
es tan grande, que el tren va por la vía
como aguinaldo de juguetería.

   Y en el barullo de las estaciones,
con tu mirada de mestiza, pones
la inmensidad sobre los corazones.

   ¿Quién, en la noche que asusta a la rana,
no miró, antes de saber del vicio,
del brazo de su novia, la galana
pólvora de los fuegos de artificio?

   Suave Patria: en tu tórrido festín
luces policromías de delfín,
y con tu pelo rubio se desposa
el alma, equilibrista chuparrosa,
y a tus dos trenzas de tabaco, sabe
ofrendar aguamiel toda mi briosa
raza de bailadores de jarabe.

   Tu barro suena a plata, y en tu puño
su sonora miseria es alcancía;
y por las madrugadas del terruño,
en calles como espejos, se vacía
el santo olor de la panadería.

   Cuando nacemos, nos regalas notas,
después, un paraíso de compotas,
y luego te regalas toda entera,
suave Patria, alacena y pajarera.

Al triste y al feliz dices que sí,
que en tu lengua de amor prueben de ti
la picadura del ajonjolí.

¡Y tu cielo nupcial, que cuando truena
de deleites frenéticos nos llena!

Trueno de nuestras nubes, que nos baña
de locura, enloquece a la montaña,
requiebra a la mujer, sana al lunático,
incorpora a los muertos, pide el Viático,
y al fin derrumba las madererías
de Dios, sobre las tierras labrantías.

Trueno del temporal: oigo en tus quejas
crujir los esqueletos en parejas;
oigo lo que se fue, lo que aún no toco,
y la hora actual con su vientre de coco.
Y oigo en el brinco de tu ida y venida,
¡oh trueno, la ruleta de mi vida!

Intermedio
(*Cuauhtémoc*)

Joven abuelo: escúchame loarte,
único héroe a la altura del arte.

Anacrónicamente, absurdamente,
a tu nopal inclínase el rosal;
al idioma del blanco, tú lo imantas
y es surtidor de católica fuente
que de responsos llena el victorial
zócalo de ceniza de tus plantas.

No como a César el rubor patricio
te cubre el rostro en medio del suplicio;
tu cabeza desnuda se nos queda
hemisféricamente, de moneda.

Moneda espiritual en que se fragua
todo lo que sufriste: la piragua
prisionera, el azoro de tus crías,
el sollozar de tus mitologías,
la Malinche, los ídolos a nado,
y por encima, haberte desatado
del pecho curvo de la emperatriz
como del pecho de una codorniz.

Segundo acto

    Suave Patria: tú vales por el río
de las virtudes de tu mujerío.
Tus hijas atraviesan como hadas,
o destilando un invisible alcohol,
vestidas con las redes de tu sol,
cruzan como botellas alambradas.

    Suave Patria: te amo no cual mito,
sino por tu verdad de pan bendito,
como a niña que asoma por la reja
con la blusa corrida hasta la oreja
y la falda bajada hasta el huesito.

    Inaccesible al deshonor, floreces;
creeré en ti, mientras una mexicana
en su tápalo lleve los dobleces
de la tienda, a las seis de la mañana,
y al estrenar su lujo, quede lleno
el país, del aroma del estreno.

    Como la sota moza, Patria mía,
en piso de metal, vives al día,
de milagro, como la lotería.

    Tu imagen, el Palacio Nacional,
con tu misma grandeza y con tu igual
estatura de niño y de dedal.

    Te dará, frente al hambre y el obús,
un higo San Felipe de Jesús.

Suave Patria, vendedora de chía:
quiero raptarte en la cuaresma opaca,
sobre un garañón, y con matraca,
y entre los tiros de la policía.

Tus entrañas no niegan un asilo
para el ave que el párvulo sepulta
en una caja de carretes de hilo,
y nuestra juventud, llorando, oculta
dentro de ti, el cadáver hecho poma
de aves que hablan nuestro mismo idioma.

Si me ahogo en tus julios, a mí baja
desde el vergel de tu peinado denso,
frescura de rebozo y de tinaja:
y si tirito, dejas que me arrope
en tu respiración azul de incienso
y en tus carnosos labios de rompope.

Por tu balcón de palmas bendecidas
el Domingo de Ramos, yo desfilo
lleno de sombra, porque tú trepidas.

Quieren morir tu ánima y tu estilo,
cual muriéndose van las cantadoras
que en las ferias, con el bravío pecho
empitonando la camisa, han hecho
la lujuria y el ritmo de las horas.

Patria, te doy de tu dicha la clave:
sé siempre igual, fiel a tu espejo diario;
cincuenta veces es igual el Ave
taladrada en el hilo del rosario,
y es más feliz que tú, Patria suave.

Sé igual y fiel; pupilas de abandono;
sedienta voz, la trigarante faja
en tus pechugas al vapor; y un trono
a la intemperie, cual una sonaja:
la carreta alegórica de paja!

GABRIELA MISTRAL (1889-1957)

Puertas

Entre los gestos del mundo
recibí el que dan las puertas.
En la luz yo las he visto
o selladas o entreabiertas
y volviendo sus espaldas
del color de la vulpeja.
¿Por qué fue que las hicimos
para ser sus prisioneras?

Del gran fruto de la casa
son la cáscara avarienta.
El fuego amigo que gozan
a la ruta no lo prestan.
Canto que adentro cantamos
lo sofocan sus maderas
y a su dicha no convidan
como la granada abierta:
¡Sibilas llenas de polvo,
nunca mozas, nacidas viejas!

Parecen tristes moluscos
sin marea y sin arenas.
Parecen, en lo ceñudo,
la nube de la tormenta.
A las sayas verticales
de la Muerte se asemejan
y yo las abro y las paso
como la caña que tiembla.

"¡No!", dicen a las mañanas
aunque las bañen, las tiernas.
Dicen "¡No!" al viento marino

que en su frente palmotea
y al olor de pinos nuevos
que se viene por la Sierra.
Y lo mismo que Casandra,
no salvan aunque bien sepan:
porque mi duro destino
él también pasó mi puerta.

Cuando golpeo me turban
igual que la vez primera.
El seco dintel da luces
como la espada despierta
y los batientes se avivan
en escapadas gacelas.

Entro como quien levanta
paño de cara encubierta,
sin saber lo que me tiene
mi casa de angosta almendra
y pregunto si me aguarda
mi salvación o mi pérdida.

Ya quiero irme y dejar
el sobrehaz de la Tierra,
el horizonte que acaba
como un ciervo, de tristeza,
y las puertas de los hombres
selladas como cisternas.
Por no voltear en la mano
sus llaves de anguilas muertas
y no oírles más el crótalo
que me sigue la carrera.

Voy a cruzar sin gemido
la última vez por ellas
y a alejarme tan gloriosa
como la esclava liberta,
siguiendo el cardumen vivo
de mis muertos que me llevan.
No estarán allá rayados

por cubo y cubo de puertas
ni ofendidos por sus muros
como el herido en sus vendas.

Vendrán a mí sin embozo,
oreados de luz eterna.
Cantaremos a mitad
de los cielos y la tierra.

Con el canto apasionado
haremos caer las puertas
y saldrán de ellas los hombres
como niños que despiertan
al oír que se descuajan
y que van cayendo muertas.

ALFONSO REYES (1889-1959)

Yerbas del Tarahumara

Han bajado los indios tarahumaras,
que es señal de mal año
y de cosecha pobre en la montaña.

Desnudos y curtidos,
duros en la lustrosa piel manchada,
denegridos de viento y sol, animan
las calles de Chihuahua,
lentos y recelosos,
con todos los resortes del miedo contraídos,
como panteras mansas.

Desnudos y curtidos,
bravos habitadores de la nieve
—como hablan de tú—,
contestan siempre así la pregunta obligada:
—"Y tú ¿no tienes frío en la cara?"

Mal año en la montaña,
cuando el grave deshielo de las cumbres
escurre hasta los pueblos la manada
de animales humanos con el hato a la espalda.

La gente, al verlos, gusta
aquella desazón tan generosa
de otra belleza que la acostumbrada.
los hicieron católicos
los misioneros de la Nueva España
—esos corderos de corazón de león.
Y, sin pan y sin vino,
ellos celebran la función cristiana
con su cerveza-chica y su pinole,
que es un polvo de todos los sabores.

Beben tesgüino de maíz y peyote,
yerba de los portentos,
sinfonía lograda
que convierte los ruidos en colores;
y larga borrachera metafísica
los compensa de andar sobre la tierra,
que es, al fin y a la postre,
la dolencia común de las razas de hombres.
Campeones del Maratón del mundo,
nutridos en la carne ácida del venado,
llegarán los primeros con el triunfo
el día que saltemos la muralla
de los cinco sentidos.

A veces, traen oro de sus ocultas minas,
y todo el día rompen los terrones,
sentados en la calle,
entre la envidia culta de los blancos.
Hoy sólo traen yerbas en el hato,
las yerbas de salud que cambian por centavos:
yerbaniz, limoncillo, simonillo,
que alivian las difíciles entrañas,
junto con la orejuela de ratón
para el mal que la gente llama "bilis";
la yerba del venado, el chuchupaste
y la yerba del indio, que restauran la sangre;
el pasto de ocotillo de los golpes contusos,
contrayerba para las fiebres pantanosas,
la yerba de la víbora que cura los resfríos;
collares de semillas de ojo de venado,
tan eficaces para el sortilegio;
y la sangre de grado, que aprieta las encías
y agarra en la raíz los dientes flojos.

(Nuestro Francisco Hernández
–el Plinio Mexicano de los Mil y Quinientos–
logró hasta mil doscientas plantas mágicas
de la farmacopea de los indios.
Sin ser un gran botánico,
don Felipe Segundo

supo gastar setenta mil ducados,
¡para que luego aquel herbario único
se perdiera en la incuria y en el polvo!
Porque el padre Moxó nos asegura
que no fue culpa del incendio
que en el siglo décimo séptimo
aconteció en el Escorial.)

Con la paciencia muda de la hormiga,
los indios van juntando sobre el suelo
la yerbecita en haces
–perfectos en su ciencia natural.

PEDRO SALINAS (1891-1951)

Variación XIV
Salvación por la luz

Los que ya no te ven sueñan en verte
desde sus soterrados soñaderos
–lindes de tierra por los cuatro lados,
cuna del esqueleto–.
Sed tienen, no en las bocas, ni de agua;
sed de visiones, esas que tu cielo
proyecta –azules tenues– en su frente,
y tú realizas en azul perfecto.
Este afán de mirar es más que mío.
Callado empuje, se le siente, ajeno,
subir desde tinieblas seculares.
Viene a asomarse a estos
ojos con los que miro. ¡Qué sinfín
de muertos que te vieron
me piden la mirada, para verte!
Al cedérsela, gano:
soy mucho más cuando me quiero menos.
Que estos ojos les valgan
a los pobres de luz. No soy su dueño.
¿Por cuánto tiempo –herencia– me los fían?
¿Son más que un miradero
que un cuerpo de hoy ofrece a almas de antes?
Siento a mis padres, siento que su empeño
de no cegar jamás.
es lo que bautizaron con mi nombre.
Soy yo. Y ahora no ven, pero les quedo
para salvar su sombra de la sombra.
Que por mis ojos, suyos, miren ellos;
y todos mis hermanos anteriores,
sepultos por los siglos,
ciegos de muerte: vista les devuelvo.

¡En este hoy mío, cuánto ayer se vive!
Ya somos todos unos en mis ojos,
poblados de antiquísimos regresos.
¡Qué paz, así! Saber que son los hombres,
un mirar que te mira,
con ojos siempre abiertos,
velándote: si un alma se les marcha
nuevas almas acuden a sus cercos.
Ahora, aquí, frente a ti, todo arrobado,
aprendo lo que soy: soy un momento
de esa larga mirada que te ojea,
desde ayer, desde hoy, desde mañana,
paralela del tiempo.
En mis ojos, los últimos,
arde intacto el afán de los primeros,
herencia inagotable, afán sin término.
Posado en mí está ahora; va de paso.
Cuando de mí se vuelve, allá en mis hijos
–la rama temblorosa que le tiendo–
hará posada. Y en sus ojos, míos,
ya nunca aquí, y aquí, seguiré viéndote.
Una mirada queda, si pasamos.

¡Que ella, la fidelísima, contemple
tu perdurar, oh Contemplado eterno!
Por venir a mirarla, día a día,
embeleso a embeleso,
tal vez tu eternidad,
vuelta luz, por los ojos se nos entre.

Y de tanto mirarte, nos salvemos.

ALFONSINA STORNI (1892-1938)

Odio...

Oh, primavera de las amapolas,
Tú que floreces para bien mi casa,
Luego que enjoyes las corolas,
Pasa.

Beso, la forma más voraz del fuego,
Clava sin miedo tu endiablada espuela,
Quema mi alma, pero luego,
Vuela.

Risa de oro que movible y loca
Sueltas el alma, de las sombras, presa,
En cuanto asomes a la boca,
Cesa.

Lástima blanda del error amante
Que a cada paso el corazón diluye,
Vuelca tus mieles y al instante,
Huye.

Odio tremendo, como nada fosco,
Odio que truecas en puñal la seda,
Odio que apenas te conozco,
Queda.

CÉSAR VALLEJO (1892-1938)

Ello es que el lugar donde me pongo

Ello es que el lugar donde me pongo
el pantalón, es una casa donde
me quito la camisa en alta voz
y donde tengo un suelo, un alma, un mapa de mi España.
Ahora mismo hablaba
de mí conmigo, y ponía
sobre un pequeño libro un pan tremendo
y he, luego, hecho el traslado, he trasladado,
queriendo canturrear un poco, el lado
derecho de la vida al lado izquierdo;
más tarde, me he lavado todo, el vientre,
briosa, dignamente;
he dado vuelta a ver lo que se ensucia,
he raspado lo que me lleva tan cerca
y he ordenado bien el mapa que
cabeceaba o lloraba, no lo sé.

Mi casa, por desgracia, es una casa,
un suelo pro ventura, donde vive
con su inscripción mi cucharita amada,
mi querido esqueleto ya sin letras,
la navaja, un cigarro permanente.
De veras, cuando pienso
en lo que es la vida,
no puedo evitar de decírselo a Georgette,
a fin de comer algo agradable y salir,
por la tarde, comprar un buen periódico,
guardar un día para cuando no haya,
una noche también, para cuando haya
(así se dice en el Perú –me excuso–);
del mismo modo, sufro con gran cuidado,
a fin de no gritar o de llorar, ya que los ojos

poseen, independientemente de uno, sus pobrezas,
quiero decir, su oficio, algo
que resbala del alma y cae al alma.

Habiendo atravesado
quince años; después, quince, y, antes, quince,
uno se siente, en realidad, tontillo,
es natural, por lo demás ¡qué hacer!
¿Y qué dejar de hacer, que es lo peor?
Sino vivir, sino llegar
a ser lo que es uno entre millones
de panes, entre miles de vinos, entre cientos de bocas,
entre el sol y su rayo que es de luna
y entre la misa, el pan, el vino y mi alma.

Hoy es domingo y, por eso,
me viene a la cabeza la idea, al pecho el llanto
y a la garganta, así como un gran bulto.
Hoy es domingo, y esto
tiene muchos siglos; de otra manera,
sería, quizá, lunes, y vendríame al corazón la idea,
al seso, el llanto
y a la garganta, una gana espantosa de ahogar
lo que ahora siento,
como un hombre que soy y que he sufrido.

VICENTE HUIDOBRO (1893-1948)

Altazor

Canto VI

Alhaja apoteosis y molusco
Anudado
        noche
                nudo
El corazón
Esa entonces dirección
                        nudo temblando
Flexible corazón la apoteosis
Un dos tres
                cuatro
lágrima
        mi lámpara
                y molusco
El pecho al melodioso
Anudado la joya
Conque temblando angustia
Normal tedio
            Sería pasión
            Muerte el violoncelo
Una bujía el ojo
                Otro otra
Cristal si cristal era
Cristaleza
Magnetismo
            sabéis la seda
Viento flor
            lento nube lento
Seda cristal lento seda
El magnetismo
                seda aliento cristal seda

Así viajando en postura de ondulación
Cristal nube
Molusco sí por violoncelo y joya
Muerte de joya y violoncelo
Así sed por hambre o hambre y sed
Y nube y joya
Lento
    nube
        Ala ola ole ala Aladino
El ladino Aladino Ah ladino dino la
Cristal nube
Adónde
        en dónde
Lento lenta
        ala ola
Ola ola el ladino si ladino
Pide ojos
        Tengo nácar
En la seda cristal nube
Cristal ojos
        y perfumes
Bella tienda
Cristal nube
        muerte joya o en ceniza
Porque eterno porque eterna
                lento lenta
Al azar del cristal ojos
Gracia tanta
        y entre mares
Miramares
Nombres daba
        por los ojos hojas mago
Alto alto
Y el clarín de la Babel
Pida nácar
        tenga muerte
Una dos y cuatro muerte
Para el ojo y entre mares
Para el barco en los perfumes
Por la joya al infinito

Vestir cielo sin desmayo
Se deshoja tan prodigio
El cristal ojo
Y la visita
   flor y rama
Al gloria trino
     apoteosis
Va viajando Nudo Noche
Me daría
   cristaleras
     tanto azar
        y noche y noche
Que tenía la borrasca
Noche y noche
    Apoteosis
Que tenía cristal ojo cristal seda cristal nube
La escultura seda o noche
Lluvia
  Lana flor por ojo
    Flor por nube
    Flor por noche
Señor horizonte viene viene
Puerta
Iluminando negro
Puerta hacia idas estatutarias
Estatuas de aquella ternura
A dónde va
De dónde viene
    el paisaje viento seda
El paisaje
   señor verde
Quién diría
Que se iba
Quién diría cristal noche
Tanta tarde
Tanto cielo que levanta
Señor cielo
   cristal cielo
Y las llamas
   y en mi reino

Ancla noche apoteosis
Anudado
        la tormenta
Ancla cielo
        sus raíces
El destino tanto azar
Se desliza deslizaba
Apagándose pradera
Por quien sueña
Lunancero cristal luna
En que sueña
En que reino
        de sus hierros
Ancla mía golondrina
Sus resortes en el mar
Angel mío
        tan obscuro
                tan color
Tan estatua y tan aliento
Tierra y mano
La marina tan armada
Armaduras los cabellos
Ojos templo
        y el mendigo
Estallado corazón
Montanario
Campañoso
Suenan perlas
Llaman perlas
El honor de los adioses
                Cristal nube
El rumor y la lazada
Nadadora
        Cristal noche
La medusa irreparable
Dirá espectro
        Cristal seda
Olvidando la serpiente
Olvidando sus dos piernas
Sus dos ojos

Sus dos manos
Sus orejas
Aeronauta
        en mi terror
Viento aparte
Mandodrina y golonlina
Mandolera y ventolina
Enterradas
Las campanas
Enterrados los olvidos
En su oreja
        viento norte
Cristal mío
Baño eterno
        el nudo noche
El gloria trino
        sin desmayo
Al tan prodigio
Con su estatua
Noche y rama
        Cristal sueño
        Cristal viaje
Flor y noche
Con su estatua
        Cristal muerte

JORGE GUILLÉN (1893-1984)

Más allá

I

(El alma vuelve al cuerpo,
Se dirige a los ojos
Y choca.) –¡Luz! Me invade
Todo mi ser. ¡Asombro!

Intacto aún, enorme,
Rodea el tiempo. Ruidos
Irrumpen. ¡Cómo saltan
Sobre los amarillos

Todavía no agudos
De un sol hecho ternura
De rayo alboreado
Para estancia difusa,

Mientras van presentándose
Todas las consistencias
Que al disponerse en cosas
Me limitan, me centran!

¿Hubo un caos? Muy lejos
De su origen, me brinda
Por entre hervor de luz
Frescura en chispas. ¡Día!

Una seguridad
Se extiende, cunde, manda.
El esplendor aploma
La insinuada mañana.

Y la mañana pesa,
Vibra sobre mis ojos,
Que volverán a ver
Lo extraordinario: todo.

Todo está concentrado
Por siglos de raíz
Dentro de este minuto,
Eterno y para mí.

Y sobre los instantes
Que pasan de continuo
Voy salvando el presente,
Eternidad en vilo.

Corre la sangre, corre
Con fatal avidez.
A ciegas acumulo
Destino: quiero ser.

Ser, nada más. Y basta.
Es la absoluta dicha.
¡Con la esencia en silencio
Tanto se identifica!

¡Al azar de las suertes
Únicas de un tropel
Surgir entre los siglos,
Alzarse con el ser,

Y a la fuerza fundirse
Con la sonoridad
Más tenaz: sí, sí, sí,
La palabra del mar!

Todo me comunica,
Vencedor, hecho mundo,
Su brío para ser
De veras real, en triunfo.

Soy, más, estoy. Respiro.
Lo profundo es el aire.
La realidad me inventa,
Soy su leyenda. ¡Salve!

II

No, no sueño. Vigor
De creación concluye
Su paraíso aquí:
Penumbra de costumbre.

Y este ser implacable
Que se me impone ahora
De nuevo –vaguedad
Resolviéndose en forma

De variación de almohada,
En blancura de lienzo,
En mano sobre embozo,
En el tendido cuerpo

Que aun recuerda los astros
Y gravita bien– este
Ser, avasallador
Universal, mantiene

También su plenitud
En lo desconocido:
Un más allá de veras
Misterioso, realísimo.

III

¡Más allá! Cerca a veces,
Muy cerca, familiar,
Alude a unos enigmas.
Corteses, ahí están.

Irreductibles, pero
Largos, anchos, profundos
Enigmas –en sus masas.
Yo los toco, los uso.

Hacia mi compañía
La habitación converge.
¡Qué de objetos! Nombrados,
Se allanan a la mente.

Enigmas son y aquí
Viven para mi ayuda,
Amables a través
De cuanto me circunda

Sin cesar con la móvil
Trabazón de unos vínculos
Que a cada instante acaban
De cerrar su equilibrio.

IV

El balcón, los cristales,
Unos libros, la mesa.
¿Nada más esto? Sí,
Maravillas concretas.

Material jubiloso
Convierte en superficie
Manifiesta a sus átomos
Tristes, siempre invisibles.

Y por un filo escueto,
O al amor de una curva
De asa, la energía
De plenitud actúa.

¡Energía o su gloria!
En mi dominio luce
Sin escándalo dentro
De lo tan real, hoy lunes.

Y ágil, humildemente,
La materia apercibe
Gracia de Aparición:
Esto es cal, esto es mimbre.

V

Por aquella pared,
Bajo un sol que derrama,
Dora y sombrea claros
Caldeados, la calma

Soleada varía.
Sonreído va el sol
Por la pared. ¡Gozosa
Materia en relación!

Y mientras, lo más alto
De un árbol –hoja a hoja
Soleándose, dándose,
Todo actual– me enamora.

Errante en el verdor
Un aroma presiento,
Que me regalará
Su calidad: lo ajeno,
Lo tan ajeno que es
Allá en sí mismo. Dádiva
De un mundo irremplazable:
Voy por él a mi alma.

VI

¡Oh perfección! Dependo
Del total más allá,
Dependo de las cosas.
Sin mí son y ya están

Proponiendo un volumen
Que ni soñó la mano,
Feliz de resolver
Una sorpresa en acto.

Dependo en alegría
De un cristal de balcón,
De ese lustre que ofrece
Lo ansiado a su raptor,

Y es de veras atmósfera
Diáfana de mañana,
Un alero, tejados,
Nubes allí, distancias.

Suena a orilla de abril
El gorjeo esparcido
Por entre los follajes
Frágiles. (Hay rocío.)

Pero el día al fin logra
Rotundidad humana
De edificio y refiere
Su fuerza a mi morada.

Así va concertando,
Trayendo lejanías,
Que al balcón por países
De tránsito deslizan.

Nunca separa el cielo.
Ese cielo de ahora
—Aire que yo respiro—
De planeta me colma.

¿Dónde extraviarse, dónde?
Mi centro es este punto:
Cualquiera. ¡Tan plenario
Siempre me aguarda el mundo!

Una tranquilidad
De afirmación constante
Guía a todos los seres,
Que entre tantos enlaces

Universales, presos
En la jornada eterna,
Bajo el sol quieren ser
Y a su querer se entregan

Fatalmente, dichosos
Con la tierra y el mar
De alzarse a lo infinito:
Un rayo de sol más.

Es la luz del primer
Vergel, y aún fulge aquí,
Ante mi faz, sobre esa
Flor, en ese jardín.

Y con empuje henchido
De afluencias amantes
Se ahínca en el sagrado
Presente perdurable

Toda la creación,
Que al despertarse un hombre
Lanza la soledad
A un tumulto de acordes.

FEDERICO GARCÍA LORCA (1898-1936)

Grito hacia Roma

(*Desde la torre del Chrysler Building*)

Manzanas levemente heridas
por finos espadines de plata,
nubes rasgadas por una mano de coral
que lleva en el dorso una almendra de fuego,
peces de arsénico como tiburones,
tiburones como gotas de llanto para cegar una multitud,
rosas que hieren
y agujas instaladas en los caños de la sangre,
mundos enemigos y amores cubiertos de gusanos
caerán sobre ti. Caerán sobre la gran cúpula
que unta de aceite las lenguas militares
donde un hombre se orina en una deslumbrante paloma
y escupe carbón machacado
rodeado de miles de campanillas.

Porque ya no hay quien reparta el pan ni el vino,
ni quien cultive hierbas en la boca del muerto,
ni quien abra los linos del reposo,
ni quien llore por las heridas de los elefantes.
No hay más que un millón de herreros
forjando cadenas para los niños que han de venir.
No hay más que un millón de carpinteros
que hacen ataúdes sin cruz.
No hay más que un gentío de lamentos
que se abren las ropas en espera de la bala.
El hombre que desprecia la paloma debía hablar,
debía gritar desnudo entre las columnas
y ponerse una inyección para adquirir la lepra
y llorar un llanto tan terrible
que disolviera sus anillos y sus teléfonos de diamante.

Pero el hombre vestido de blanco
ignora el misterio de la espiga,
ignora el gemido de la parturienta,
ignora que Cristo puede dar agua todavía,
ignora que la moneda quema el beso de prodigio
y da la sangre del cordero al pico idiota del faisán.

Los maestros enseñan a los niños
una luz maravillosa que viene del monte;
pero lo que llega es una reunión de cloacas
donde gritan las oscuras ninfas del cólera.
Los maestros señalan con devoción las enormes cúpulas sahumadas,
pero debajo de las estatuas no hay amor,
no hay amor bajo los ojos de cristal definitivo.
El amor está en las carnes desgarradas por la sed,
en la choza diminuta que lucha con la inundación;
el amor está en los fosos donde luchan las sierpes del hambre,
en el triste mar que mece los cadáveres de las gaviotas
y en el oscurísimo beso punzante debajo de las almohadas.
Pero el viejo de las manos traslúcidas
dirá: Amor, amor, amor,
aclamado por millones de moribundos;
dirá: amor, amor, amor,
entre el tisú estremecido de ternura;
dirá; paz, paz, paz,
entre el tirite de cuchillos y melones de dinamita;
dirá: amor, amor, amor,
hasta que se le pongan de plata los labios.

Mientras tanto, mientras tanto, ¡ay!, mientras tanto,
los negros que sacan las escupideras,
los muchachos que tiemblan bajo el terror pálido de los directores,
las mujeres ahogadas en aceites minerales,
la muchedumbre de martillo, de violín o de nube,
ha de gritar aunque le estrellen los sesos en el muro,
ha de gritar frente a las cúpulas,
ha de gritar loca de fuego,

ha de gritar loca de nieve,
ha de gritar con la cabeza llena de excremento,
ha de gritar como todas las noches juntas,
ha de gritar con voz tan desgarrada
hasta que las ciudades tiemblen como niñas
y rompan las prisiones del aceite y la música.
Porque queremos el pan nuestro de cada día,
flor de aliso y perenne ternura desgranada,
porque queremos que se cumpla la voluntad de la tierra
que da sus frutos para todos.

LUIS PALÉS MATOS (1898-1959)

Puerta al tiempo en tres voces

I

...Del trasfondo de un sueño la escapada
Filí-Melé. La fluida cabellera
fronda crece, de abejas enjambrada;
el tronco –desnudez cristalizada–
es desnudez en luz tan desnudada
que al mirarlo se mira la mirada.

Frutos hay, y la vena despertada
látele azul y en el azul diluye
su pálida tintura derramada,
por donde todo hacia la muerte fluye
en huida tan lueñe y sosegada
que nada en ella en apariencia huye.

Filí-Melé, Filí-Melé, ¿hacia dónde
tú, si no hay tiempo para recogerte
ni espacio donde puedas contenerte?
Filí, la inaprehensible ya atrapada,
Melé, numen y esencia de la muerte.

Y ahora, ¿a qué trasmundo, perseguida
serás, si es que eres? ¿Para qué ribera
huye tu blanca vela distendida
sobre mares oleados de quimera?

II

En sombra de sentido de palabras,
fantasmas de palabras;

en el susto que toma a las palabras
cuando con leve, súbita pisada,
las roza el halo del fulgor del alma;
—rasgo de ala en el agua,
ritmo intentado que no logra acorde,
abortada emoción cohibida de habla—;
en el silencio tan cercano al grito
que recorre las noches estrelladas,
y más lo vemos que lo oímos,
y casi le palpamos la sustancia;
o en el silencio plano y amarillo
de las desiertas playas;
batiendo el mar en su tambor de arena
salado puño de ola y alga,
¿Qué lenguaje te encuentra, con qué idioma
(ojo inmóvil, voz muda, mano laxa)
podré yo asirte, columbrar tu imagen,
la imagen de tu imagen reflejada
muy allá de la música-poesía,
muy atrás de los cantos sin palabras?

Mis palabras, mis sombras de palabras,
a ti, en la punta de sus pies, aupadas.
Mis deseos, mis galgos de deseos,
a ti, ahilados, translúcidos espectros.

Yo, evaporado, diluido, roto,
abierta red en el sin fin sin fondo...
Tú, por ninguna parte de la nada,
¡qué escondida, cuán alta!

III

En lo fugaz, en lo que ya no existe
cuando se piensa,
y apenas deja de pensarse
cobra existencia;
en lo que si se nombra se destruye,

catedral de ceniza, árbol de niebla...
¿Cómo subir tu rama?
¿Cómo tocar tu puerta?

Pienso, Filí-Melé, que en el buscarte
ya te estoy encontrando,
y te vuelvo a perder en el oleaje
donde a cincel de espuma te has formado.
Pienso que de tu pena hasta la mía
se tiende un puente de armonioso llanto
tan quebradizo y frágil, que en la sombra
sólo puede el silencio atravesarlo.
Un gesto, una mirada, bastarían
a fallar sus estribos de aire amargo
como al modo de Weber, que en la noche
nos da, cisne teutón, su último canto.

Canto final donde la acción frustrada
abre al tiempo una puerta sostenida
en tres voces que esperan tu llegada;
tu llegada, aunque sé que eres perdida...
Perdida y ya por siempre conquistada,
fiel fugada Filí-Melé abolida.

VICENTE ALEIXANDRE (1898-1984)

Criaturas en la aurora

Vosotros conocisteis la generosa luz de la inocencia.

   Entre las flores silvestres recogisteis cada mañana
el último, el pálido eco de la postrer estrella.
Bebisteis ese cristalino fulgor,
que con una mano purísima
dice adiós a los hombres detrás de la fantástica presencia
      montañosa.
Bajo el azul naciente,
entre las luces nuevas, entre los puros céfiros primeros,
que vencían a fuerza de candor a la noche,
amanecisteis cada día, porque cada día la túnica casi
      húmeda
se desgarraba virginalmente para amaros,
desnuda, pura, invïolada.

   Aparecisteis entre la suavidad de las laderas,
donde la hierba apacible ha recibido eternamente el beso
      instantáneo de la luna.
Ojo dulce, mirada repentina para un mundo estremecido
que se tiende inefable más allá de su misma apariencia.

   La música de los ríos, la quietud de las alas,
esas plumas que todavía con el recuerdo del día se plegaron
      para el amor, como para el sueño,
entonaban su quietísimo éxtasis
bajo el mágico soplo de la luz,
luna ferviente que aparecida en el cielo
parece ignorar su efímero destino transparente.

   La melancólica inclinación de los montes
no significaba el arrepentimiento terreno

ante la inevitable mutación de las horas:
era más bien la tersura, la mórbida superficie del mundo
que ofrecía su curva como un seno hechizado.

Allí vivisteis. Allí cada día presenciasteis la tierra,
la luz, el calor, el sondear lentísimo
de los rayos celestes que adivinaban las formas,
que palpaban tiernamente las laderas, los valles,
los ríos con su ya casi brillante espada solar,
acero vívido que guarda aún, sin lágrima, la amarillez tan
    íntima,
la plateada faz de la luna retenida en sus ondas.

Allí nacían cada mañana los pájaros,
sorprendentes, novísimos, vividores, celestes.
Las lenguas de la inocencia
no decían palabras:
entre las ramas de los altos álamos blancos
sonaban casi también vegetales, como el soplo en las
    frondas.
¡Pájaros de la dicha inicial, que se abrían
estrenando sus alas, sin perder la gota virginal del rocío!

Las flores salpicadas, las apenas brillantes florecillas del
    soto,
eran blandas, sin grito, a vuestras plantas desnudas.
Yo os vi, os presentí cuando el perfume invisible
besaba vuestros pies, insensibles al beso.

¡No crueles: dichosos! En las cabezas desnudas
brillaban acaso las hojas iluminadas del alba.
Vuestra frente se hería, ella misma, contra los rayos dorados,
    recientes, de la vida,
del sol, del amor, del silencio bellísimo.

No había lluvia, pero unos dulces brazos
parecían presidir a los aires,
y vuestros cuellos sentían su hechicera presencia,
mientras decíais palabras a las que el sol naciente daba
    magia de plumas.

No, no es ahora cuando la noche va cayendo,
también con la misma dulzura, pero con un levísimo vapor
 de ceniza,
cuando yo correré tras vuestras sombras amadas.
Lejos están las inmarchitas horas matinales,
imagen feliz de la aurora impaciente,
tierno nacimiento de la dicha en los labios,
en los seres vivísimos que yo amé en vuestras márgenes.

El placer no tomaba el temeroso nombre de placer,
ni el turbio espesor de los bosques hendidos,
sino la embriagadora nitidez de las cañadas abiertas
donde la luz se desliza con sencillez de pájaro.

Por eso os amo, inocentes, amorosos seres mortales
de un mundo virginal que diariamente se repetía
cuando la vida sonaba en las gargantas felices
de las aves, los ríos, los aires y los hombres.

JORGE LUIS BORGES (1899-1986)

Poema de los dones

Nadie rebaje a lágrima o reproche
Esta declaración de la maestría
De Dios, que con magnífica ironía
Me dio a la vez los libros y la noche.

De esta ciudad de libros hizo dueños
A unos ojos sin luz, que sólo pueden
Leer en las bibliotecas de los sueños
Los insensatos párrafos que ceden

Las albas a su afán. En vano el día
Les prodiga sus libros infinitos,
Arduos como los arduos manuscritos
Que perecieron en Alejandría.

De hambre y de sed (narra una historia griega)
Muere un rey entre fuentes y jardines;
Yo fatigo sin rumbo los confines
De esta alta y honda biblioteca ciega.

Enciclopedias, atlas, el Oriente
Y el Occidente, siglos, dinastías,
Símbolos, cosmos y cosmogonías
Brindan los muros, pero inútilmente.

Lento en mi sombra, la penumbra hueca
Exploro con el báculo indeciso,
Yo, que me figuraba el Paraíso
Bajo la especie de una biblioteca.

Algo, que ciertamente no se nombra
Con la palabra *azar*, rige estas cosas;

Otro ya recibió en otras borrosas
Tardes los muchos libros y la sombra.

Al errar por las lentas galerías
Suelo sentir con vago horror sagrado
Que soy el otro, el muerto, que habrá dado
Los mismos pasos en los mismos días.

¿Cuál de los dos escribe este poema
de un yo plural y de una sola sombra?
¿Qué importa la palabra que me nombra
Si es indiviso y uno el anatema?

Groussac o Borges, miro este querido
Mundo que se deforma y que se apaga
En una pálida ceniza vaga
Que se parece al sueño y al olvido.

EMILIO PRADOS (1899-1962)

El cuerpo en el alba

Ahora sí que ya os miro
cielo, tierra, sol, piedra,
como si al contemplaros
viera mi propia carne.
Ya sólo me faltabais en ella,
para verme completo
hombre entero en el mundo
y padre sin semilla
de la presencia hermosa del futuro.
Antes, el alma vi nacer
y acudí por salvarla,
fiel tutor perseguido y doloroso
pero siempre seguro
de mi mano y su aviso.
Ayudé a la hermosura
y a su felicidad,
aunque nunca dudé que traicionaba
al maestro, el discípulo,
más, si aquel daba forma
en su libertad,
al pensamiento de lo bello.

Y así vistió su ropa
mi hueso madurado,
tan lleno de dolor y de negrura,
como noche nublada
sin perfume de flor,
sin lluvia y sin silencio...

Sólo el cumplir mi paso,
aunque por suelo tan arisco,
me daba luz y fuerza en el vivir.

Mas, hoy, me abrís los brazos,
cielo, tierra, sol, piedra,
igual que presentí de niño
que iba a ser la verdad bajo lo eterno.

Hoy, siento que mi lengua
confunde su saliva
con la gota más tierna del rocío
y prolonga sus tactos
fuera de mí, en la yerba
o en la oscura raíz secreta y húmeda.

Miro mi pensamiento
llegarme lento como un agua,
no sé desde qué lluvia o lago
o profundas arenas
de fuentes que palpitan
bajo mi corazón ya sostenido
por la roca del monte.

Hoy sí, mi piel existe,
mas no ya como límite
que antes me perseguía,
sino también como vosotros mismos,
cielo hermoso y azul,
tierra tendida...

Ya soy, Todo: Unidad
de un cuerpo verdadero.
De este cuerpo que Dios llamó su cuerpo
y hoy empieza a sentirse
ya, sin muerte ni vida,
como rosa en presencia constante
de su verbo acabado y, en olvido
de lo que antes pensó aun sin llamarlo
y temió ser: Demonio de la Nada.

(*Jardín cerrado*, 1946)

JOSÉ GOROSTIZA (1901-1973)

Muerte sin fin

(1-3)

Lleno de mí, sitiado en mi epidermis
por un dios inasible que me ahoga,
mentido acaso
por su radiante atmósfera de luces
que oculta mi conciencia derramada,
mis alas rotas en esquirlas de aire,
mi torpe andar a tientas por el lodo;
lleno de mí –ahíto– me descubro
en la imagen atónita del agua,
que tan sólo es un tumbo inmarcesible,
un desplome de ángeles caídos
a la delicia intacta de su peso,
que nada tiene
sino la cara en blanco
hundida a medias, ya, como una risa agónica,
en las tenues holandas de la nube
y en los funestos cánticos del mar
–más resabio de sal o albor de cúmulo
que sola prisa de acosada espuma.
No obstante –oh paradoja– constreñida
por el rigor del vaso que la aclara,
el agua toma forma.
En él se asienta, ahonda y edifica,
cumple una edad amarga de silencios
y un reposo gentil de muerte niña,
sonriente, que desflora
un más allá de pájaros
en desbandada.
En la red de cristal que la estrangula,
allí, como en el agua de un espejo,
se reconoce;

atada allí, gota con gota,
marchito el tropo de espuma en la garganta
¡qué desnudez de agua tan intensa,
qué agua tan agua,
está en su orbe tornasol soñando,
cantando ya una sed de hielo justo!
¡Mas qué vaso –también– más providente
éste que así se hinche
como una estrella en grano,
que así, en heroica promisión, se enciende
como un seno habitado por la dicha,
y rinde así, puntual,
una rotunda flor
de transparencia al agua,
un ojo proyectil que cobra alturas
y una ventana a gritos luminosos
sobre esa libertad enardecida
que se agobia de cándidas prisiones!

¡Mas qué vaso –también– más providente!
Tal vez esta oquedad que nos estrecha
en islas de monólogos sin eco,
aunque se llama Dios,
no sea sino un vaso
que nos amolda el alma perdidiza,
pero que acaso el alma sólo advierte
en una transparencia acumulada
que tiñe la noción de Él, de azul.
El mismo Dios,
en sus presencias tímidas,
ha de gastar la tez azul
y una clara inocencia imponderable,
oculta al ojo, pero fresca al tacto,
como este mar fantasma en que respiran
–peces del aire altísimo–
los hombres.
¡Sí, es azul! ¡Tiene que ser azul!
Un coagulado azul de lontananza,
un circundante amor de la criatura,
en donde el ojo de agua de su cuerpo

que mana en lentas ondas de estatura
entre fiebres y llagas;
en donde el río hostil de su conciencia
¡agua fofa, mordiente, que se tira,
ay, incapaz de cohesión al suelo!
en donde el brusco andar de la criatura
amortigua su enojo,
se redondea
como una cifra generosa,
se pone en pie, veraz, como una estatua.
¿Qué puede ser –si no– si un vaso no?
Un minuto quizá que se enardece
hasta la incandescencia,
que alarga el arrebato de su brasa,
ay, tanto más hacia lo eterno mínimo
cuanto es más hondo el tiempo que lo colma.
Un cóncavo minuto del espíritu
que una noche impensada,
al azar
y en cualquier escenario irrelevante
–en el terco repaso de la acera,
en el bar, entre dos amargas copas
o en las cumbres peladas del insomnio–
ocurre, nada más, madura, cae
sencillamente,
como la edad, el fruto y la catástrofe.
¿También –mejor que un lecho– para el agua
no es un vaso el minuto incandescente
de su maduración?
Es el tiempo de Dios que aflora un día,
que cae, nada más, madura, ocurre,
para tornar mañana por sorpresa
en un estéril repetirse inédito,
como el de esas eléctricas palabras
–nunca aprehendidas,
siempre nuestras–
que eluden el amor de la memoria,
pero que a cada instante nos sonríen
desde sus claros huecos
en nuestras propias frases despobladas.

Es un vaso de tiempo que nos iza
en sus azules botareles de aire
y nos pone su máscara grandiosa,
ay, tan perfecta,
que no difiere un rasgo de nosotros.
Pero en las zonas ínfimas del ojo,
en su nimio saber,
no ocurre nada, no, sólo esta luz,
esta febril diafanidad tirante,
hecha toda de pura exaltación,
que a través de su nítida substancia
nos permite mirar,
sin verlo a Él, a Dios,
lo que detrás de Él anda escondido:
el tintero, la silla, el calendario
–¡todo a voces azules el secreto
de su infantil mecánica!–
en el instante mismo que se empeñan
en el tortuoso afán del universo.

Pero en las zonas ínfimas del ojo
no ocurre nada, no, sólo esta luz
–ay, hermano Francisco,
esta alegría,
única, riente claridad del alma.
Un disfrutar en corro de presencias,
de todos los pronombres –antes turbios
por la gruesa efusión de su egoísmo–
de mí y de Él y de nosotros tres
¡siempre tres!
mientras nos recreamos hondamente
en este buen candor que todo ignora,
en esta aguda ingenuidad del ánimo
que se pone a soñar a pleno sol
y sueña los pretéritos de moho,
la antigua rosa ausente
y el prometido fruto de mañana,
como un espejo del revés, opaco,
que al consultar la hondura de la imagen
le arrancara otro espejo por respuesta.

Mirad con qué pueril austeridad graciosa
distribuye los mundos en el caos,
los echa a andar acordes como autómatas;
al impulso didáctico del índice
oscuramente
¡hop!
los apostrofa
y saca de ellos cintas de sorpresas
que en un juego sinfónico articula,
mezclando en la insistencia de los ritmos
¡planta-semilla-planta!
¡planta-semilla-planta!
su tierna brisa, sus follajes tiernos,
su luna azul, descalza, entre la nieve,
sus mares plácidos de cobre
y mil y un encantadores gorgoritos.
Después, en un crescendo insostenible,
mirad cómo dispara cielo arriba,
desde el mar,
el tiro prodigioso de la carne
que aún a la alta nube menoscaba
con el vuelo del pájaro,
estalla en él como un cohete herido
y en sonoras estrellas precipita
su desbandada pólvora de plumas.

Mas en la médula de esta alegría,
no ocurre nada, no;
sólo un cándido sueño que recorre
las estaciones todas de su ruta
tan amorosamente
que no elude seguirla a sus infiernos,
ay, y con qué miradas de atropina,
tumefactas e inmóviles, escruta
el curso de la luz, su instante fúlgido,
en la piel de una gota de rocío;
concibe el ojo
y el intangible aceite
que nutre de esbeltez a la mirada;
gobierna el crecimiento de las uñas

y en la raíz de la palabra esconde
el frondoso discurso de ancha copa
y el poema de diáfanas espigas.
Pero aún más —porque en su cielo impío
nada es tan cruel como este puro goce—
somete sus imágenes al fuego
de especiosas torturas que imagina
—las infla de pasión,
en el prisma del llanto las deshace,
las ciega con el lustre de un barniz,
las satura de odios purulentos,
rencores zánganos
como una mala costra,
angustias secas como la sed del yeso.
Pero aún más —porque, inmune a la mácula,
tan perfecta crueldad no cede a límites—
perfora la substancia de su gozo
con rudos alfileres;
piensa el tumor, la úlcera y el chancro
que habrán de festonar la tez pulida,
toma en su mano etérea a la criatura
y la enjuta, la hincha o la demacra,
como a un copo de cera sudorosa,
y en un ilustre hallazgo de ironía
la estrecha enternecido
con los brazos glaciales de la fiebre.

Mas nada ocurre, no, sólo este sueño
desorbitado
que se mira a sí mismo en plena marcha;
presume, pues, su término inminente
y adereza en el acto
el plan de su fatiga,
su justa vacación,
su domingo de gracia allá en el campo,
al fresco albor de las camisas flojas.
¡Qué trebolar mullido, qué parasol de niebla,
se regala en el ánimo
para gustar la miel de sus vigilias!
Pero el ritmo es su norma, el solo paso,

la sola marcha en círculo, sin ojos;
así, aun de su cansancio, extrae
¡hop!
largas cintas de cintas de sorpresas
que en un constante perecer enérgico,
en un morir absorto,
arrasan sin cesar su bella fábrica
hasta que –hijo de su misma muerte,
gestado en la aridez de sus escombros–
siente que su fatiga se fatiga,
se erige a descansar de su descanso
y sueña que su sueño se repite,
irresponsable, eterno,
muerte sin fin de una obstinada muerte,
sueño de garza anochecido a plomo
que cambia sí de pie, mas no de sueño,
que cambia sí la imagen,
mas no la doncellez de su osadía
¡oh inteligencia, soledad en llamas!
que lo consume todo hasta el silencio,
sí, como una semilla enamorada
que pudiera soñarse germinando,
probar en el rencor de la molécula
el salto de las ramas que aprisiona
y el gusto de su fruta prohibida,
ay, sin hollar, semilla casta,
sus propios impasibles tegumentos.

¡Oh inteligencia, soledad en llamas,
que todo lo concibe sin crearlo!
Finge el calor del lodo,
su emoción de substancia adolorida,
el iracundo amor que lo embellece
y lo encumbra más allá de las alas
a donde sólo el ritmo
de los luceros llora,
mas no le infunde el soplo que lo pone en pie
y permanece recreándose en sí misma,
única en Él, inmaculada, sola en Él,
reticencia indecible,

amoroso temor de la materia,
angélico egoísmo que se escapa
como un grito de júbilo sobre la muerte
–oh inteligencia, páramo de espejos!
helada emanación de rosas pétreas
en la cumbre de un tiempo paralítico;
pulso sellado;
como una red de arterias temblorosas,
hermético sistema de eslabones
que apenas se apresura o se retarda
según la intensidad de su deleite;
abstinencia angustiosa
que presume el dolor y no lo crea,
que escucha ya en la estepa de sus tímpanos
retumbar el gemido del lenguaje
y no lo emite;
que nada más absorbe las esencias
y se mantiene así, rencor sañudo,
una, exquisita, con su dios estéril,
sin alzar entre ambos
la sorda pesadumbre de la carne,
sin admitir en su unidad perfecta
el escarnio brutal de esa discordia
que nutren vida y muerte inconciliables,
siguiéndose una a otra
como el día y la noche,
una y otra acampadas en la célula
como en un tardo tiempo de crepúsculo,
ay, una nada más, estéril, agria,
con Él, conmigo, con nosotros tres;
como el vaso y el agua, sólo una
que reconcentra su silencio blanco
en la orilla letal de la palabra
y en la inminencia misma de la sangre.
       ¡ALELUYA, ALELUYA!

RAFAEL ALBERTI (1902-1999)

El Bosco

El diablo hocicudo,
ojipelambrudo,
cornicapricudo,
perniculimbrudo
y rabudo,
zorrea,
pajarea,
mosquiconejea,
humea,
ventea,
peditrompetea
por un embudo.

Amar y danzar,
beber y saltar,
cantar y reír,
oler y tocar,
comer, fornicar,
dormir y dormir,
llorar y llorar.

Mandroque, mandroque,
diablo palitroque.

¡Pío, pío, pío!
Cabalgo y me río,
me monto en un gallo
y en un puercoespín,
en burro, en caballo,
en camello, en oso,
en rana, en raposo
y en un cornetín.

Verijo, verijo,
diablo garavijo.

    ¡Amor hortelano,
    desnudo, oh verano!
    Jardín del Amor.
    En un pie el manzano
    y en cuatro la flor.
    (Y sus amadores,
    céfiros y flores
    y aves por el ano.)

Virojo, pirojo,
diablo trampantojo.

    El diablo liebre,
    tiebre,
    notiebre,
    sipilipitiebre,
    y su comitiva
    chiva,
    estiva,
    sipilipitriva,
    cala,
    empala,
    desala,
    traspala,
    apuñala
    con su lavativa.

    Barrigas, narices,
    lagartos, lombrices,
    delfines volantes,
    orejas rodantes,
    ojos boquiabiertos,
    escobas perdidas,
    barcas aturdidas,
    vómitos, heridas,
    muertos.

Predica, predica,
diablo pilindrica.

Saltan escaleras,
corren tapaderas,
revientan calderas.
En los orinales
letales, mortales,
los más infernales
pingajos, zancajos,
tristes espantajos
finales.

Guadaña, guadaña,
diablo telaraña.

El beleño,
el sueño,
el impuro,
oscuro
seguro
botín
el llanto,
el espanto
y el diente
crujiente
sin
fin.

Pintor en desvelo:
tu paleta vuela al cielo,
y en un cuerno
tu pincel baja al infierno.

NICOLÁS GUILLÉN (1902-1989)

Velorio de Papá Montero

A Vicente Martínez

¡Quemaste la madrugada
con fuego de tu guitarra,
zumo de caña en la jícara
de tu carne prieta y viva
bajo luna muerta y blanca!

El son te salió redondo
y mulato, como un níspero.

Bebedor de trago largo,
garguero de hoja de lata,
en mar de ron barco suelto,
jinete de la cumbancha:
¿qué vas a hacer con la noche
si ya no podrás tomártela;
ni qué vena te dará
la sangre que te hace falta,
si se te fue por el caño
negro de la puñalada?

¡Ahora sí que te rompieron,
Papá Montero!

En el solar te esperaban,
pero te trajeron muerto;
fue bronca de jaladera,
pero te trajeron muerto;
dicen que él era tu ecobio,
pero te trajeron muerto;
el hierro no apareció,
pero te trajeron muerto...

¡Ya se acabó Baldomero,
zumba, canalla y rumbero!

Sólo dos velas están
quemando un poco de sombra;
para tu pequeña muerte
con esas dos velas sobra.
¡Y aún te alumbran, más que velas,
la camisa colorada
que iluminó tus canciones,
la prieta sal de tus sones
y tu melena planchada!

¡Ahora sí que te rompieron,
Papá Montero!

Hoy amaneció la luna
en el patio de mi casa;
de filo cayó en la tierra
y allí se quedó clavada.
¡Los muchachos la cogieron
para lavarle la cara,
y yo la traje esta noche
y te la puse de almohada!

XAVIER VILLAURRUTIA (1903-1950)

Nocturno rosa

Yo también hablo de la rosa.
Pero mi rosa no es la rosa fría
ni la de piel de niño,
ni la rosa que gira
tan lentamente que su movimiento
es una misteriosa forma de la quietud.

No es la rosa sedienta,
ni la sangrante llaga,
ni la rosa coronada de espinas,
ni la rosa de la resurrección.

No es la rosa de pétalos desnudos,
ni la rosa encerada,
ni la llama de seda,
ni tampoco la rosa llamarada.

No es la rosa veleta,
ni la úlcera secreta,
ni la rosa puntual que da la hora,
ni la brújula rosa marinera.

No, no es la rosa rosa
sino la rosa increada,
la sumergida rosa,
la nocturna,
la rosa inmaterial,
la rosa hueca.

Es la rosa del tacto en las tinieblas,
es la rosa que avanza enardecida,
la rosa de rosadas uñas,

la rosa yema de los dedos ávidos,
la rosa digital
la rosa ciega.

Es la rosa moldura del oído,
la rosa oreja,
la espiral del ruido,
la rosa concha siempre abandonada
en la más alta espuma de la almohada.

Es la rosa encarnada de la boca,
la rosa que habla despierta
como si estuviera dormida.
Es la rosa entreabierta
de la que mana sombra,
la rosa entraña
que se pliega y expande
evocada, invocada, abocada,
es la rosa labial,
la rosa herida.

Es la rosa que abre los párpados,
la rosa vigilante, desvelada,
la rosa del insomnio desojada.

Es la rosa del humo,
la rosa de ceniza,
la negra rosa de carbón diamante
que silenciosa horada las tinieblas
y no ocupa lugar en el espacio.

LUIS CERNUDA (1902-1963)

A un poeta futuro

No conozco a los hombres. Años llevo
De buscarles y huirles sin remedio.
¿No les comprendo? ¿O acaso les comprendo
Demasiado? Antes que en estas formas
Evidentes, de brusca carne y hueso,
Súbitamente rotas por un resorte débil
Si alguien apasionado les allega,
Muertos en la leyenda les comprendo
Mejor. Y regreso de ellos a los vivos,
Fortalecido amigo solitario,
Como quien va del manantial latente
Al río que sin pulso desemboca.

No comprendo a los ríos. Con prisa errante pasan
Desde la fuente al mar, en ocio atareado,
Llenos de su importancia, bien fabril o agrícola;
La fuente, que es promesa, el mar sólo la cumple,
El multiforme mar, incierto y sempiterno.
Como en fuente lejana, en el futuro
Duermen las formas posibles de la vida
En un sueño sin sueños, nulas e inconscientes,
Prontas a reflejar la idea de los dioses.
Y entre los seres que serán un día
Sueñas tu sueño, mi imposible amigo.

No comprendo a los hombres. Mas algo en mí responde
Que te comprendería, lo mismo que comprendo
Los animales, las hojas y las piedras,
Compañeros de siempre silenciosos y fieles.
Todo es cuestión de tiempo en esta vida,
Un tiempo cuyo ritmo no se acuerda,
Por largo y vasto, al otro pobre ritmo

De nuestro tiempo humano corto y débil.
Si el tiempo de los hombres y el tiempo de los dioses
Fuera uno, esta nota que en mí inaugura el ritmo,
Unida con la tuya se acordaría en cadencia,
No callando sin eco entre el mundo auditorio.

Mas no me cuido de ser desconocido
En medio de estos cuerpos casi contemporáneos,
Vivos de modo diferente al de mi cuerpo
De tierra loca que pugna por ser ala
Y alcanzar aquel muro del espacio
Separando mis años de los tuyos futuros.
Sólo quiero mi brazo sobre otro brazo amigo,
Que otros ojos compartan lo que miran los míos.
Aunque tú no sabrás con cuánto amor hoy busco
Por ese abismo blanco del tiempo venidero
La sombra de tu alma, para aprender de ella
A ordenar mi pasión según nueva medida.

Ahora, cuando me catalogan ya los hombres
Bajo sus clasificaciones y sus fechas,
Disgusto a unos por frío y a los otros por raro,
Y en mi temblor humano hallan reminiscencias
Muertas. Nunca han de comprender que si mi lengua
El mundo cantó un día, fue amor quien la inspiraba.
Yo no podré decirte cuánto llevo luchando
Para que mi palabra no se muera
Silenciosa conmigo, y vaya como un eco
A ti, como tormenta que ha pasado
Y un son vago recuerda por el aire tranquilo.

Tú no conocerás cómo domo mi miedo
Para hacer de mi voz, mi valentía,
Dando al olvido inútiles desastres
Que pululan en torno y pisotean
Nuestra vida con estúpido gozo,
La vida que serás y que yo casi he sido.
Porque presiento en este alejamiento humano
Cuán míos habrán de ser los hombres venideros,
Cómo esta soledad será poblada un día,

Aunque sin mí, de camaradas puros a tu imagen.
Si renuncio a la vida es para hallarla luego
Conforme a mi deseo, en tu memoria.

Cuando en hora tardía, aún leyendo
Bajo la lámpara luego me interrumpo
Para escuchar la lluvia, pesada tal borracho
Que orina en la tiniebla helada de la calle,
Algo débil en mí susurra entonces:
Los elementos libres que aprisiona mi cuerpo
¿Fueron sobre la tierra convocados
Por esto sólo? ¿Hay más? Y si lo hay ¿adónde
Hallarlo? No conozco otro mundo si no es este,
Y sin ti es triste a veces. Ámame con nostalgia,
Como a una sombra, como yo he amado
La verdad del poeta bajo nombres ya idos.

Cuando en días venideros, libre el hombre
Del mundo primitivo a que hemos vuelto
De tiniebla y de horror, lleve el destino
Tu mano hacia el volumen donde yazcan
Olvidados mis versos, y lo abras,
Yo sé que sentirás mi voz llegarte,
No de la letra vieja, mas del fondo
Vivo en tu entraña, con un afán sin nombre
Que tú dominarás. Escúchame y comprende.
En sus limbos mi alma quizá recuerde algo,
Y entonces en ti mismo mis sueños y deseos
Tendrán razón al fin, y habré vivido.

PABLO NERUDA (1904-1973)

Tango del viudo

Oh Maligna, ya habrás hallado la carta, ya habrás llorado
    de furia,
y habrás insultado el recuerdo de mi madre
llamándola perra podrida y madre de perros,
ya habrás bebido sola, solitaria, el té del atardecer
mirando mis viejos zapatos vacíos para siempre,
y ya no podrás recordar mis enfermedades, mis sueños
    nocturnos, mis comidas
sin maldecirme en voz alta como si estuviera allí aún,
quejándome del trópico, de los "coolies coringhis",
de las venenosas fiebres que me hicieron tanto daño
y de los espantosos ingleses que odio todavía.

Maligna, la verdad, qué noche tan grande, qué tierra tan sola!
He llegado otra vez a los dormitorios solitarios,
a almorzar en los restaurantes comida fría, y otra vez
tiro al suelo los pantalones y las camisas,
no hay perchas en mi habitación, ni retratos de nadie en las
    paredes.
Cuánta sombra de la que hay en mi alma daría por recobrarte,
y qué amenazadores me parecen los nombres de los meses,
y la palabra invierno qué sonido de tambor lúgubre tiene.

Enterrado junto al cocotero hallarás más tarde
el cuchillo que escondí allí por temor de que me mataras,
y ahora repentinamente quisiera oler su acero de cocina
acostumbrado al peso de tu mano y al brillo de tu pie:
bajo la humedad de la tierra, entre las sordas raíces,
de los lenguajes humanos el pobre sólo sabría tu nombre,
y la espesa tierra no comprende tu nombre
hecho de impenetrables substancias divinas.

Así como me aflige pensar en el claro día de tus piernas
recostadas como detenidas y duras aguas solares,
y la golondrina que durmiendo y volando vive en tus ojos,
y el perro de furia que asilas en el corazón,
así también veo las muertes que están entre nosotros desde ahora,
y respiro en el aire la ceniza y lo destruido,
el lago, solitario espacio que me rodea para siempre.

Daría este viento del mar gigante por tu brusca respiración
oída en largas noches sin mezcla de olvido,
uniéndose a la atmósfera como el látigo a la piel del caballo.
Y por oírte orinar, en la oscuridad, en el fondo de la casa,
como vertiendo una miel delgada, trémula, argentina, obstinada,
cuántas veces entregaría este coro de sombras que poseo,
y el ruido de espadas inútiles que se oye en mi alma,
y la paloma de sangre que está solitaria en mi frente
llamando cosas desaparecidas, seres desaparecidos,
substancias extrañamente inseparables y perdidas.

CÉSAR MORO (1906-1956)

Carta de amor

[Trad. del francés por Emilio Adolfo Westphalen]

Pienso en las holoturias angustiosas que a menudo nos
   rodeaban al acercarse el alba
   cuando tus pies más cálidos que nidos
   ardían en la noche
   con una luz azul y centelleante

Pienso en tu cuerpo que hacía del lecho el cielo y las montañas
   supremas
de la única realidad
con sus valles y sus sombras
con la humedad y los mármoles y el agua negra reflejando
   todas las estrellas
en cada ojo

¿No eras tu sonrisa el bosque resonante de mi infancia
no eras tú el manantial
la piedra desde siglos escogida para reclinar mi cabeza?
Pienso tu rostro
inmóvil brasa de donde parten la vía láctea
y ese pesar inmenso que me vuelve más loco que una
   araña encendida agitada sobre el mar

Intratable cuando te recuerdo la voz humana me es odiosa
siempre el rumor vegetal de tus palabras me aísla en la
   noche total
donde brillas con negrura más negra que la noche
Toda idea de lo negro es débil para expresar la larga
   ululación de negro sobre negro resplandeciendo
   ardientemente

No olvidaré nunca
Pero quién habla de olvido
en la prisión en que tu ausencia me deja
en la soledad en que este poema me abandona
en el destierro en que cada hora me encuentra

No despertaré más
No resistiré ya el asalto de las grandes olas
que vienen del paisaje dichoso que tú habitas
Afuera bajo el frío nocturno me paseo
sobre aquella tabla tan alto colocada y de donde se
    de golpe

Yerto bajo el terror de sueños sucesivos agitado el viento
de años de ensueño
advertido de lo que termina por encontrarse muerto
en el umbral de castillos desiertos
en el sitio y a la hora convenidos pero inhallables
en las llanuras fértiles del paroxismo
y del objetivo único
pongo toda mi destreza en deletrear
aquel nombre adorado
siguiendo sus transformaciones alucinantes
Ya una espada atraviesa de lado a lado una bestia
o bien una paloma cae ensangrentada a mis pies
convertidos en roca de coral soporte de despojos
de aves carnívoras

Un grito repetido en cada teatro vacío a la hora del
    espectáculo
indescriptible
Un hilo de agua danzando ante la cortina de terciopelo rojo
frente a las llamas de las candilejas

Desaparecidos los bancos de la platea
acumulo tesoros de madera muerta y de hojas vivaces de plata
    corrosiva
Ya no se contentan con aplaudir aullando
mil familias momificadas vuelven innoble el paso de una
    ardilla

Decoración amada donde veía equilibrarse una lluvia fina
   en rápida carrera hacia el armiño
de una pelliza abandonada en el calor de un fuego de alba
que intentaba hacer llegar al rey sus quejas
así de par en par abro la ventana sobre las nubes vacías
reclamando a las tinieblas que inunden mi rostro
que borren la tinta indeleble
el horror del sueño
a través de patios abandonados a las pálidas vegetaciones
   maniacas

En vano pido la sed al fuego
en vano hiero las murallas
a lo lejos caen los telones precarios del olvido
exhaustos
ante el paisaje que retuerce la tempestad

(México, D. F., diciembre de 1942)

MARTÍN ADÁN (1908-1984)

La rosa de la espinela

NAVE

> Aus Büschen, wo die Götter gerne
> Sich in die Schatten senken,
> Wenn sie in heilig stiller Ferne
> Der Menschen Glück bedenken.
>
> LENAU

La rosa arriba... altura,
No ola, no ala... el puerto al bote...
De lastre sólo de flote,
Descargada de figura...
¡Más velera nao y segura...
Varada hondo en la brisa,
A ancla de esencia remisa,
Surta a prora de su avance,
Vuelta un vaivén y un balance,
Dársena de la sonrisa!...

ANTRO

¿Cómo, Cosa, así... vacía,
A cima de espina y pena,
Como ninguna... serena:
Deshumana todavía?
¿Dónde el dios y su agonía!...
¿Dónde la tumba y la esposa!...
¿Dónde la lengua gloriosa!...
¿Dónde el azar que a ti se eche!...
¿Dónde la sangre y la leche!...
¿Dónde, Capullo de Rosa?...

AGUIJÓN

Ella no sigue por él,
Sino a sí misma, virtual...
A la agonía infernal,
En la rosa de papel.
Y mana, amarga, la miel
El duro dardo de ardor;
Cursa entrañable labor,
Por restañar el herir,
Y jamás para a morir
La abeja del sinsabor.

BALA

¡Ven a gritar, el Poeta,
A claridad horrorosa,
Gritando como la rosa
Mirada de anacoreta!
Esa faz, lívida, quieta,
Es, a raíz del respiro,
La que mira, la que miro,
Mirándote, muda, mala,
Dios vivo, que cayó un ala,
Y no adivina del tiro.

CAUCE

> *Dans le gran ciel, plein de silence.*
> COPPEE

Heme triste de belleza,
Dios ciego que haces la rosa,
Con mano que no reposa
Y de humano que no besa.
Adonde la rosa empieza,
Curso en la substancia misma,
Corro: ella en mí se abisma:
Yo en ella: entramos en pasmo

De dios que cayó en orgasmo
Haciéndolo para cisma.

CINCEL

El pétalo, que palpita,
Entallando intensidad,
Tiró a brío y brevedad
La materia hermafrodita.
Sexo de forma infinita,
En un ejemplo que crece,
Va a parecer do perece:
Con millonésimo escorzo,
Curvo y crispado en un torso,
Mútilo de belvedere.

FLECHA

¿Noche la clara desdicha,
Rosa, el cuello, el hacha,
El ay que cae en la racha,
El ya de boca redicha?...
¡Pasmo de lance de dicha
De instinto de mar a acecho
De instante de amor sin lecho,
Ganada de espasmo en lucha,
A gañida ausencia escucha,
Y flecha con do de pecho!

ALA

¿Ala alguna y tormentosa,
Recogida, proyectada,
Nunca batida en nada,
Y siempre írrita rosa!...
Salió del cero la diosa,
Intemperada natura,

Interminable creatura...
Y va, ávida mitad,
Rodando en ubicuidad,
Ovillo de envergadura.

VIÁTICO

¡Dime tú, Lucero, Lodo,
La mentira inverecunda:
Que unicidad es fecunda,
Que tu nombre lo hizo todo!
¡Dame sinfín de acomodo
En tu raigambre, viajera
Por nombre de primavera,
Que anda en rosa cada una,
Novando la nueva alguna
A soledad verdadera!

PUNTO

> *At length the man perceives it die away,*
> *And fade into the light of common day.*
> WORDSWORTH

Pues la rosa venidera,
Próspero seno errabundo,
Fruto y flor y amante y mundo,
Lírica, acoge si espera.
Punto en que pulula esfera
De épico tacto, futura,
La facción de la hermosura
Va, derechera y estable,
Derrota inconmensurable
De celestial singladura.

MIGUEL HERNÁNDEZ (1910-1942)

Como el toro he nacido para el luto

Como el toro he nacido para el luto
y el dolor, como el toro estoy marcado
por un hierro infernal en el costado
y por varón en la ingle con un fruto.

Como el toro lo encuentra diminuto
todo mi corazón desmesurado,
y del rostro del beso enamorado,
como el toro a tu amor se lo disputo.

Como el toro me crezco en el castigo,
la lengua en el corazón tengo bañada
y llevo al cuello un vendaval sonoro.

Como el toro te sigo y te persigo,
y dejas mi deseo en una espada,
como el toro burlado, como el toro.

ENRIQUE MOLINA (1910-1996)

El pasajero de la habitación núm. 23

Tan próxima la noche susurrante pálida mirada de vainilla
    de carretera y el cielo vivo de sus muslos
¡Oh sangre de otra época velamen aliento de embarcadero!
Un hotel de rapiñas y exclusas extiende bajo las plantas su
    galería excitante como un seno y crea la nostalgia
el negro inventario de brasas
–un muladar de cantos del país y comidas–
de violaciones inacabadas
de entrevistas de condenados
que han bebido el mismo filtro fascinante de cosas que se
    abandonan
el mismo licor de insomnio y añoranza

Es alguien que toma un tren
su camisa tejida por las olas
alguien engendrado de naufragio y de desorden
    un pájaro
alianzas del viento y la corriente
y esas depredaciones sin esperanza en hogares imaginarios con
    sacramentos de donde vuelan plumas
y temblando en su sueño junto a una mujer de las antípodas
    abraza arenas lejanías batallas
amantes sólo cautivas de un sollozo
amigas irreconocibles y transparentes hundidas hasta el perdón
    en su estrecho relámpago
Extraño lugar
como una espuma de fuego en torno a las piedras una sus
    chozas
arrastrado a gritos desde su costa natal hasta la sombra de un
    nido de águilas
con regiones mutiladas
con la nube de estrellas del tren de los campos

con árboles giratorios que pasan silbando
con frutas en fuga en desiertos inmensos
y camareras desnudas en plena noche
en plena ignorancia
lámparas entrevistas con los ojos cerrados
cuerpos desgajados de otros años prisiones de felpa y vestiduras
    desconocidas
lenguajes e injurias
mostradores y sangre
en hospedajes estériles que se abren las venas
en la oscuridad del corazón
kilómetros y kilómetros
como un país volando en la memoria
con labios que se evaporan
con costumbres de salamandra
en el viejo sarcófago del ocio labrado con lentas callejuelas
y yo reverencio la gloria de las prostitutas disputo a las moscas
    un cálido foco de setiembre reniego de mi origen y mi
    nombre hasta yacer entre los más bellos escombros
    celestes donde brillan los besos
en el humo del desarraigo
un golpe de ala
una historia que empieza una vez más
una historia cerrada para siempre

Extraño lugar
con frutas interrumpidas
y el harapiento muro del hospicio lleno de setas negras
    bajo la dentellada de los ángeles
y el balcón de madera podrido por las olas
y las llegadas a ninguna parte
el gran crujido vecinal de un cielo precario que vocifera desde
    lo alto de su púlpito en el gallinero donde tienden las
    sábanas
la cocinera muerta entre sus hierbas
remordimientos mingitorio hospedaje de pira frazadas de
    comunión vagabunda erizada por el tufo de la caleta
a voces
a carcajadas
kilómetros y kilómetros

de lluvias contra el alma
de mujer que se viste para partir
y el epílogo de arrabales envenenados que proliferan con su
    tablón de bebedores
–¡amigos míos amigos míos!–
en el errante corazón del tiempo

Extraño lugar
poblado por rostros en marcha y vagas costumbres pasionales
    entre los horarios del camino
los lechos se desprenden del fuego
las cabezas asoman a través de los muros
y las mujeres ondulan predichas por el olvido en los oráculos
    vagabundos
con tabaco vino vestidos desgarrados y cartas ardientes como
    una pastoral de besos
recibiendo en pleno pecho la bala emplumada del delirio
el rayo de cosas que se evaden
con el oro al rojo de las lágrimas

¿Hasta cuándo se hundirá esta vida...?
Vida de perro
amortajada ebria en llamas
invadida por caricias irresistibles y los secretos escorpiones del
    cielo devorando nuestros cerebros
en alcobas dársenas y sanatorios sumergidos bajo la maleza
kilómetros y kilómetros
corrompidos de lujuria y leyendas inútiles
noches exaltadas por alas insaciables
noches de amor con su naufragio fosforescente
noches insensatas en su gran llamarada de desaciertos y
    catástrofes!

Pero continúo oscuro como un saurio entre las aguas
    torturadas del sexo y estas orillas que resplandecen
mientras desato las vendas lentamente
infiel como el pan de la deriva
muy lejos en hierro de tren en sangre coagulada en años
    consumidos al estertor de historias solitarias atravesadas
    por fantasmas

muy lejos de todo hogar y de todo amor
en ciertos parajes misteriosos que atruenan como una manada
    de reses extraviadas en las ciénagas
la navaja al alcance de la mano
y el graznido de migraciones alrededor de la tierra
sobre mi cabeza de pasajero que bebe seriamente su extraño
    desyuno
en la gracia lívida del alba
un día cualquiera
al despertar en la habitación número 23

EMILIO ADOLFO WESTPHALEN (1911)

He dejado descansar...

He dejado descansar tristemente mi cabeza
En esta sombra que cae del ruido de tus pasos
Vuelta a la otra margen
Grandiosa como la noche para negarte
He dejado mis albas y los árboles arraigados en mi garganta
He dejado hasta la estrella que corría entre mis huesos
He abandonado mi cuerpo
Como el naufragio abandona las barcas
O como la memoria al bajar las mareas
Algunos ojos extraños sobre las playas
He abandonado mi cuerpo
Como un guante para dejar la mano libre
Si hay que estrechar la gozosa pulpa de una estrella
No me oyes más leve que las hojas
Porque me he librado de todas las ramas
Y ni el aire me encadena
Ni las aguas pueden contra mi sino
No me oyes venir más fuerte que la noche
Y las puertas que no resisten a mi soplo
Y las ciudades que callan para que no las aperciba
Y el bosque que se abre como una mañana
Que quiere estrechar el mundo entre sus brazos
Bella ave que has de caer en el paraíso
Ya los telones han caído sobre tu huida
Ya mis brazos han cerrado las murallas
Y las ramas inclinado para impedirte el paso
Corza frágil teme la tierra
Teme el ruido de tus pasos sobre mi pecho
Ya los cercos están enlazados
Ya tu frente ha de caer bajo el peso de mi ansia
Ya tus ojos han de cerrarse sobre los míos
Y tu dulzura brotarte como cuernos nuevos

Y tu bondad extenderse como la sombra que me rodea
Mi cabeza he dejado rodar
Mi corazón he dejado caer
Ya nada me queda para estar más seguro de alcanzarte
Porque llevas prisa y tiemblas como la noche
La otra margen acaso no he de alcanzar
Ya que no tengo manos que se cojan
De lo que está acordado para el perecimiento
Ni pies que pesen sobre tanto olvido
De huesos muertos y flores muertas
La otra margen acaso no he de alcanzar
Si ya hemos leído la última hoja
Y la música ha empezado a trenzar la luz en que has de caer
Y los ríos te cierran el camino
Y las flores te llaman con mi voz
Rosa grande ya es hora de detenerte
El estío suena como un deshielo por los corazones
Y las alboradas tiemblan como los árboles al despertarse
Las salidas están guardadas
Rosa grande ¿no has de caer?

JOSÉ LEZAMA LIMA (1912-1976)

Himno para la luz nuestra

De la inteligencia de la misa
a los placeres de la mesa,
el rayo vital no cesa
de engrandecerse con la vista.

Aunque el oído me da la fe,
la visión como un mastín rastrea
lo que el Arcángel flamea
en el punto donde no se ve.

Hay un perro que escarba quieto
el pozo donde el mendigo destella
la paloma, su buche secreto
rueda la mano de una estrella.

La música divide las hojas,
el otoño condecora al organillero.
De pronto, el hormiguero
sonríe, para que escojas.

La encina se encinta de penas,
los ecos en el bisonte y su mugido.
Las fiestas del sin sentido
estallan el acordeón, cruz en la arena.

No araño una piel blandida
por el humo de escala secreta.
La piel quiere ser recorrida
por un humo y por una lanceta.

Apolo disuelto como un terrón,
ante la luz de difícil ombligo.

Huera metamorfosis del lirón,
Venus, en su otoño enemigo.

El joven luz, Apolo justo,
separa la hoja de la playa
de la tortuga que no raya
la meta del tiempo. Qué buen gusto,

magnífico paladar que se apoya
en la hoja que va a su desgaire.
Plumón y cierzo Don Aire
peina al revés la corriente que ignora.

El mercado dice la primera ley,
que la lluvia divida y escape.
Allí también el loco maguey,
ojo del diablo en su sarape.

El chillido del loro viejo
y el nacimiento de la alondra.
El mejor curador de pellejo
y el que vuela sobre una alfombra.

Diamante de los ciervos de antaño,
oculto su desliz en el espejo.
Cucaña del árbol añejo,
en la costumbre del espejo me araño.

Pero la luz descubriendo su rostro
y el agua consagrando su estatua.
Las cenizas que afloran al agua
reavivan al centenario Cagliostro.

Hay un cielo que no crepita,
cuando concurre a la siesta
en guirnaldas. Abre la espita,
acolcha la toronja su ascua.

Redondo amarillo que irisa,
fiesta del oro que estalla.

En el entreacto, la repisa
diseña el mantel tempestuoso.

No voy al oro final del bosque,
no escucho el trueque de guedejas.
Cierren el conciliábulo del preboste,
encadenen al puerto de Ostia.

Oculten la sortija del pez retornante,
destruyan el filtro que estaña
los extremos. Alejen la guardia
del infante a la casona del este.

El dios mayor, armado todo
de metal, de lluvia y de semilla,
hasta que la insolencia de las estaciones
rompió en risa la luz temprana.

Si en el metal no toca la despierta;
si la cantante no exitiende el mantel
para las lluvias; si la semilla
no es raptada por la manta profunda,

va una espuela a su herrumbre mortecina;
va la lluvia como llanto a la grupa
del caballo de circo, y la semilla
se deshace en el caño azucarado.

El halo canónigo de la trucha
hiere la uva del poniente.
Diga la luz que nos escucha
la compañía del astro sonriente.

Ya que el espejo de Apolo no interpreta
el que servía a la luz, trayecto
en luna, desdeñando el metal que reta
al rayo, a su ceguera fue devuelto.

Amargo fue, su ondulación extraña,
medir la luz en su balanza,

ser y ser lo que no se alcanza,
resplandecer y ser huraña.

El murciélago que labia el fuego,
desdeñoso humeó en su gruta,
borraba del poliedro de la fruta
la oscura pulpa que nos ruega.

El secreto del castigado desdobla
el mando: sopla la boca
sobre la tierra cocida del barbero,
que desgarró las presunciones de la tiara,

ocultar las arrugas del armado
infiel, pámpano de las napeas,
cuyo traspiés al ritmo del Apolo,
lástimas son del oído mal juntado.

Órficas se consagraron las dos lunas,
tocar y la dorada muerte del jabato,
cuando busca en los muslos la ciega orilla,
cuando la primera noche esparcen los colmillos.

Nos molestaba el quinto día de la luna,
la sabiduría sin poseer ni ser poseída,
cuando Júpiter movió el casco con la testa,
robusto acostumbrado al abrazo de los árboles.

Su piel sin tregua en el trineo,
las flechas salían del árbol al fuego,
armado todo, romper el círculo
fue lección al despertar lo venidero.

Apalear la serpiente al parimiento,
cuando los muertos son las ranas,
Délfica también la luz al templo
asciende, yerba de la herrería divinal.

Pero la luz igual bajó al hombre,
se enredaba en las zamarras barbiluna,

en el cántaro sin agua, una
señal tejida se decidió a ser nombre.

Con su cítara penetraba las ovejas dormidas,
se le rendían los cielos en su potestad superior,
la música total en las proporciones escindidas
y el ritmo en el gusano arador.

El arpa del niño y enfrente las barbas de oro,
en el templo la imagen del dios con estambres de abejas.
El pastor establece el ganado sonoro,
los métricos deseos y las guerreras quejas.

Cambia de nombre, pero no de progresión,
nuevo engendro del gusano y la plácida araña.
La arena reseca en fiebre el cordaje del son
y en el caracol se hace música y se daña.

Febo, efebo, Fos: que era del linaje del fuego,
y las respuestas para un tridente cruel y locuaz.
Dadnos la tierra que interpreta, es el ruego
de la saeta, de la semilla y del demoníaco rapaz.

Ocasiona muros, rapta el número que respira,
baña cada guerrero en su escudo agujereado.
Hay en la conducción secreta del fulgor de la ira,
los órficos compases del carbón preñado.

Luz junto a lo infuso, luz con el *daimon*,
para descifrar la sangre y la noche de las empalizadas.
Las tiras de la piel ya están golpeadas,
y ahora, clavad la luz en la cruz de la Pasión.

NICANOR PARRA (1914)

Soliloquio del individuo

Yo soy el Individuo.
Primero viví en una roca
(allí grabé algunas figuras).
Luego busqué un lugar más apropiado.
Yo soy el Individuo.
Primero tuve que procurarme alimentos,
buscar peces, pájaros, buscar leña.
(Ya me preocuparía de los demás asuntos).
Hacer una fogata,
leña, leña, dónde encontrar un poco de leña,
algo de leña para hacer una fogata.
Yo soy el Individuo.
Al mismo tiempo me pregunté,
fui a un abismo lleno de aire;
me respondió una voz:
yo soy el Individuo.
Después traté de cambiarme a otra roca.
Allí también grabé figuras,
grabé un río, búfalos.
Yo soy el Individuo.
Pero no. Me aburrí de las cosas que hacía,
el fuego me molestaba,
quería ver más.
Yo soy el Individuo.
Bajé a un valle regado por un río,
allí encontré lo que necesitaba,
encontré un pueblo salvaje,
una tribu,
yo soy el Individuo.
Vi que allí se hacían algunas cosas,
figuras grababan en las rocas,
hacían fuego, ¡también hacían fuego!

Yo soy el Individuo.
Me preguntaron que de dónde venía.
Contesté que sí, que no tenía planes determinados,
contesté que no, que de ahí en adelante.
Bien.
Tomé entonces un trozo de piedra que encontré en un río
y empecé a trabajar con ella,
empecé a pulirla,
de ella hice una parte de mi propia vida.
Pero esto es demasiado largo.
Corté unos árboles para navegar.
Buscaba peces,
buscaba diferentes cosas.
(Yo soy el Individuo).
Hasta que me empecé a aburrir nuevamente.
Las tempestades aburren,
los truenos, los relámpagos,
yo soy el Individuo.
Bien. Me puse a pensar un poco.
Preguntas estúpidas se me venían a la cabeza,
falsos problemas.
Entonces empecé a vagar por unos bosques.
Llegué a un árbol y a otro árbol.
Llegué a una fuente,
a una fosa en que se veían algunas ratas:
aquí vengo yo, dije entonces,
¿habéis visto por aquí una tribu,
un pueblo salvaje que hace fuego?
De este modo me desplacé hacia el oeste
acompañado por otros seres,
o más bien solo.
Para ver hay que creer, me decían,
yo soy el Individuo.
Formas veía en la obscuridad,
nubes tal vez,
tal vez veía nubes, veía relámpagos,
a todo esto habían pasado ya varios días,
yo me sentía morir;
inventé unas máquinas,
construí relojes,

armas, vehículos,
yo soy el Individuo.
Apenas tenía tiempo para enterrar a mis muertos,
apenas tenía tiempo para sembrar,
yo soy el Individuo.
Años más tarde concebí unas cosas,
unas formas,
crucé las fronteras
y permanecí fijo en una especie de nicho,
en una barca que navegó cuarenta días,
cuarenta noches,
yo soy el Individuo.
Luego vinieron unas sequías,
vinieron unas guerras,
tipos de color entraron al valle,
pero yo debía seguir adelante,
debía producir.
Produje ciencia, verdades inmutables,
produje tanagras.
Di a luz libros de miles de páginas,
se me hinchó la cara
construí un fonógrafo,
la máquina de coser,
empezaron a aparecer los primeros automóviles,
yo soy el Individuo.
Alguien segregaba planetas,
¡árboles segregaba!
Pero yo segregaba herramientas,
muebles, útiles de escritorio,
yo soy el Individuo.
Se construyeron también ciudades,
rutas,
instituciones religiosas pasaron de moda,
buscaban dicha, buscaban felicidad,
yo soy el Individuo.
Después me dediqué mejor a viajar,
a practicar, a practicar idiomas,
idiomas.
Yo soy el Individuo.
Miré por una cerradura,

sí, miré, qué digo, miré,
para salir de la duda miré,
detrás de unas cortinas,
yo soy el Individuo.
Bien.
Mejor es tal vez que vuelva a ese valle,
a esa roca que me sirvió de hogar,
y empiece a grabar de nuevo,
de atrás para adelante grabar
el mundo al revés.
Pero no: la vida no tiene sentido.

OCTAVIO PAZ (1914-1998)

Viento entero

El presente es perpetuo
Los montes son de hueso y son de nieve
están aquí desde el principio
El viento acaba de nacer
                        sin edad
como la luz y como el polvo
                              Molino de sonidos
el bazar tornasolea
                      timbres motores radios
el trote pétreo de los asnos opacos
cantos y quejas enredados
entre las barbas de los comerciantes
alto fulgor a martillazos esculpido
En los claros de silencio
                      estallan
los gritos de los niños
                        Príncipes en harapos
a la orilla del río atormentado
rezan orinan meditan
                      El presente es perpetuo
Se abren las compuertas del año
                          el día salta
    ágata
  El pájaro caído
entre la calle Montalambert y la de Bac
es una muchacha
                detenida
sobre un precipicio de miradas
Si el agua es fuego
              llama
En el centro de la hora redonda

                              encandilada
     potranca alazana
Un haz de chispas
                    una muchacha real
entre las casas y las gentes espectrales
Presencia chorro de evidencias
yo vi a través de mis actos irreales
la tomé de la mano
                    juntos atravesamos
los cuatro espacios los tres tiempos
pueblos errantes de reflejos
y volvimos al día del comienzo

El presente es perpetuo
                    21 de junio
hoy comienza el verano
                    Dos o tres pájaros
inventan un jardín
                    Tú lees y comes un durazno
sobre la colcha roja
                    desnuda
como el vino en el cántaro de vidrio
            Un gran vuelo de cuervos
En Santo Domingo mueren nuestros hermanos
Si hubiera parque no estarían ustedes aquí
            Nosotros nos roemos los codos
En los jardines de su alcázar de estío
Tipú Sultán plantó el árbol de los jacobinos
luego distribuyó pedazos de vidrio
entre los oficiales ingleses prisioneros
y ordenó que se cortasen el prepucio
y se lo comiesen
            El siglo
se ha encendido en nuestras tierras
¿Con su lumbre
            las manos abrasadas
los constructores de catedrales y pirámides
levantarán sus casas transparentes?

                    El presente es perpetuo

El sol se ha dormido entre tus pechos
La colcha roja es negra y palpita
Ni astro ni alhaja
                    fruta
tú te llamas dátil
                    Datia
castillo de sal si puedes
                    mancha escarlata
sobre la piedra empedernida
Galerías terrazas escaleras
desmanteladas salas nupciales
del escorpión
                    Ecos repeticiones
relojería erótica
                    deshora
                    Tú recorres
los patios taciturnos bajo la tarde impía
manto de agujas en tus hombros indemnes
Si el fuego es agua
                    eres una gota diáfana
la muchacha real
                    transparencia del mundo
El presente es perpetuo
                    Los montes
   soles destazados
petrificada tempestad ocre
                    El viento rasga
    ver duele
El cielo es otro abismo más alto
Garganta de Salang
la nube negra sobre la roca negra
El puño de la sangre golpea
                    puertas de piedra
Sólo el agua es humana
en estas soledades despeñadas
Sólo tus ojos de agua humana
                    Abajo
en el espacio hendido
el deseo te cubre con sus dos alas negras
Tus ojos se abren y se cierran

                        animales fosforescentes
Abajo
    el desfiladero caliente
la ola que se dilata y se rompe
                        tus piernas abiertas
    el salto blanco
    la espuma de nuestros cuerpos abandonados

            El presente es perpetuo
El morabito regaba la tumba del santo
sus barbas eran más blancas que las nubes
Frente al moral
            al flanco del torrente
repetiste mi nombre
            dispersión de sílabas
Un adolescente de ojos verdes
te regaló una granada
            Al otro lado del Amu-Darya
humeaban las casitas rusas
El son de la flauta usbek
era otro río invisible y más puro
En la barcaza el batelero estrangulaba pollos
El país es una mano abierta
                    sus líneas
    signos de un alfabeto roto
Osamentas de reses en el llano
Bactriana
    estatua pulverizada
yo recogí del polvo unos cuantos nombres
Por esas sílabas caídas
granos de una granada cenicienta
juro ser tierra y viento
                remolino
sobre tus huesos

            El presente es perpetuo
La noche entra con todos sus árboles
noche de insectos eléctricos y fieras de seda
noche de yerbas que andan sobre los muertos

conjunción de aguas que vienen de lejos
murmullos
            los universos se desgranan
un mundo cae
            se enciende una semilla
cada palabra palpita
                    Oigo tu latir en la sombra
enigma en forma de reloj de arena
                            mujer dormida
Espacio espacios animados
Anima mundi
            materia maternal
perpetua desterrada de sí misma
y caída perpetua en su entraña vacía
                                Anima mundi
madre de las razas errantes
                de los soles y los hombres
Emigran los espacios
                el presente es perpetuo
En el pico del mundo se acarician
Shiva y Parvati
            Cada caricia dura un siglo
para el dios y para el hombre
                        un mismo tiempo
un mismo despeñarse
                Lahor
                    río rojo barcas negras
entre dos tamarindos una niña descalza
y su mirar sin tiempo
                Un latido idéntico
muerte y nacimiento
Entre el cielo y la tierra suspendidos
unos cuantos álamos
vibrar de luz más que vaivén de hojas
                        ¿suben o bajan?

El presente es perpetuo
                Llueve sobre mi infancia
llueve sobre el jardín de la fiebre
flores de sílex árboles de humo

En una hoja de higuera tú navegas
por mi frente
                La lluvia no te moja
eres la llama de agua
                        la gota diáfana de fuego
derramada sobre mis párpados
Yo veo a través de mis actos irreales
el mismo día que comienza
                      Gira el espacio
arranca sus raíces el mundo
No pesan más que el alba nuestros cuerpos
                                  tendidos

GONZALO ROJAS (1917)

La palabra placer

La palabra placer, cómo corría larga y libre por tu cuerpo
    la palabra placer
cayendo del destello de tu nuca, fluyendo
blanquísima por lo vertiginoso oloroso de
tu espalda hasta lo nupcial de unas caderas
de cuyo arco pende el Mundo, cómo lo
músico vino a ser marmóreo en la
esplendidez de tus piernas si antes hubo
dos piernas amorosas así considerando
claro el encantamiento de los tobillos que son
goznes que son aire que son
partícipes del misterio de los pies de Isadora
Duncan la que bailó en la playa
abierta para Sergei
Esenin, cómo
eras eso y más para mí, la
danza, la contradanza, el gozo

    de olerte ahí tendida recostada en tu ámbar contra
el espejo súbito de la Especie cuando te vi
de golpe, con lo lascivo
de mis dedos te vi la
arruga errónea por decirlo, trizada en
lo simultáneo de la serpiente, palpándote
áspera del otro lado, otra
pero tú misma en la inmediatez
de la sábana, anfibia
ahora, vieja
vejez de los párpados bajos, pescado
sin océano ni
nada que nadar, contradicción
siamesa de la figura

de las hermosas desde el
paraíso, sin
nariz entonces rectilínea ni pétalo
por rostro, pordioseros los pezones, más
y más pedregosas las rodillas, las costillas:
        ¿y el
parto, amor, el tisú
epitelial del
parto?

De él somos, del
mísero dos partido
en dos somos, del
báratro corrupción
y lozanía y
clítoris y éxtasis, ángeles
y muslos convulsos: todavía
anda suelto todo,
    ¿qué
nos iban a enfriar por eso los tigres
desbocados de anoche? Placer
y más placer. Olfato, lo
primero el olfato de la hermosura, alta
y esbelta rosa de sangre a cuya vertiente vine, no
importa el aceite de la locura:
      —Vuélvete, paloma,
que el ciervo vulnerado
por el otero asoma.

OLGA OROZCO (1920-1999)

"Botines con lazos", de Vincent Van Gogh

¿Son dos extraños fósiles,
emisarios sombríos de una fauna sepultada en un bosque de
 carbón,
que vienen a reclamar un óbolo de luz para sus muertos?
¿Son ídolos de piedra,
cascotes desprendidos del obraje de los más tristes sueños?
¿O son moldes de hierro
para fraguar los pasos a imagen del martirio y a semejanza
 de la penitencia?

Son tus viejos botines, infortunado Vicent,
hechos a la medida de un abismo interior, como las
 ortopedias del exilio;
dos lonjas de tormento curtidas por el betún de la pobreza,
embalsamadas por lloviznas agrias,
con unos lazos sueltos que solamente trenzan el desamparo
 con la soledad,
pero con duros contrafuertes para que sea exiguo el juego
 del destino,
para que te acorrale contra el muro la ronda de los cuervos.
Pero son tus botines, perfectos en su género de asilo,
modelos para atar a cada ráfaga de alucinada travesía,
fieles como tu silla, tus ojos y tu Biblia.
Aferrados a ti como zarpas fatales desde las plantas hasta
 los tobillos,
desde Groot Zundert hasta la posada del infierno final,
es inútil que quieran sepultar tus raíces en una casa hundida
 en el rescoldo,
en el barro bruñido, el brillo de las velas y el íntimo calor de
 las patatas,
porque una y otra vez tropiezan con el filo de la mutilación,

porque una y otra vez los aspira hacia arriba la tromba que
    no entienden:
tu fuga de evadido como un vértigo azul, como un cráter de
    fuego.

Botines de trinchera, inermes en la batalla del vendaval y el
    alma:
han girado contigo en todas las vorágines del cielo
y han caído en la trampa de tu hoguera oculta bajo el incendio
    de los campos,
sin encontrar jamás una salida,
por más que pisoteen esas flores fanáticas que zumban
    como abejorros amarillos,
esos soles furiosos que atruenan contra tu oreja, tan distante,
perdida como un pálido rehén entre los torbellinos de otro
    mundo.

Botines de tribunal, a tientas en la noche del patíbulo,
sin otro resplandor que unos pobres destellos arrancados
    al pedernal de la locura,
entre los que hay un pájaro abatido en medio de su vuelo:
el extraño, remoto anuncio blanco de una negra sentencia.
Resuenan dando tumbos de ataúd al subir la escalera,
vacilan junto al lecho donde se precipitan vidrios de increíbles
    visiones,
trizado por una bala el árido universo,
y dejan caer a lentas sacudidas el balance de polvo
    tormentoso adherido a sus suelas.

Ahora husmean la manta de hiedra que recubre tu sueño
    junto a Theo,
allá, en le irreversible Auvers-sur-Oise,
y escarban otra tumba entre los andamiajes de la inmensa
    tiniebla.
Son botines de adiós, de siempre y nunca, de hambriento
    funeral:
se buscan en la memoria de tu muerte.

CINTIO VITIER (1921)

La balanza y la cruz

I

Todo signo sagrado es equívoco.
La espada llegó con la cruz
y la cruz muchas veces fue espada.
La espada y la cruz se metamorfosearon en balanza,
pero no en balanza al servicio de la justicia
sino de la injusticia y maldad.
No la balanza del Ángel, sino la del inmundo mercader
que trafica con las almas y los cuerpos.
Las bienaventuranzas de los pobres
fueron utilizadas cínicamente por los ricos:
si es tan bueno ser pobre, si tu reino no es de este mundo,
sigue trabajando para mí, para tu paraíso.
Pero las bienaventuranzas, sin embargo, permanecen
    inconmovibles,
radiantes, desnudas, como los miembros de Cristo
expuestos a la befa y al lanzazo.
La lluvia cae sobre la roca y sobre el valle,
el sol derrama su luz sobre los buenos y los malos,
porque el hombre no puede ser forzado a consentir
como las bestias o los árboles; porque el hombre,
a imagen y semejanza de su creador, el libre,
no quizás en su clase, sus costumbres o su herencia,
pero sí en el fondo indomeñable de su corazón,
para escoger el camino recto del amor
o los caminos infernales que sólo conducen a sí mismo.
Y hasta el fin de los tiempos no se podrá separar
la cizaña del trigo, porque el sembrado se malograría.
Pero a cada momento tenemos que escoger y decidir
si lo que vemos delante de nosotros y dentro de nosotros
es cizaña o es trigo, cruz o espada, balanza del mercader
o balanza del Ángel.

II

Cristo fue crucificado
entre dos ladrones: uno a su izquierda,
otro a su derecha.
Mateo y Marcos dicen que los dos lo zaherían,
pero Lucas asegura que uno de ellos
–¿el de la izquierda, el de la derecha?–
reprendió al otro y dijo a Cristo:
"Acuérdate de mí cuando estés en tu reino".
Y Jesús le contestó: "En verdad te digo,
que hoy estarás conmigo en el paraíso",
por lo que san Agustín observa
que este llamado buen ladrón, san Dimas,
después de robar los bienes terrenales,
se róbo el cielo.
¿Era el de la izquierda, o el de la derecha?
No lo sabemos, ni sería prudente saberlo.
Lo cierto es que Cristo estaba solo,
abandonado de sus discípulos
y de su Padre.
Lo cierto es que Cristo, El Camino, La Verdad y La Vida,
estaba solo,
crucificado en una balanza
cuyos dos platillos eran dos ladrones:
uno a su izquierda, otro a su derecha.

III

¿Creéis que la intersección
de las dos furiosas y sangrientas líneas
es un punto inmóvil, impasible?
¿Creéis que el campo de batalla es el Jardín de Cándido?
¿Creéis que la agonía
del que no halla reposo en ningún sitio de este mundo
es un partido cómodo y neutral?
¿Creéis que se puede estar en el centro de la cruz
(no como Cristo, sino como el madero que lo crucifica)

y no participar en las razones y las llagas
de los dos irreconciliables enemigos,
fratricidas, filicidas, parricidas,
y no sentir cómo la razón de uno hiere a la razón del otro
en el centro de la cruz,
y no padecer la vergüenza
de ver la razón de uno y la razón del otro
mezcladas con los errores de los dos,
profanadas por las culpas de los dos?
¿Y cómo se puede dar testimonio
sin participar en esas confusiones y esas culpas,
sin reconocer la mutilada parte de verdad de cada uno
(porque las vestiduras de Cristo fueron repartidas
como el cuerpo de Osiris, y echadas a la suerte),
y sin tener el centro del alma desgarrado
por los golpes de los enemigos,
y sin ser uno mismo esos enemigos
tramados en el centro de la cruz,
y sin sufrir la desconfianza de unos y de otros,
en la más absoluta soledad?
¡Y sabiendo que no somos imagen, ni sombra, ni ceniza
    de Cristo,
sino del madero que lo crucifica!

Junio de 1962

JUAN SÁNCHEZ PELÁEZ (1922)

Lo huidizo y permanente

I

Lo que no me tiene en cuenta
Lo huidizo y permanente
Se juntan dos cuerpos y el alba es el leopardo.
Mi quebranto
Salta a la faz del juglar;
Si entras o sales
Turba el eco
Una aureola densa;
Si piensas,
Llama en diversas direcciones la tempestad;
Si miras,
Tiembla el fósforo;
Si vivo,
Vivo en la memoria.
Mis piernas desembocan en el callejón sin luz.
Hablo al que fui, ya en mi
   regreso.
Sólo me toco al través
   con el revés
   del ramaje de fuego.
Por ti, mi ausente
Oigo el mar a cinco
   pasos de mi corazón,
Y la carne es mi corazón
   a quien roza mi antaño.
Si entras o sales,
Vuelve al amor la confidencia del amor.
Dime
Si quiebro con los años
   un arcoiris;
Dime

Si la edad madura es fruto vano;
La mujer agita un saco en el aire enrarecido
Baja a la arena y corre en el océano;
Al amanecer,
Por ti,
   mi ausente,
La crisálida en forma de rosa
Una rosa de agua pura es la tiniebla.

GABRIEL FERRATER (1922-1971)

In Memoriam

Al estallar la guerra, yo tenía
catorce años y dos meses. Poco
pensé en ella al principio. Andaba a vueltas
con algo que me sigue pareciendo
más importante. Había descubierto
Les fleurs du mal, lo que es como decir
la poesía, ciertamente, pero
hay algo más –no sé qué nombre darle–
y es lo que importa. ¿Rebeldía? No.
Aunque así lo creía. En el regazo
de un avellano, el centro de una rosa
de hojas muy verdes, mustias, como piel
arrancada a una oruga, allí, tendido
en pleno corazón del universo,
en feliz rebeldía me espesaba
mientras todo el país era un chasquido,
de rebeldía y contrarrebeldía,
no sé si muy feliz, pero sin duda
más revuelto que yo. ¿Tal vez la vida
moral? Tal vez, pero es un poco ambiguo.
La palabra egoísmo es más exacta,
y recordar que a los catorce años
hay que cambiar de primera persona:
nos oprime el plural, y el ejercicio
del estilita singular, la náusea
del que se sube encima de sí mismo
parece un buen programa hacia el futuro.
Después vienen los años, y por suerte
pasan, también, y se nos va cansando
la mano que acaricia la obstinada
frente de nuestro íntimo cordero,
y así es como adoptamos un plural
no sé si de modestia, que renuncia

al singular, lo olvida, aunque agradece
y gratifica lo que ha sido. Basta.
   Recuerdo que al volver de vacaciones
vi que a aquel mundo mío alguien le había
aplastado la cara. Sangre y fuego.
No los encontré horribles, pero eran
la sangre y fuego que ya conocía.
Mi colegio de curas lo quemaron,
y Guiu, aquel sargento de gimnasia
premilitar al que todos odiábamos
(vuelvo ahora al plural, porque la vida
siempre es un ciclo), había muerto a tiros
y nos contaron que fue muy difícil
porque llevaba una cota de malla
bajo el disfraz de campesina, y bombas
debajo de los huevos, en la cesta.
Murió en aquel rincón de la plazuela
de Hércules, que orilla el Instituto.
Íbamos a jugar entre dos clases
y no recuerdo que nos pareciera
un lugar señalado, ni buscáramos
en un tronco de plátano una bala
o alguna otra señal. En cuanto a sangre,
no hace falta decir que el mismo día
el viento la esparció. Tal vez el polvo
fue un poco más pesado, poca cosa.
Las paredes quemadas del colegio
no sé si las recuerdo o lo imagino.
No llegamos a entrar, porque cambiábamos
de piel, y ya no nos interesaban
los restos de la piel antigua. Olíamos
el miedo –era el olor de aquel otoño–
y nos gustaba, porque ya era un miedo
de personas mayores. Al salir
del miedo de la infancia, el mundo era
insospechadamente fácil. Libres,
tanto como temieran los mayores.
El proceso de siempre. Comprendíamos
oscuramente aún que en nuestro caso
se aceleraba, y éramos felices.

Juntos, y todos a la vez, y mucho.
El sindicato al que nos afiliaron
nos dio placeres vivos y diversos.
Ocupamos un piso requisado
(no al enemigo oficial, sino al nuestro
particular) y entre el humo y el póker,
con libros y con muebles, comerciábamos
en pistolas y balas, saludábamos
a la romana (por más que los nuestros
nos fuesen más simpáticos, los otros
tenían más prestigio de malvados),
queríamos llevarnos a las chicas
a rincones oscuros, sin gran éxito,
y, para serenarnos de los nervios,
solíamos salir por el balcón.
Descubrimos las putas y el robar.
Robar era usual, y en los prostíbulos
en cualquier caso hubiéramos entrado
al cabo de unos meses. El primer
bombardeo nos pescó en el refugio
de casa de la Sol: todos temíamos
las consecuencias. Muy disminuidos,
los padres aún tenían el poder.
Isidro fue el primero de nosotros
que tuvo purgaciones, y su padre
se decidió precisamente entonces
a regalarle aquella bicicleta
que le había pedido. Nos turnábamos
para írsela pidiendo, y así darle
una excusa, y no usarla. Mi recuerdo
de aquel tiempo son muchas bicicletas.
Lo que robamos más. Incluso habíamos
habilitado un taller de pintura
para recomponerlas: el volante
de una con las ruedas de la otra
y tubulares de otra.
                    No sé cómo,
una tarde que habíamos quedado
para ir de excursión hasta el castillo
de Tamarit, me hallé sin bicicleta

en el momento de salir. Pensé
en alquilarla, y encontré cerrada
la tienda. Aquello me pareció injusto
y no me resigné. Llamando a golpes,
abrí la puerta. Nadie. Les dejé
una nota, y me llevé la bici.
La excursión resultó angustiosa. Un viento
sin remisión, continuo, nos doblaba.
De vuelta lo tuvimos en el rostro.
De pie sobre el pedal, como subiendo
una cuesta empinada, me mantuve
temblando, firme aunque sin avanzar.
Nos dispersamos. Agustín y yo
nos tendimos un rato en la cuneta
junto a los campos que iban devastando
para que aterrizaran los aviones
militares. De noche, y casi a pie,
regresamos por fin. En las primeras
casas, una pastelería abierta.
Mucho más niños aún de lo que éramos,
tendidos sobre el frescor del mosaico,
comimos unos panes recién hechos,
ávidos del placer de ser tan sólo
fatiga y hambre y peso. Todo era
posible, y no me sorprendió, de pronto,
los gritos, el estrépito, los pasos,
cañones aceitosos de fusiles
verticales al suelo y apuntándome,
el gesto con que alguien me subió
en una furgoneta, ni mi padre
que me esperaba en un local extraño
discutiendo con gente, y otros padres
con él, y parecía, poco a poco,
que se imponía el mío y me llevaba
a casa. Comprendí, al día siguiente,
que acababan de colectivizar la empresa.
El comité, escamado, se pasó
toda la tarde en busca de nosotros,
para encontrar mi bicicleta; el amo
antiguo habría aprobado el alquiler

y tal vez ellos no. Por unos días
nuestros padres se hicieron importantes.
   Robábamos más cosas. La manía
de los slips duró una temporada.
Entrábamos en grupo en una tienda,
mirando y revolviendo, sin comprar,
llenándonos camisas y jerseys
de slips. No sé por qué. Aún no me explico
cómo no nos supieron descubrir.
Me parece más bien que en aquel tiempo
andaban siempre mareados, como
atónitos –quizá también perversos–
y obedecían sólo a los reflejos
del orden. Que les robaran o no,
les daba igual; tal vez los excitara.
Sólo supimos aquella mirada
de los tenderos, desvaída, como
de mujer violada. Un día entramos
en la tienda de Subietes (nunca
salíamos sin algo). Nos sirvió
él en persona: colocó las cajas
abiertas sobre el mostrador, y entonces
las retiró, para contar las piezas
una a una en voz alta. Las dejamos
sin insistir, y él las volvió a contar.
Ya en la calle, orgulloso, les mostré
el slip que cogí al primer momento,
antes de que contara. Y nada: Alberto
tenía otro también. Todos dormían
y les zumbaba todo en los oídos.
   El señor Subietes murió
asesinado también. Le recuerdo,
y veo sólo ropa negra y blanca,
y dentro alguien que me parecía
muy viejo. Tal vez no lo fuera tanto.
Y no creo que el negro fuera luto:
era un beato, y vestían de negro
entonces los de misa diaria, algún
viejo elegante, o bien republicanos
de los de siempre. Fue el ser tan católico

lo que hizo detener a Subietes.
No tuvo suerte. Una ola de pánico
mientras estaba preso. Ya llegaban
a Salou. Italianos, Ya habían
desembarcado. El comité de Reus
requisó tres o cuatro autocares,
cargó en ellos los presos que tenían,
y a la cuneta. Todo fue muy rápido:
no duró más que aquella falsa alarma.
Requisado con su autocar, fue Ton
obligado a asistir, entre otros chóferes.
Alterado, miraba de reojo
el descenso de los que iban pasando
y le rozaban el asiento. A todos
los conocía. El señor Subietes
advirtió la mirada de Ton
y le dio pena. Cuando ya bajaba
se detuvo un momento, le pasó
la mano por la espalda, y dijo: "Ton,
ya ves en qué paramos". Un adusto
consuelo. Yo también he conocido
al que ordenó el paseo de aquel día
porque mandaba el comité. Fue Oliva.
   Ahora quiero hablar de Oliva. Antes
era el portero de la Sala Reus,
donde íbamos al cine los domingos,
a ensuciarnos de amor. No le veo
entonces. No le veo en otra imagen
que vestido de cuero, con la Luger
y su culata de madera clara,
más adorno que arma. El simbolismo
es flor que crece en épocas de guerra.
Y Oliva y su mujer eran personas
muy apegadas a los rituales.
Requisaron la casa de unos ricos
para vivir en ella, y la mujer
opinó que una casa de señores
necesitaba cactus. En las plantas
grandes había aprendido a ver las arras
del vivir de los ricos: una sombra

de alma, menuda bajo el sol inmenso
del poseer. Entonces poseía,
y entre risas compraban finalmente
la vida material, una esperanza
traducida en objetos. Aunque sólo
duró dos o tres meses. Como siempre
las *popolane* siguieron riendo
sin sorprenderse. Otra vez la esperanza,
y se compraba clandestinamente, y más
los ricos. Desandaban el camino
entre linderos conocidos. Yo
veía a Oliva y los del comité
esperando sentados en la mesa
del café, o por la calle, a paso rápido,
para sentarse a beber y esperar.
    Una noche hubo orquesta y un concierto.
Me acompañó mi padre, y yo temblaba
de impaciencia. La música
parfois nous prend comme une mer, y a mí
me arrebataba entonces una mar
de tiempo en trance de perderse, tiempo
que se iba desdiciendo, y me excitaba
la idea de entregarme a ese otro flujo
más personal, sin compañía al menos,
incluso con mi padre. Así escuché
Beethoven y Ravel, y no sé adónde
me arrebataron, si es que al fin lo hicieron.
Tras el concierto, tocaron los himnos:
himno de Riego, la Internacional,
"Els Segadors" y la Warszawianka,
que sirvió de himno de la FAI. La gente
aplaudió más "Els Segadors". Oliva
estaba en desacuerdo y lo gritó
desde un proscenio. Para ensordecernos
seguimos aplaudiendo. Yo miraba
las caras sonrientes, y gritaba
mudo, como una llama, y aplaudimos,
y seguimos riendo. Como luego
nuestro padre era un compañero más,
no quisimos aún volver a casa

y nos sentamos a tomar café.
Hablamos de política, y recuerdo,
o creo recordar, que pensé entonces
que no hacía falta la revolución
(no hablo de la política), porque
con los padres se puede ir mano a mano.
De noche, en un café, se puede tener padre.
Oliva entró, y ahora ya comprendo
que les sobraban tres o cuatro copas.
Nos vio en el acto, y dijo, sosteniéndose
en aquella culata, que mi padre
había sido el responsable. (Todos
eran entonces responsables. Todos
lo eran de algo, y luego no sabían
de qué concretamente; a cada hecho
buscaban a alguien que lo fuera más.)
Mi padre le distrajo en dos palabras,
y Oliva dejó el arma. Cuando, luego,
mi padre lo contaba, el incidente
era mucho más largo. No entendía
tal interés en dispersar aquella
virtud concisa. Ahora lo comprendo:
dispersar una niebla que la voz
no delataba, pero que en los ojos
había despuntado. No le di
su verdadero nombre, cuando luego
atravesó mis ojos, fascinándome.
Así me ocurrió al cabo de tres días,
al encontrarme a Oliva en el pasillo
de casa de la Sol, y cara a cara.
Los muchachos, al ir a los prostíbulos,
de algún modo sabíamos que aquello
era tan sólo nuestro, y los intrusos
eran ellos, incluso con pistola.
   Llegó un tiempo agitado. Había alguien
que iba escamoteando una baraja
de lugares y nombres. Seis o siete
años más tarde, ya del todo extraño,
mi madre conoció a Oliva. En Burdeos,
sola en casa, una noche, abrió la puerta.

Le habían dicho que en aquella casa
vivía gente de su pueblo, y él
necesitaba ayuda. Trabajaba
parece que en Royan, en una fábrica
en poder de alemanes, destruida
por las bombas. Oliva estaba fuera
cuando bombardearon. Perdió todo:
ropas, dinero, pero no la vida
que ya no era ni suya, porque él
ya no era responsable: su destino
estaba en manos de los alemanes.
Yo creo que mi madre fue la última
mujer que habló con él que conociera
algo de él. Le dio un poco de ropa.
No sé si la llegó a estrenar. Dos días
después murió en un bombardeo
de los ingleses.
                  Como yo no soy
un oranés de Saint-Germain, no creo
que el miedo sea un tema filosófico
o literario. Pero muchos hombres
pasaron miedo, y hay que hablar de ellos
también. Hay que decir, también, que Oliva
tuvo miedo, y dio miedo a mucha gente,
a mi padre y a mí no mucho, a Ton
bastante más, y a otros tanto miedo
como tenía él mismo, o más aún.

[Trad. de Pere Gimferrer]

JOSÉ HIERRO (1922)

Réquiem

Manuel del Río, natural
de España, ha fallecido el sábado
11 de mayo, a consecuencia
de un accidente. Su cadáver
está tendido en D'Agostino
Funeral Home. Haskell. New Jersey
Se dirá una misa cantada
A las 9:30, en St. Francis.

Es una historia que comienza
con sol y piedra, y que termina
sobre una mesa, en D'Agostino,
con flores y cirios eléctricos.

Es una historia que comienza
en una orilla del Atlántico.
Continúa en un camarote
de tercera, sobre las olas
–sobre las nubes– de las tierras
sumergidas ante Platón.
Halla en América su término
con una grúa y una clínica,
con una esquela y una misa
cantada, en la iglesia St. Francis.

Al fin y al cabo, cualquier sitio
da lo mismo para morir:
el que se aroma de romero,
el tallado en piedra o en nieve,
el empapado de petróleo.
Da lo mismo que un cuerpo se haga
piedra, petróleo, nieve, aroma.

Lo doloroso no es morir
acá o allá...

      Requiem aeternam,
Manuel del Río. Sobre el mármol,
en D'Agostino, pastan toros
de España, Manuel, y las flores
(funeral de segunda, caja
que huele a abetos del invierno),
cuarenta dólares. Y han puesto
unas flores artificiales
entre las otras que arrancaron
al jardín... *Libera me Domine
de morte aeterna*... Cuando mueran
James o Jacob verán las flores
que pagaron Giulio o Manuel...

Ahora descienden a tus cumbres
garras de águila. *Dies irae.*
Lo doloroso no es morir
Dies illa acá o allá;
sino sin gloria...

      Tus abuelos
fecundaron la tierra toda,
la empapaban de la aventura.
Cuando caía un español
se mutilaba el universo.
Los velaban no en D'Agostino
Funeral Home, sino entre hogueras,
entre caballos y armas. Héroes
para siempre. Estatuas de rostro
borrado. Vestidos aún
sus colores de papagayo,
de poder y de fantasía.

Él no ha caído así. No ha muerto
por ninguna locura hermosa.
(Hace mucho que el español
muere de anónimo y cordura,

o en locuras desgarradoras
entre hermanos: cuando acuchilla
pellejos de vino derrama
sangre fraterna.) Vino un día
porque su tierra es pobre. El mundo
Libera me Domine es patria.
Y ha muerto. No fundó ciudades.
No dio su nombre a un mar. No hizo
más que morir por diecisiete
dólares (él los pensaría
en pesetas). *Requiem aeternam*.
Y en D'Agostino lo visitan
los polacos, los irlandeses,
los españoles, los que mueren
en el *week-end*.

    Requiem aeternam
Definitivamente todo
ha terminado. Su cadáver
está tendido en D'Agostino
Funeral Home. Haskell. New Jersey.
Se dirá una misa cantada
por su alma.

    Me he limitado
a reflejar aquí una esquela
de un periódico de New York.
Objetivamente. Sin vuelo
en el verso. Objetivamente.
Un español como millones
de españoles. No he dicho a nadie
que estuve a punto de llorar.

ÁLVARO MUTIS (1923)

Nocturno en Compostela

Sobre la piedra constelada
vela el Apóstol.
Listo para partir, la mano presta
en su bastón de peregrino,
espera, sin embargo, por nosotros
con paciencia de siglos.
Bajo la noche estrellada de Galicia
vela el Apóstol, con la esperanza
sin sosiego de los santos
que han caminado todos los senderos,
con la esperanza intacta de los que,
andando el mundo, han aprendido
a detener a los hombres en su huida,
en la necia rutina de su huida,
y los han despertado
con esas palabras simples
con las que se hace presente la verdad.
En la plaza del Obradoiro,
pasada la media noche,
termina nuestro viaje
y ante las puertas de la Catedral
saludo al Apóstol:
Aquí estoy –le digo–, por fin,
tú que llevas el nombre de mi padre,
tú que has dado tu nombre a mi hijo,
aquí estoy, Boanerges, sólo para decirte
que he vivido en espera de este instante
y que todo está ya en orden.
Porque las caídas, los mezquinos temores,
las necias empresas que terminan en nada,
el delirio que se agota en la premiosa
lentitud de las palabras, las traiciones

a lo que un día creímos lo mejor de nosotros,
todo eso y mucho más que callo o que olvido,
todo es, también, o solamente,
el orden; porque todo ha sucedido,
Jacobo visionario, bajo la absorta mirada
de tus ojos de andariego enseñante
de la más alta locura.
Aquí, ahora, con Carmen a mi lado,
mientras el viento nocturno
barre las losas que pisaron monarcas y mendigos,
leprosos de miseria y caballeros
cuya carne también caía a pedazos,
aquí te decimos simplemente:
De todo lo vivido, de todo lo olvidado,
de todo lo escondido en nuestro pobre sueño,
tan breve en el tiempo
que casi no nos pertenece,
venimos a ofrecerte lo que consiga
salvar tu clemencia de hermano.
Jaime, Jacobo, Yago,
Tú, Hijo del Trueno,
vemos que ya nos has oído,
porque esta piedra constelada
y esta noche por la que corren las nubes
como ejércitos que reúnen sus banderas,
nos están diciendo
con voz que sólo puede ser la tuya:
"Sí, todo está en orden,
todo lo ha estado siempre
en el quebrantado y terco
corazón de los hombres."

CARLOS MARTÍNEZ RIVAS (1924-1988)

Eclesiastés
Tiempo de penar y tiempo de pepenar

Hoy esta mañana 25 de abril
viniendo para PROCAMPO
pegado a la ventana del bus
vi,
quieto entre el portón de alambre y la carretera,
un picap cargado de piñas.

Piñas verdes cortadas prematuramente,
me pareció ¿o es así que debe hacerse?
Verdes, y supuse que sólidas al tacto
como si de piedra, pues al ojo lo eran.

Verde oscuro negruzco no de fruto sino pétreo.
Verde verdín de lama moho o musgo.
Como esas piñas de granito pinto
tan frecuentes como tema decorativo
o elemento ornamental de remate
en los ábsides
en la arquitectura plateresca del XVI.
Evocando desde un bus rural y delante
de una carga de piñas, la fachada
del Hospital de Santa Cruz de Toledo
o el crucero de nuestra iglesia colonial
de Nandaime.

Ya que se me pasó la estación en penas y desórdenes
y no comí jocotes este año,
y que probablemente ya tampoco mangos;

viendo éstas verdes duras esculpidas
a cincel,
espero que tal vez
este año al menos no me perderé
las Piñas.

JORGE EDUARDO EIELSON (1924)

Europa

Resulta fácil escribir
De ciertas cosas en Europa
Fácil por ejemplo
Decir que el tiempo en Roma
Es de mármol
Fácil escribir
Sobre la luz de Atenas
La oscuridad de Estocolmo
El mar de Capri
Fácil meditar
En un parque de Londres
Abrir una ventana en Venecia
O una puerta en Madrid
Quizás porque en Europa
Cada cual tiene su sombra
Y su esqueleto asegurado
Cada cual es un señor acostumbrado
A saborear el invierno
Con el asado tierno
Como si fuera un vino añejo
En una copa de cristal
¡Cómo es difícil en cambio
Amanecer en Santiago
Tomar un vaso de leche en La Habana
O respirar en Bogotá!
Más difícil todavía
Escribir de todo eso en Europa
En donde nadie sabe nada
Ni siquiera de sí mismo
En donde el carnicero y el lechero
Son toda la vida a duras penas
El carnicero y el lechero

Y el vecino de casa de arriba
Y el vecino de casa de abajo
Son el mismo vecino de casa apurado
Que sube o baja una escalera
Siempre con su sonrisa
Su dignidad y su camisa
Bien abotonada
Difícil escribir sobre el amor
En estas condiciones
Mucho más sencillo ciertamente
No recordar Bogotá
Ni Santiago ni La Habana
Pero sobre todo
No recordar el Perú
Ni su esplendor pisoteado
Ni su emplumado monarca
De perfil estrellado
Ni el Pacífico espumoso
Ni su radiante pescado
Olvidarse de la luna
Que se asoma a veces sobre Lima
Y arroja un cono de amargura
Una pirámide doliente
Hecha de polvo y llanto suspendido
No recordar ciertas calles
Ni ciertos barrios amarillos
En donde juegan silenciosos
Niños sin dientes y sin sonrisa
Arrastrando hasta la muerte
Un miserable juguete
De papel cansado
Mucho más sencillo repito
Como hacen los europeos
Seguir subiendo escaleras
Seguir bajando escaleras
Siempre con mucha prisa
Una amable sonrisa
Y un periódico bajo el brazo
O mejor todavía
No subir ni bajar escaleras

No leer el periódico nuevo
Ni el periódico viejo
No recordar el Perú
Olvidarse de Lima para siempre
Pero también de Florencia
De París y de Roma
No arrodillarse ante Venecia
Ni ante su mar Tintoretto
Ni ante su cielo violeta
No sonreír con Leonardo
No emborracharse con Bach
No amanecer con Rimbaud
No escribir sobre el amor
En Europa
No venerar sus columnas
Sus palacios ni sus templos
Sus jardines ni sus libros
No sollozar junto al Sena
Ni contemplar el Tirreno
Que todo lo llena de luz
De desesperación y de espuma

No confundir sus estatuas con sus hombres
Ni sus hombres con sus estatuas
Ni la cúpula de San Pedro
Con el sombrero de Pedro

Considerar que todo esto
No es amar ni vivir ni morir
No es ni siquiera un poema
Sino tan sólo un grito
Un miserable juguete
De papel escrito

ROBERTO JUARROZ (1925-1995)

Poesía vertical

2

Mi mirada me espera en las cosas,
para mirarme desde ellas
y despojarme de mi mirada.

Mi memoria me espera en las cosas
para demostrarme que no existe el olvido.

Y las cosas se apoyan en mí,
como si yo, que no tengo raíz,
fuera la raíz que les falta.

¿Es que tal vez las cosas
también se esperan en mí?

¿Es que todo lo que existe
se está esperando afuera de sí mismo?

¿Es que al final estarán mis brazos
abiertos para abrazarme?

7

¿Cómo amar lo imperfecto,
si escuchamos a través de las cosas
cómo nos llama lo perfecto?

¿Cómo alcanzar a seguir
en la caída o el fracaso de las cosas
la huella de lo que no cae ni fracasa?

Quizá debamos aprender que lo imperfecto
es otra forma de la perfección:
la forma que la perfección asume
para poder ser amada.

12

Cuando se apaga la última lámpara
no sólo se apaga algo mayor que la luz:
también se enciende la sombra.

Debería haber sin embargo lámparas
que sirvieran exclusivamente
para encender la sombra.
¿No hay acaso miradas para no ver,
vidas nada más que para morir
y amores sólo para el olvido?

Hay por lo menos ciertas tinieblas predilectas
que merecen su propia lámpara de oscuridad.

20

Callar puede ser una música,
una melodía diferente,
que se borda con hilos de ausencia
sobre el revés de un extraño tejido.

La imaginación es la verdadera historia del mundo.
La luz presiona hacia abajo.
La vida se derrama de pronto por un hilo suelto.

Callar puede ser una música
o también el vacío,
ya que hablar es taparlo.

O callar puede ser tal vez
la música del vacío.

ERNESTO CARDENAL (1925)

Hora 0

Noches Tropicales de Centroamérica,
con lagunas y volcanes bajo la luna
y luces de palacios presidenciales,
cuarteles y tristes toques de queda.
"Muchas veces fumando un cigarrillo
he decidido la muerte de un hombre".
dice Ubico fumando un cigarrillo...
En su palacio como un queque rosado
Ubico está resfriado. Afuera el pueblo
fue dispersado con bombas de fósforo.
San Salvador bajo la noche y el espionaje
con cuchicheos en los hogares y pensiones
y gritos en las estaciones de policía.
El palacio de Carías apedreado por el pueblo.
Una ventana de su despacho ha sido quebrada,
y la policía ha disparado contra el pueblo.
Y Managua apuntada por las ametralladoras
desde el palacio de bizcocho de chocolate
y los cascos de acero patrullando las calles.

¡Centinela! ¿Qué hora es de la noche?
¡Centinela! ¿Qué hora es de la noche?

Los Campesinos hondureños traían el dinero en el sombrero
cuando los campesinos sembraban sus siembras
y los hondureños eran dueños de su tierra.
Cuando había dinero
y no había empréstitos extranjeros
ni los impuestos eran para Pierpont Morgan & Cía.
y la compañía frutera no competía con el pequeño cosechero.
Pero vino la United Fruit Company
con sus subsidiarias la Tela Railroad Company

y la Trujillo Railroad Company
aliada con la Cuyamel Fruit Company
y Vaccaro Brothers & Company
más tarde Standard Fruit & Steamship Company
de la Standard Fruit & Steamship Corporation:
    la United Fruit Company
con sus revoluciones para la obtención de concesiones
y exenciones de millones en impuestos de importaciones
y exportaciones, revisiones de viejas concesiones
y subvenciones para nuevas explotaciones,
violaciones de contratos, violaciones
de la Constitución...
Y todas las condiciones son dictadas por la Compañía
con las obligaciones en caso de confiscación
(obligaciones de la nación, no de la Compañía)
y las condiciones puestas por ésta (la Compañía)
para la devolución de las plantaciones a la nación
(dadas gratis por la nación a la Compañía)
a los 99 años...
"y todas las otras plantaciones pertenecientes
a cualquier otra persona o compañías o empresas
dependientes de los contratantes y en las cuales
esta última tiene o puede tener más adelante
interés de cualquier clase quedarán por lo tanto
incluidas en los anteriores términos y condiciones..."
(Porque la Compañía también corrompía la prosa.)
La condición era que la Compañía construyera el Ferrocarril,
pero la Compañía no lo construía,
porque las mulas en Honduras eran más baratas que el
    Ferrocarril,
y "un Diputado más barato que una mula"
    –como decía Zemurray–
aunque seguía disfrutando de las exenciones de impuesto
y los 175 000 acres de subvención para la Compañía,
con la obligación de pagar a la nación por cada milla
que no construyera, pero no pagaba nada a la nación
aunque no construía ninguna milla (Carías es el dictador
que más millas de línea no construyó)
y después de todo el tal ferrocarril de mierda no era
de ningún beneficio para la nación

porque era un ferrocarril entre dos plantaciones
y no entre Trujillo y Tegucigalpa.

Corrompen la prosa y corrompen el Congreso.
El banano es dejado podrir en las plantaciones,
o podrir en los vagones a lo largo de la vía férrea,
o cortado maduro para poder ser rechazado
al llegar al muelle, o ser echado en el mar;
los racimos declarados golpeados, o delgados,
o marchitos, o verdes, o maduros, o enfermos:
para que no haya banano barato,
   o para comprar banano barato.
Hasta que haya hambre en la Costa Atlántica de Nicaragua.

Y los campesinos son encarcelados por no vender a 30 ctvs.
y sus bananos son bayonetados
y la Mexican Trader Steamship les hunde sus lanchones,
y los huelguistas dominados a tiros.
(Y los diputados nicaragüenses invitados a un *garden party*.)
Pero el negro tiene siete hijos.
Y uno qué va a hacer. Uno tiene que comer.
Y se tienen que aceptar sus condiciones de pago.
   24 ctvs. el racimo.
Mientras la subsidiaria Tropical Radio cablegrafía a Boston:
"Esperamos que tendrá la aprobación de Boston
la erogación hecha en diputados nicaragüenses de la mayoría
por los incalculables beneficios que para la Compañía
   representa."
Y de Boston a Galveston por telégrafo
y de Galveston por cable y telégrafo a México
y de México por cable a San Juan del Sur
y de San Juan del Sur por telégrafo a Puerto Limón
y desde Puerto Limón en canoa hasta adentro en la montaña
llega la orden de la United Fruit Company:
"La Iunai no compra más banano"
y hay despido de trabajadores en Puerto Limón.
Los pequeños talleres se cierran.
Nadie puede pagar una deuda.
Y los bananos pudriéndose en los vagones del ferrocarril.
   Para que no haya banano barato

    Y para que haya banano barato.
        19 ctvs. el racimo.
Los trabajadores reciben vales en vez de jornales.
En vez de pago, deudas.
Y abandonadas las plantaciones, que ya no sirven para nada,
y dadas a colonias de desocupados.
Y la United Fruit Company en Costa Rica
con sus subsidiarias la costa Rica Banana Company
y la Northern Railway Company y
la International Radio Telegraph Company
y la Costa Rica Supply Company
     pelean en los tribunales contra un huérfano.
El costo del descarrilamiento son 25 dólares de indemnización
(pero hubiera sido más caro componer la línea férrea).

Y los diputados, más baratos que las mulas –decía Zemurray.
Sam Zemurray, el turco vendedor de bananas al menudeo
en Mobile, Alabama, que un día hizo un viaje a Nueva Orleáns
y vio en los muelles de la United echar los bananos al mar
y ofreció comprar toda la fruta para fabricar vinagre,
la compró, y la vendió allí mismo en Nueva Orleáns
y la United tuvo que darle tierras en Honduras
con tal que renunciara a su contrato en Nueva Orleáns,
y así fue como Sam Zemurray puso presidentes en Honduras.
Provocó disputas fronterizas entre Guatemala y Honduras
(que eran entre la United Fruit Company y su compañía)
proclamando que no debía perder Honduras (su compañía)
"una pulgada de tierra no sólo en la franja disputada,
sino también en cualquier otra zona hondureña
(de su compañía) no en disputa..."
(mientras la United defendía los derechos de Honduras
en su litigio con Nicaragua Lumber Company)
hasta que la disputa cesó porque se alió con la United
y después le vendió todas sus acciones a la United
y con el dinero de la venta compró acciones en la United
y con las acciones cogió por asalto la presidencia de Boston
(juntamente con sus empleados presidentes de Honduras)
y ya fue dueño igualmente de Honduras y Guatemala
y quedó abandonada la disputa de las tierras agotadas
que ya no le servían ni a Guatemala ni a Honduras.

Había un nicaragüense en el extranjero,
un "nica" de Niquinohomo,
trabajando en la Huasteca Petroleum Co., de Tampico.
Y tenía economizados cinco mil dólares.
Y no era ni militar ni político.
Y cogió tres mil dólares de los cinco mil
y se fue a Nicaragua a la revolución de Moncada.
Pero cuando llegó, Moncada estaba entregando las armas.
Pasó tres días, triste, en el Cerro del Común.
Triste, sin saber qué hacer.
Y no era ni político ni militar.
Pensó, y pensó, y se dijo por fin:
Alguien tiene que ser.
   Y entonces escribió su primer manifiesto.

El Gral. Moncada telegrafía a los americanos:
**TODOS MIS HOMBRES ACEPTAN LA RENDICIÓN MENOS
   UNO.**
Mr. Stimpson le pone un ultimátum.
"El pueblo no agradece nada..."
   le manda a decir Moncada.
Él reúne a sus hombres en el Chipote:
29 hombres (y con él 30) contra EE. UU.
   MENOS UNO.
     ("Uno de Niquinohomo...")
–Y con él 30!
"El que se mete a redentor muere crucificado"
le manda otra vez a decir Moncada.
Porque Moncada y Sandino eran vecinos;
Moncada de Masatepe y Sandino de Niquinohomo.
Y Sandino le contesta a Moncada:
"La muerte no tiene la menor importancia."
Y a Stimpson: "Confío en el valor de mis hombres..."
Y a Stimpson, después de la primera derrota:
"El que cree que estamos vencidos
   no conoce a mis hombres."
Y no era ni militar ni político.
Y sus hombres:
   muchos eran muchachos,
con sombreros de palma y con caites

o descalzos, con machetes, ancianos
de barba blanca, niños de doce años con sus rifles,
blancos, indios impenetrables, y rubios, y negros murrucos,
con los pantalones despedazados y sin provisiones,
con los pantalones hechos jirones,
desfilando en fila india con la bandera adelante
–un harapo levantado en un palo de la montaña–
callados debajo de la lluvia, y cansados,
chapoteando los caites en los charcos del pueblo
                              ¡Viva Sandino!
y de la montaña venían, y a la montaña volvían,
marchando, chapoteando, con la bandera adelante.
Un ejército descalzo o con caites y casi sin armas
que no tenía ni disciplina ni desorden
y donde ni los jefes ni la tropa ganaban paga
pero no se obligaba a pelear a nadie:
y tenían jerarquía militar pero todos eran iguales
sin distinción en la repartición de la comida
y el vestido, con la misma ración para todos.
Y los jefes no tenían ayudantes:
más bien como una comunidad que como un ejército
y más unidos por amor que por disciplina militar
aunque nunca ha habido mayor unidad en un ejército.
Un ejército alegre, con guitarras y con abrazos.
Una canción de amor era su himno de guerra:

> *Si Adelita se fuera con otro*
> *La seguiría por tierra y por mar*
> *Si por mar en un buque de guerra*
> *Y si por tierra en un tren militar.*

"El abrazo es el saludo de todos nosotros",
decía Sandino –y nadie ha abrazado como él.
Y siempre que hablaban de ellos decían *todos*:
"Todos nosotros..." "Todos somos iguales."
"Aquí todos somos hermanos", decía Umanzor.
Y todos estuvieron unidos hasta que los mataron a todos.
Peleando contra aeroplanos con tropas de zacate,
sin más paga que la comida y el vestido y las armas,
y economizando cada bala como si fuera de oro;
con morteros hechos con tubos

y con bombas hechas con piedras y pedazos de vidrios,
rellenas con dinamita de las minas y envueltas en cueros;
con granadas fabricadas con latas de sardinas.

"He is a bandido", decía Somoza, "a bandolero".
Y Sandino nunca tuvo propiedades.
Que traducido al español quiere decir:
Somoza le llamaba a Sandino bandolero.
Y Sandino nunca tuvo propiedades.
Y Moncada le llamaba bandido en los banquetes
y Sandino en las montañas no tenía sal
y sus hombres tiritando de frío en las montañas,
y la casa de su suegro la tenía hipotecada
para libertar a Nicaragua, mientras en la Casa Presidencial
Moncada tenía hipotecada a Nicaragua.
"Claro que no es" –dice el Ministro Americano
riendo– "pero le llamamos bandolero en sentido técnico."
¿Qué es aquella luz allá lejos? ¿Es una estrella?
Es la luz de Sandino en la montaña negra.
Allá están él y sus hombres junto a la fogata roja
con sus rifles al hombro y envueltos en sus colchas,
fumando o cantando canciones tristes del Norte,
los hombres sin moverse y moviéndose sus sombras.

Su cara era vaga como la de un espíritu,
lejana por las meditaciones y los pensamientos
y seria por las campañas y la intemperie.
Y Sandino no tenía cara de soldado,
sino de poeta convertido en soldado por necesidad,
y de un hombre nervioso dominado por la serenidad.
Había dos rostros superpuestos en su rostro:
una fisonomía sombría y a la vez iluminada;
triste como un atardecer en la montaña
y alegre como la mañana en la montaña.
En la luz su rostro se le rejuvenecía,
y en la sombra se le llenaba de cansacio.
Y Sandino no era inteligente ni era culto
pero salió inteligente de la montaña.
"En la montaña todo enseña" decía Sandino
(soñando con las Segovias llenas de escuelas)

y recibía mensajes de todas las montañas
y parecía que cada cabaña espiaba para él
(donde los extranjeros hasta los "americanos")
    –"hasta los yanquis..."
Y: "Dios hablará por los segovianos..." decía.
"Nunca creí que saldría vivo de esta guerra
pero siempre he creído que era necesaria..."
Y: "¿Creen que yo voy a ser latifundista?"

Es medianoche en las montañas de las Segovias.
¡Y aquella luz es Sandino! Una luz con un canto...

    Si Adelita se fuera con otro.

Pero las naciones tienen su sino.
Y Sandino no fue nunca presidente
sino que el asesino de Sandino fue el presidente
¡y 20 años presidente!

    Si Adelita se fuera con otro
    La seguiría por tierra y por mar.

Se firmó el desarme. Cargaron las armas en carretas.
Guatuceros amarrados con cabuyas, rifles sarrosos
y unas cuantas ametralladoras viejas.
Y las carretas van bajando por la sierra.

    Si por mar en un buque de guerra
    Y si por tierra en un tren militar.

Telegrama del Ministro Americano (Mr. Lane)
al Secretario de Estado –Depositado en Managua
el 14 de febrero de 1934 a las 6:5 p. m.
y recibido en Washington a las 8:50 p. m.:
    "Informado por fuente oficial
    que el avión no pudo aterrizar en Wiwilí
    y por tanto la venida de Sandino se retrasa..."

El telegrama del Ministro Americano (Mr. Lane)
al Secretario de Estado el 16 de febrero

anunciando la llegada de Sandino a Managua
Not Printed
no fue publicado en la memoria del Depto. de Estado.

Como la guardatinaja que salió del matorral
a la carretera y es acorralada por los perros
y se queda parada delante de los tiradores
porque sabe que no tiene para dónde correr...

I talked with Sandino for half an hour
–dijo Somoza al Ministro Americano–
*but I can't tell you what he talked about
because I don't know what he talked about
because I don't know what he talked about.*

"Y ya verán que yo no tendré nunca propiedades"...
Y: "Es in-cons-ti-tu-cio-nal", decía Sandino.
"La Guardia Nacional es inconstitucional."
"An insult", dijo Somoza al Ministro Americano
el VEINTIUNO DE FEBRERO a las 6 de la tarde,
"An insult! I want to stop Sandino."

Cuatro presos están cavando un hoyo.
"¿Quién se ha muerto?", dijo un preso.
"Nadie", dijo el guardia.
"Entonces ¿para qué es el hoyo?"
"Qué perdés", dijo el guardia, "seguí cavando".

El Ministro Americano está almorzando con Moncada.
"Will you have coffee, sir?"
moncada se mantiene mirando a la ventana.
*"Will you have coffee, sir?
It's very good coffee, sir."*
"What?" Moncada aparta la mirada de la ventana
y mira al criado: *"Oh, yes, I'll have coffee."*
Y se rió. *"Certainly."*

En un cuartel cinco hombres están en un cuarto cerrado
con centinelas en las puertas y las ventanas.
A uno de los hombres le falta un brazo.
Entra el jefe gordo con condecoraciones y les dice: *"Yes."*

Otro hombre va a cenar esa noche con el Presidente
(el hombre para el que estuvieron cavando el hoyo)
y les dice a sus amigos: "Vámonos. Ya es hora."
Y suben a cenar con el Presidente de Nicaragua.

A las 10 de la noche bajan en automóvil a Managua.
En mitad de la bajada los detienen los guardias.
A los dos más viejos se los llevan en un auto
y a los otros tres en otro auto para otro lado,
a donde cuatro presos estuvieron cavando un hoyo.
"¿Adónde vamos?"
preguntó el hombre para el que hicieron el hoyo.
   Y nadie le contestó.

Después el auto se paró y un guardia les dijo:
"Salgan." Los tres salieron,
y un hombre al que le faltaba un brazo gritó "¡Fuego!"

"*I was in a Concierto*", dijo Somoza.
Y era cierto, había estado en un concierto
o en un banquete o viendo bailar a una bailarina o
quién sabe qué mierda sería.
Y a las 10 de la noche Somoza tuvo miedo.
De pronto afuera repicó el teléfono.
"¡Sandino lo llama por teléfono!"
Y tuvo miedo. Uno de sus amigos le dijo:
"No sea pendejo, ¡jodido!"
Somoza mandó no contestar el teléfono.
La bailarina seguía bailando para el asesino.
Y afuera en la oscuridad siguió repicando
   y repicando el teléfono.

A la luz de una lámpara tubular,
cuatro guardias están cerrando un hoyo.
Y a la luz de una luna de febrero.

Es hora en que el lucero nistoyolero de Chontales
levanta a las inditas a hacer nistoyol,
y salen el chiclero, el maderero y el raicillero
con los platanales todavía plateados por la luna,

con el grito del coyotesolo y el perico melero
y el chiflido de la lechuza a la luz de la luna.
La guardatinaja y la guatuza salen de sus hoyos
y los pocoyos y cadejos se esconden en los suyos.
La Llorona va llorando a la orilla de los ríos:
"¿Lo hallaste?" "¡No!" "¿Lo hallaste?" "¡No!"
Un pájaro se queja como el crujido de un palo,
después la cañada se calla como oyendo algo,
y de pronto un grito... El pájaro pronuncia
la misma palabra triste, la misma palabra triste.
Los campistos empiezan a totear sus vacas:
Tóoo-tó-tó-tó; Tóoo-tó-tó-tó; Tóoo-tó-tó-tó;
los lancheros levantan las velas de sus lanchas;
el telegrafista de San Rafael del Norte telegrafía:
BUENOS DÍAS SIN NOVEDAD EN SAN RAFAEL DEL NORTE
y el telegrafista de Juigalpa: SIN NOVEDAD EN JUIGALPA.
Y las tucas van bajando por el Río Escondido
con los patos gritando cuá-cuá-cuá, y los ecos,
los ecos, mientras el remolcador va con las tucas
resbalando sobre el verde río de vidrio
hacia el Atlántico...

Y mientras en los salones del Palacio Presidencial
y en los patios de las prisiones y en los cuarteles
y la Legación Americana y la Estación de Policía
los que velaron esa noche se ven en el alba lívida
con las manos y las caras como manchadas de sangre.

    "*I did it*", dijo después Somoza.
    "*I did it, for the good of Nicaragua.*"

Y William Walker dijo cuando lo iban a matar:
"El Presidente de Nicaragua es nicaragüense."

En abril, en Nicaragua, los campos están secos.
Es el mes de las quemas de los campos,
del calor, y los potreros cubiertos de brasas,
y los cerros que son de color de carbón;
del viento caliente, y el aire que huele a quemado,
y de los campos que se ven azulados por el humo

y las polvaredas de los tractores destroncando;
de los cauces de los ríos secos como caminos
y las ramas de los palos peladas como raíces;
de los soles borrosos y rojos como sangre
y las lunas enormes y rojas como soles,
y las quemas lejanas, de noche, como estrellas.

En mayo llegan las primeras lluvias.
La hierba tierna renace de las cenizas.
Los lodosos tractores roturan la tierra.
Los caminos se llenan de mariposas y de charcos,
y las noches son frescas, y cargadas de insectos,
y llueve toda la noche. En mayo
florecen los malinches en las calles de Managua.
Pero abril en Nicaragua es el mes de la muerte.

En abril los mataron.
Yo estuve con ellos en la rebelión de abril
y aprendí a manejar una ametralladora Rising.
      Y Adolfo Báez Bone era mi amigo:
Lo persiguieron con aviones, con camiones,
con reflectores, con bombas lacrimógenas,
con radios, con perros, con guardias;
y yo recuerdo las nubes rojas sobre la Casa Presidencial
como algodones ensangrentados,
y la luna roja sobre la Casa Presidencial.
La radio clandestina decía que vivía.
El pueblo no creía que había muerto.
     (Y no ha muerto.)

Porque a veces nace un hombre en una tierra
     que es esa tierra.
Y la tierra en que es enterrado ese hombre
     es ese hombre.
Y los hombres que después nacen en esa tierra
     son ese hombre.
Y Adolfo Báez Bone era ese hombre.

"Si a mí me pusieran a escoger mi destino
(me había dicho Báez Bone tres días antes)

entre morir asesinado como Sandino
o ser Presidente como el asesino de Sandino
yo escogería el destino de Sandino."
    Y él escogió su destino.
La gloria no es la que enseñan los textos de historia:
es una zopilotera en un campo y un gran hedor.

> Pero cuando muere un héroe
>   no se muere:
> sino que ese héroe renace
>   en una Nación.

Después EE. UU. le mandó más armas a Somoza;
como media mañana estuvieron pasando las armas;
camiones y camiones cargados con cajones de armas;
todo marcados U.S.A. MADE IN U.S.A.,
armas para echar más presos, para perseguir libros,
para robarle a Juan Potosme cinco pesos.
Yo vi pasar esas armas por la Avenida Roosevelt.
Y la gente callada en las calles las veía pasar:
el flaco, el descalzo, el de la bicicleta,
el negro, el trompudo, aquella la de amarillo,
el alto, el chele, el pelón, el bigotudo,
el ñato, el chirizo, el murruco, el requeneto:
y la cara de toda esa gente
    era la de un ex teniente muerto.

La música de los mambos bajaba hasta Managua.
Con sus ojos rojos y turbios como los de los tiburones
pero un tiburón con guardaespaldas y con armamentos
(*Eulamia nicaragüensis*)
Somoza estaba bailando mambo
    mambo mambo
    qué rico el mambo
cuando los estaban matando.
Y Tachito Somoza (el hijo) sube a la Casa Presidencial
a cambiarse una camisa manchada de sangre
por otra limpia.
    Manchada de sangre con chile.
Los perros de la prisión aullaban de lástima.
Los vecinos de los cuarteles oían los gritos.

Primero era un grito solo en mitad de la noche,
y después más gritos y más gritos
y después un silencio... Después una descarga
y un tiro solo. Después otro silencio,
      y una ambulancia.

¡Y en la cárcel otra vez están aullando los perros!
El ruido de la puerta de hierro que se cierra
detrás de vos y entonces empiezan las preguntas
y la acusación, la acusación de conspiración
y la confesión, y después las alucinaciones.
La foto de tu esposa relumbrando como un foco
delante de vos y las noches llenas de alaridos
y de ruidos y de silencio, un silencio sepulcral,
y otra vez la misma pregunta, la misma pregunta,
y el mismo ruido repetido y el foco en los ojos
y después los largos meses que siguieron.
¡Ah poder acostarse uno esta noche en su cama
sin temor a ser levantado y sacado de su casa,
a los golpes en la puerta y al timbre de noche!

Suenan tiros en la noche, o parecen tiros.
Pasan pesados camiones, y se paran,
y siguen. Uno ha oído sus voces.
Es en la esquina. Estarán cambiando de guardia.
Uno ha oído sus risas y sus armas.
El sastre de enfrente ha encendido la luz.
Y pareció que golpearon aquí. O donde el sastre.
¡Quién sabe si esta noche vos estás en la lista!
Y sigue la noche. Y falta mucha noche todavía.
Y el día no será sino una noche con sol.
La quietud de la noche bajo el gran solazo.

El Ministro Americano Mr. Whelan
asiste a la fiesta de la Casa Presidencial.
Las luces de la Presidencial se ven desde todo Managua.
La música de la fiesta llega hasta las celdas de los presos
en la quieta brisa de Managua bajo la Ley Marcial.
Los presos en sus celdas alcanzan a oír la música
entre los gritos de los torturados en las pilas.
Arriba en la Presidencial Mr. Whelan dice:
                      Fine party!

Como le dijo a Summer Welles el sonofabitch de Roosevelt:
"Somoza *is a sonofabitch*
but he's ours."
Esclavo de los extranjeros
 y tirano de su pueblo
impuesto por la intervención
 y mantenido por la no intervención:
SOMOZA FOREVER

El espía que sale de día
El agente que sale de noche
y el arresto de noche:
Los que están presos por hablar en un bus
o por gritar un Viva
o por un chiste.
"Acusado de hablar mal del Sr. Presidente..."
Y los juzgados por un juez con cara de sapo
o en los Consejos de Guerra por guardias con caras de perro;
a los que han hecho beber orines y comer mierda
(cuando tengáis Constitución recordadlos)
los de la bayoneta en la boca y la aguja en el ojo,
las pilas electrizadas y el foco en los ojos.
–"Es un hijueputa, Mr. Welles, pero es de nosotros".
Y en Guatemala, en Costa Rica, en México,
soñando que les están aplicando otra vez la "maquinita",
o que están otra vez amarrados
y ven venir a Tachito con la aguja.
"...Y galán, hombré..."
 (decía un campesino).
"Sí, era él. Y galán, hombré...
Blanco, con su camisita amarilla
de manga corta.
 Galán, el jodido."

Cuando anochece en Nicaragua la Casa Presidencial
se llena de sombras. Y aparecen caras.
Caras en la oscuridad.
 Las caras ensangrentadas.

Adolfo Báez Bone; Pablo Leal sin lengua;
Luis Gabuardi mi compañero de clase al que quemaron vivo

y murió gritando *¡Muera Somoza!*
La cara del telegrafista de 16 años
(y no se sabe ni siquiera su nombre)
que trasmitía de noche mensajes clandestinos
a Costa Rica, telegramas temblorosos a través
de la noche, desde la Nicaragua oscura de Tacho
(y no figurará en los textos de historia)
y fue descubierto, y murió mirando a Tachito;
su cara lo mira todavía. El muchacho
al que encontraron de noche pegando papeletas
     SOMOZA ES UN LADRÓN
y es arriado al monte por unos guardias riendo...
Y tantas otras sombras, tantas otras sombras;
las sombras de las zopiloteras de Wiwilí;
la sombra de Estrada; la sombra de Umanzor;
la sombra de Sócrates Sandino;
y la gran sombra, la del gran crimen,
la sombra de Augusto César Sandino;
Todas las noches en Managua la Casa Presidencial
se llena de sombras.

Pero el héroe nace cuando muere
y la hierba verde renace de los carbones.

ÁNGEL GONZÁLEZ (1925)

Notas de un viajero

Siempre es igual aquí el verano:
sofocante y violento. Pero
hace muy pocos años todavía
este paisaje no era así. Era
más limpio y apacible –me cuentan–,
más claro, más sereno.
Ahora
el Imperio contrajo sus fronteras
y la resaca de una paz dudosa
arrastró a la metrópoli,
desde los más lejanos confines de la tierra,
un tropel pintoresco y peligroso:
aventureros, mercaderes,
soldados de fortuna, prostitutas, esclavos
recién manumitidos, músicos ambulantes,
falsos profetas, adivinos, bonzos,
mendigos y ladrones
que practican su oficio cuando pueden.
Todo el mundo amenaza a todo el mundo,
unos por arrogancia, otros por miedo.
Junto a las villas de los senadores,
insolentes hogueras
delatan la presencia de los bárbaros.
Han llegado hasta aquí con sus tambores,
asan carne barata al aire libre, cantan
canciones aprendidas en sus lejanas islas.
No conmemoran nada: rememoran,
repiten ritmos, sueños y palabras
que muy pronto
perderán su sentido.

Traidores a su pueblo,
                    desterrados
por su traición,
despreciados
por quienes los acogen con disgusto
tras haberlos usado sin provecho,
acaso un día
sea ésta la patria de sus hijos;
nunca la de ellos.
Su patria es esa música tan sólo,
el humo y la nostalgia
que levantan su fuego y sus canciones.

Cerca del Capitolio
hay tonsurados monjes mendicantes,
embadurnados de ceniza y púrpura,
que predican y piden mansamente
atención y monedas.
Orgullosos negros,
ayer todavía esclavos,
miran a las muchachas de tez clara
con sonrisa agresiva,
y escupen cuando pasan los soldados.
(Por mucho menos los ahorcaban antes.)

Desde sus pedestales,
los Padres de la Patria contemplan desdeñosos
el corruptor efecto de los días
sobre la gloria que ellos acuñaron.
Ya no son más que piedra o bronce, efigies,
perfiles en monedas, tiempo ido
igual que sus vibrantes palabras, convertidas
en letra muerta que decora
los mármoles solemnes en su honor erigidos.

El aire huele a humo y a magnolias.
Un calor húmedo asciende de la tierra,
y el viento se ha parado.
En la ilusoria paz del parque juegan
niños en español.
Por el río Potomac remeros perezosos
buscan la orilla en sombra de la tarde.

BLANCA VARELA (1926)

Canto villano

y de pronto la vida
en mi plato de pobre
un magro trozo de celeste cerdo
aquí en mi plato

observarme
observarte
o matar una mosca sin malicia
aniquilar la luz
o hacerla

hacerla
como quien abre los ojos y elige
un cielo rebosante
en el plato vacío

rubens cebollas lágrimas
más rubens más cebollas
más lágrimas

tantas historias
negros indigeribles milagros
y la estrella de oriente

emparedada
y el hueso del amor
tan roído y tan duro
brillando en otro plato

este hambre propio
existe
es la gana del alma
que es el cuerpo

es la rosa de grasa
que envejece
en su cielo de carne

mea culpa ojo turbio
mea culpa negro bocado
mea culpa divina náusea

no hay otro aquí
en este plato vacío
sino yo
devorando mis ojos
y los tuyos

JAIME SABINES (1926-1999)

Algo sobre la muerte del Mayor Sabines

Primera parte
I

Déjame reposar,
aflojar los músculos del corazón
y poner a dormitar el alma
para poder hablar,
para poder recordar estos días,
los más largos del tiempo.

Convalecemos de la angustia apenas
y estamos débiles, asustadizos,
despertando dos o tres veces de nuestro escaso sueño
para verte en la noche y saber que respiras.
Necesitamos despertar para estar más despiertos
en esta pesadilla llena de gentes y de ruidos.

Tú eres el tronco invulnerable y nosotros las ramas,
por eso es que este hachazo nos sacude.
Nunca frente a tu muerte nos paramos
a pensar en la muerte,
ni te hemos visto nunca sino como la fuerza y la alegría.
No lo sabemos bien, pero de pronto llega
un incesante aviso,
una escapada espada de la boca de Dios
que cae y cae y cae lentamente.
Y he aquí que temblamos de miedo,
que nos ahoga el llanto contenido,
que nos aprieta la garganta el miedo.
Nos echamos a andar y no paramos
de andar jamás, después de medianoche,
en ese pasillo del sanatorio silencioso
donde hay una enfermera despierta de ángel.

Esperar que murieras era morir despacio,
estar goteando del tubo de la muerte,
morir poco, a pedazos.

No ha habido hora más larga que cuando no dormías,

ni túnel más espeso de horror y de miseria
que el que llenaban tus lamentos,
tu pobre cuerpo herido.

V

De las nueve de la noche en adelante
viendo la televisión y conversando
estoy esperando la muerte de mi padre.
Desde hace tres meses, esperando.
En el trabajo y en la borrachera,
en la cama sin nadie y en el cuarto de niños,
en su dolor tan lleno y derramado,
su no dormir, su queja y su protesta,
en el tanque de oxígeno y las muelas
del día que amanece, buscando la esperanza.

Mirando su cadáver en los huesos
que es ahora mi padre,
e introduciendo agujas en las escasas venas,
tratando de meterle la vida, de soplarle
     en la boca el aire...

(Me avergüenzo de mí hasta los pelos
por tratar de escribir estas cosas.
¡Maldito el que crea que esto es un poema!)

Quiero decir que no soy enfermero,
padrote de la muerte,
orador de panteones, alcahuete,
pinche de Dios, sacerdote de las penas.
Quiero decir que a mí me sobra el aire...

VII

Madre generosa
de todos los muertos,
madre tierra, madre,
vagina del frío,
brazos de intemperie,
regazo del viento,
nido de la noche,
madre de la muerte,
recógelo, abrígalo,
desnúdalo, tómalo,
guárdalo, acábalo.

XIII

Padre mío, señor mío, hermano mío,

amigo de mi alma, tierno y fuerte,
saca tu cuerpo viejo, viejo mío,
saca tu cuerpo de la muerte.

Saca tu corazón igual que un río,
tu frente limpia en que aprendí a quererte,
tu brazo como un árbol en el frío
saca todo tu cuerpo de la muerte.

Amo tus canas, tu mentón austero,
tu boca firme y tu mirada abierta,
tu pecho vasto y sólido y certero.

Estoy llamando, tirándote la puerta.
Parece que yo soy el que me muero:
¡padre mío, despierta!

CARLOS GERMÁN BELLI (1927)

¡Oh Hada Cibernética...!

¡Oh Hada Cibernética!, ya líbranos
con tu eléctrico seso y casto antídoto,
de los oficios hórridos y humanos,
que son como tizones infernales
encendidos de tiempo inmemorial
por el crudo secuaz de las hogueras;
amortigua, ¡oh señora!, la presteza
con que el cierzo sañudo y tan frío
bate las nuevas aras, en el humo enhiestas,
de nuestro cuerpo ayer, cenizas hoy,
que ni siquiera pizca gozó alguna,
de los amos no ingas privativo
el ocio del amor y la sapiencia.

TOMÁS SEGOVIA (1927)

Anagnórisis
(Fragmentos)

                        eterna recordada
cuya presencia es de la raza del olvido
huésped por un momento de mi clima
y siempre retornada al vientre de la sombra
con misterioso ritmo sideral de eclipses
fatal giro de fases lunar y femenino
plasmada y disipada alternativamente
en mi suprema rueda de infortunio
no sabrás nunca cuánto añora el nómada
esos pesados toldos de desgracia
las lágrimas del célibe no mojan
a sí mismo librado mas no libre
huye a través de un páramo sin término
evocando los trágicos racimos sangrientos del amor
cuyo estigma precioso hoy atesora
y la carne que entonces luchaba con la carne
y aquel vasto jadeo inolvidable
de dos grandes dolores enlazados
en el abrazo de piedad feroz
y el vivo despotismo fascinante
y el dolor imprevisto de morder bruscamente
en una amarga muerte ajena
y la evidencia antigua vuelta a reconocer
en el límite extremo de una larga sordera
y el relieve imperioso y preciso del gesto
que volvía a apretar las ligaduras
y hasta la misma maldición de amor
mal de ojo de unos ojos adorantes
difícil delación hecha en plena ternura
arco voltaico en el cual enfrentados
los dos pertenecisteis a una misma violencia

descarga que cargaba de impotencia sus miembros
atajando su hermosa libertad evadida
y así lo derribaba inválido a su historia
amado barro impuramente tibio
donde sembrar el elusivo corazón
corpórea maldición de bulto
cárcel y escudo escollo que es puntal

la libertad no es sino el hueco de tu impronta
tu huella desertada
tu ausencia está maldita más que tu impío imperio

el monstruo del silencio se alzaba entre nosotros
a su sombra crecían nuestras vidas
el mismo Mal acuérdate nos preservaba
con su terco tejido
                      de las disoluciones
toda una espesa capa de lenguajes podridos
recubría la faz de nuestros territorios
hacíamos en ella nuestros lechos
su espesor nos unía
su peso opaco nos fue todo un mundo
magma y asfixia y ocasión y enigma
pero tú desertaste del remordimiento
aterrado procedo solo por la intemperie
voy sin ti huérfano del Hades
indeseado "aborto del averno"
contigo lo cerrado repudia en mí su cría
y lo abierto me niega en ti su crïatura
y quedo sin retorno encerrado en un fuera

tú la lejos nacida
venida a mí desde lo más extraño
cada vez no supiste morir a la extrañeza
para nacer a mí segundamente
confundida a lo oscuro me hurtaste los orígenes
y revestida de esplendor las cimas

hija de lo profundo hija de lo distinto
cuando mi sinüosa sangre irremontable

moría por regar los pies de tu pureza
cuando quise ser yo el fértil de ti
recobrar en ti mía lo que no me hizo suyo
cuando te quise dar la vida con mi vida
renegaste de mí y volviste al silencio

te di recuérdalo la facultad del habla
qué has hecho de ella en qué la has convertido
de pronto me has dejado hablando solo
ahogado bajo el peso de mis propias palabras
dirigidas a nadie dichas en la mudez
proliferando absurdas como el cáncer
cayendo sobre mí paralizándome
con su demente camisa de fuerza

mi lengua sin destino engendra monstruos
alucinante maquinaria inútil
letal palabra en libertad o gen sin ley
lenguaje reventado que me mata y se mata

de mi palabra dada
lo que no hiciste deuda lo haces flecha perdida
lo haces golpe al vacío
y paso en falso y juramento en falso
por todas partes huyes y me cierras el paso
me vedas la caverna la humedad el surco
cae en la árida arena derramado
el fuego seminal de mi palabra
el aire muerto seca mi palabra
ya no siembro en tu vientre mi palabra
recorro destronado mis antiguos dominios
mi poder sin empleo es doloroso
célibe sexo erecto en noches sin pareja
llevo con repugnancia este lenguaje
que dejaste en mis brazos mutilado

demarcaste tu zona de silencio
allí estarás hablándole también a la demencia
y no podrás hablar sino con mis palabras
mas no entregues la clave al enemigo

guarda el secreto de nuestro amor réprobo
no traiciones el lazo fratricida
toda tú vas manchada por mi voz
y aquel mosto nocturno bebido en tu blancura
que intoxica mi sangre para siempre
circula en mí mientras avanzo por lo liso
veneno salvador del que moriré un día
secreta fiebre de mis musitaciones
huidizo contrapunto en mi hablar obstinado
en mi terco repaso de las vanas etapas
mi insensato inventario de tu ausencia
elegida fatal de mi perjurio...

JAIME GIL DE BIEDMA (1929-1990)

Barcelona ja no és bona, o mi paseo solitario en primavera

A Fabián Estapé

> Este despedazado anfiteatro,
> impío honor de los dioses, cuya afrenta
> publica el amarillo jaramago,
> ya reducido a trágico teatro,
> ¡oh fábula del tiempo! representa
> cuánta fue su grandeza y es su estrago.
> RODRIGO CARO

En los meses de aquella primavera
pasaron por aquí seguramente
más de una vez.
Entonces, los dos eran muy jóvenes
y tenían el Chrysler amarillo y negro.
Los imagino al mediodía, por la avenida de los tilos,
la capota del coche salpicada de sol,
o quizá en Miramar, llegando a los jardines,
mientras que sobre el fondo del puerto y la ciudad
se mecen las sombrillas del restaurante al aire libre,
y las conversaciones, y la música,
fundiéndose al rumor de los neumáticos
sobre la grava del paseo.
                         Sólo por un instante
se destacan los dos a pleno sol
con los trajes que he visto en las fotografías:
él examina un coche muchísimo más caro
–un Duesemberg *sport* con doble parabrisas,
bello como una máquina de guerra–
y ella se vuelve a mí, quizá esperándome,
y el vaivén de las rosas de la pérgola
parpadea en la sombra

de sus pacientes ojos de embarazada.
Era en el año de la Exposición.
Así yo estuve aquí
dentro del vientre de mi madre,
y es verdad que algo oscuro, que algo anterior me trae
por estos sitios destartalados.
Más aún que los árboles y la naturaleza
o que el susurro del agua corriente
furtiva, reflejándose en las hojas
–y eso que ya a mis años
se empieza a agradecer la primavera–,
yo busco en mis paseos los tristes edificios,
las estatuas manchadas con lápiz de labios,
los rincones del parque pasados de moda
en donde, por la noche, se hacen el amor...
Y a la nostalgia de una edad feliz
y de dinero fácil, tal como la contaban,
se mezcla un sentimiento bien distinto
que aprendí de mayor,
                    este resentimiento
contra la clase en que nací,
y que se complace también al ver mordida,
ensuciada la feria de sus vanidades
por el tiempo y las manos del resto de los hombres.

Oh mundo de mi infancia, cuya mitología
se asocia –bien lo veo–
con el capitalismo de empresa familiar!
Era ya un poco tarde
incluso en Cataluña, pero la *pax* burguesa
reinaba en los hogares y en las fábricas,
sobre todo en las fábricas –Rusia estaba muy lejos
y muy lejos Detroit.
Algo de aquel momento queda en estos palacios
y en estas perspectivas desiertas bajo el sol,
cuyo destino ya nadie recuerda.

Todo fue una ilusión, envejecida
como la maquinaria de sus fábricas,
o como la casa en Sitges, o en Caldetas,

heredada también por el hijo mayor.
Sólo montaña arriba, cerca ya del castillo,
de sus fosos quemados por los fusilamientos,
dan señales de vida los murcianos.
Y yo subo despacio por las escalinatas
sintiéndome observado, tropezando en las piedras
en donde las higueras agarran sus raíces,
mientras oigo a estos chavas nacidos en el Sur
hablarse en catalán, y pienso, a un mismo tiempo,
en mi pasado y en su porvenir.

Sean ellos sin más preparación
que su instinto de vida
más fuertes al final que el patrón que les paga
y que el *salta-taulells* que les desprecia:
que la ciudad les pertenezca un día.
Como les pertenece esta montaña,
este despedazado anfiteatro
de las nostalgias de una burguesía.

ENRIQUE LIHN (1929-1988)

Porque escribí

Ahora que quizás, en un año de calma,
piense: la poesía me sirvió para esto:
no pude ser feliz, ello me fue negado,
pero escribí.

Escribí: fui la víctima
de la mendicidad y el orgullo mezclados
y ajusticié también a unos pocos lectores:
tendí la mano en puertas que nunca, nunca he visto;
una muchacha cayó, en otro mundo, a mis pies.

Pero escribí: tuve esta rara certeza,
la ilusión de tener el mundo entre las manos
—¡qué ilusión más perfecta! como un cristo barroco
con toda su crueldad innecesaria—
Escribí, mi escritura fue como la maleza
de flores ácimas pero flores en fin,
el pan de cada día de las tierras eriazas:
un caparazón de espinas y raíces.

De la vida tomé todas estas palabras
como un niño oropel, guijarros junto al río:
las cosas de una magia, perfectamente inútiles
pero que siempre vuelven a renovar su encanto.
La especie de locura con que vuela un anciano
detrás de las palomas imitándolas
me fue dada en lugar de servir para algo.
Me condené escribiendo a que todos dudaran
de mi existencia real,
(días de mi escritura, solar del extranjero).
Todos los que sirvieron y los que fueron servidos
digo que pasarán porque escribí

y hacerlo significa trabajar con la muerte
codo a codo, robarle unos cuantos secretos.
En su origen el río es una veta de agua
–allí, por un momento, siquiera, en esa altura–
luego, al final, un mar que nadie ve
de los que están braceándose la vida.
Porque escribí fui un odio vergonzante,
pero el mar forma parte de mi escritura misma:
línea de la rompiente en que un verso se espuma
yo puedo reiterar la poesía.

Estuve enfermo, sin lugar a dudas
y no sólo de insomnio,
también de ideas fijas que me hicieron leer
con obscena atención a unos cuantos psicólogos,
pero escribí y el crimen fue menor,
lo pagué verso a verso hasta escribirlo,
porque de la palabra que se ajusta al abismo
surge un poco de oscura inteligencia
y a esa luz muchos monstruos no son ajusticiados.

Porque escribí no estuve en casa del verdugo
ni me dejé llevar por el amor a Dios
ni acepté que los hombres fueran dioses
ni me hice desear como escribiente
ni la pobreza me pareció atroz
ni el poder una cosa deseable
ni me lavé ni me ensucié las manos
ni fueron vírgenes mis mejores amigas
ni tuve como amigo a un fariseo
ni a pesar de la cólera
quise desbaratar a mi enemigo.

Pero escribí y me muero por mi cuenta,
porque escribí, porque escribí estoy vivo.

EDUARDO LIZALDE (1929)

Improvisaciones y sonetos cantineros

(En memoria de Renato Leduc)

Del tiempo he de morir, magro es mi tiempo.
Tuve en mi corta vida todo el tiempo,
al tiempo amé y también le di a mi tiempo
modesta eternidad fuera del tiempo.

Hice algunos poemas sobre el tiempo
del comer, del vivir y amar a tiempo,
pero no hice valer nunca mi tiempo
lo suficiente para ser del tiempo.

Los tiempos pasan, nunca pasa el tiempo.
Sólo –una fina espada– cruza el tiempo,
sin dolor, a través de nuestro tiempo.

Pues todas las palabras son ya tiempo,
con todo rima y todo alcanza el tiempo.
No somos más que arena, puro, escaso tiempo.

Si eterno fuera yo, lo fuera el tiempo.
No es más largo ese dios que el de mi tiempo.
Ser eterno y mortal, es contratiempo:
¿por qué ha de haber allá más grande tiempo?

El tiempo en mi exterior nunca es el tiempo.
El tiempo muere cuando muere el tiempo
de mi persona temporal. El tiempo
me pertenece, yo no soy del tiempo.

Hay tiempos, formas, horas, nunca tiempo,
ese fantasma etéreo, sin perfil, el tiempo,
esa forma sin forma que es el tiempo.

Me resisto a creer que ando en el tiempo
como por una calle de ese nombre: tiempo,
pues sin tiempo transcurro, hace ya tiempo.

Sólo el tigre más alto muere a tiempo,
antes que lo destruyan a destiempo
buitres, moscas y otras larvas del tiempo
que para el buen yantar toman su tiempo.

Termina al filo de la noche el tiempo
de los que salvos mueren de su tiempo
sin dar respiro, tregua, tiempo al tiempo,
contra Dios, contra el mundo, contra el tiempo.

Nadie con luz puede vencer al tiempo,
porque la luz perece con el tiempo;
están hechas penumbra y luz de tiempo.

El tigre es alta luz, pero no es tiempo.
El tiempo, tigre puro, es todo el tiempo,
y tigre y luz y mundo, son del tiempo.

JOSÉ ÁNGEL VALENTE (1929)

La noche

Déjame ahora
que, igual que tú con la palabra tú
que así prolongas
para que sea el nombre que has querido darme,
acaricie tu largo cuerpo duro,
el brillo de tu piel que un vaho
mortal humedecía.

Y déjame aún beber
la sed inagotable de la noche.

Cuánta sed engendramos
para que nunca nadie de aquella sed dijera:
fue extinguida.

Y ahora te digo déjame aún beber
en la manida misma de tu sed
tu sed.
      Reténme, cierva,
poder lunar,
            en la raíz del agua.

RAFAEL CADENAS (1930)

Amante

I

Ella, el amante, el anotador
(ningún calígrafo,
un artesano)
se dan
al juego
       perenne.

      *

Sólo porque ella
lo nutre
       con su boca
él insiste
en transcribir
–recordando
y olvidando sus letras–

sigilos.

      *

Eludías
el encuentro
con el tú
magnífico,
el que te toma
y te anula como tempestad
y de ti arranca al que busca.

*

¿Cómo pudiste vivir
de la idea
que la ocultaba,
con un sabor
que no era el de ella,
huyendo
de su aparecer
que era también el tuyo?

*

¿Cómo unirse a ella
sin juntarse
consigo?
Ambos
iban errantes
en el encantamiento
                      de la soledad
que alzabas a ley.

Nunca habías estado frente a ella
(el desamorado no puede verte).
Sólo conocías
un emblema.

*

Llevas el amante
al lugar
del acontecer

–el lugar del asentimiento.

*

Él abre los ojos,
siente,
se abandona.

Sabe ya que nada, nada,
le pertenece,
salvo su dependencia,
y acata
el extraño señorío.

*

Ella lo alzó del suelo
cuando fue necesario,
para otra vez, al sentirlo fuerte,
enseñarle
        suelo.

*

Por prenda
le diste el mundo,
pero una inatención
se lo robaba.
Uniéndolo
tú
lo condujiste
lentamente al sabor,
al alojamiento,
a la sacralidad.

*

Es a él
que lo sagrado
quiere encomendarse.

Los oficiantes no pudieron sostenerlo.
Estaban atados por prescripciones,
hacían una raya divisora,
tasaban lo desconocido–
"hasta aquí, decían, llega el misterio
que administramos",
como si fuese una heredad

gobernable
por mano de hombre;
pero él nunca proscribió ni trazó linderos ni pensó que tenía
    autoridad.

*

Destruye
la retórica del amante
y hazlo venir a pie, desnudo, sin arrimo,
a tu recio descampado.
Que pruebe a sostenerse ahí,
que sienta tu frío,
que vele.

JUAN GELMAN (1930)

Carta abierta

A mi hijo

I

hablarte o deshablarte/dolor mío/
manera de tenerte/destenerte/
pasión que munda su castigo como
hijo que vuela por quietudes/por

arrobamientos/voces/sequedades/
levantamientos de la ser/paredes
donde tu rostro suave de pavor
estalla de furor/a dioses/alma

que me penás el mientras/la dulcísima
recordación donde se aplaca el siendo/
la todo/la trabajo/alma de mí/
hijito que el otoño desprendió

de sus pañales de conciencia como
dando gritos de vos/hijo o temblor/
como trato con nadie sino estar
solo de vos/cieguísimo/vendido

a tu soledadera donde nunca
me cansaría de desesperarte/
aire hermoso/agüitas de tu mirar/
campos de tu escondida musicanta

como desapenando la verdad
del acabar temprano/rostro o noche

donde brillás astrísimo de vos/
hijo que hijé contra la lloradera/

pedazo que la tierna embraveció/
amigo de mi vez/miedara mucho
el no avisado de tu fuerza/amor
derramadísimo como mi propio

volar de vos a vos/sangre de mí
que desataron perros de la contra
besar con besos de la boca/o
cielo que abrís hijando tu morida

II

abril que abriste tu misterio como
esta pena que viene/llorar harto
por los países donde tuve tu
contento o paz/respiraciones donde

hablás de vos/entrañas que desgarra
este cesar de vos/entraña mía/
desentrañándose de mí/mundándome/
o como espanto de perderte como

perderme en tu perder/desabrigada
agua de vos/música bajo perros
de esta mitad rota de vos/sin vos/
que te trabaja ciega/ya atrevida

V

sueño grande de vos/¿quién me lo pone?/
¿hablás así contra la pena/como
arrancándote el alma?/¿me apretás
con tu amor?/¿escondido?/¿te subís

a cada sol?/¿cada luna?/¿pasando
alto en el aire?/¿sólo?/¿desasido?/
¿diseminado por tu pajarito
de no llorar?/¿tu regalo de amor

viene por vía suave?/¿por fueguera?/
¿ardés contra la ciega de la muerte?/
¿me despadrás para despadecerme?/
¿pasás en un burrito por la luz?

FRANCISCO BRINES (1932)

La fabulosa eternidad

Es rosa el monte tras el mudo huerto
del otoño. Los pájaros confunden
ramas, vuelos y trinos; y en el mar
se adormecen las velas solitarias.
Cuelgan de las palmeras los dorados
racimos, y los aires vienen breves
a golpear las ramas del naranjo.
Un aroma de tardíos jazmines
da a mi carne vigor, y juventud.
Los rosales son zarzas y son fuego:
se desnudan de olor. Y son sus flores
sangrientas, blancas, rosas, amarillas.
La casa esplende bajo el sol tardío;
el tiempo es una luz ya muy cansada.

   Puntean las estrellas, y algún frío
baja el azul; es hosca la llegada
de los cuervos que baten el pinar.
Aquí, en este lugar, supo mi infancia
que era eterna la vida, y el engaño
da a mis ojos amor. Hoy miro el mundo
como el amante sabe, abandonado,
que quien le desdeñó le merecía.
Y todo pudo ser, pues fue vivido,
y este rumor de tiempo que yo soy
recuerda, como un sueño, que fue eterno.

CLAUDIO RODRÍGUEZ (1934-1999)

Los almendros de Marialba

Las heladas tardías
entre un febrero poco a poco íntimo
y un marzo aún muy miedoso,
la rama noble tras la poda seca,
la nerviación de la hoja tierna como
el recuerdo sin quicios ni aleteos,
la templanza, el cultivo
con el aceite blanco del invierno,
¿todo es resurrección?

No se los ha llevado la crecida del río,
sin posible remanso, como entonces,
a estos almendros de Marialba. Ahora
es el prodigio enfrente, en la ladera
rojiza. Hay que mirarlos
con la mirada alta, sin recodos,
esperando este viento tan temprano,
esta noche marchita y compañera,
este olor claro antes
de entrar en el tempero de la lluvia,
en el tallo muy fino de la muerte.

Cuántas veces estuve junto a esta cuna fría,
con la luz enemiga,
con estambres muy dulces de sabor,
junto a estas ramas sin piedad. Y hoy
cómo respiro este deslumbramiento,
esta salud de la madera nueva
que llega germinando
con la savia sin prisa de la muerte.
Sin prisa, modelada
con el río benigno

entre el otoño del conocimiento
y el ataúd de sombra tenue, al lado
de estos almendros esperando siempre
las futuras cosechas,
¿todo es resurrección?

Nunca en reposo, almendros
de Marialba
porque la tierra está mullida y limpia,
porque la almendra está durando apenas
alta y temblando
con su fidelidad, su confianza,
muy a medida de las manos que ahora
se secan y se abren
a la yema y al fruto,
a la fecundación, a la fatiga,
a la emoción del suelo
junto a la luz sin nidos.
¿Todo es resurrección?

Hay un suspiro donde ya no hay aire,
sólo el secreto de la melodía
haciéndose más pura y dolorosa
de estos almendros que crecieron antes
de que inocencia y sufrimiento fueran
la flor segura,
purificada con su soledad
que no marchita en vano.
Y es todo el año y es la primavera
de estos almendros que están en tu alma
y están cantando en ella y yo los oigo,
oigo la savia de la luz con nidos
en este cuerpo donde ya no hay nadie
y se lo lleva, se lo está llevando
muy lejos y muy lejos,
allá, en el agua abierta,
allá, con la hoja malva,
el río.

MANUEL DÍAZ MARTÍNEZ (1936)

Carta a un amigo

<blockquote>

A *Severo Sarduy*

Cuando llegaste a París, de noche y con bufanda,
yo conocía el silencio de aquel sótano
y la tos seca del conserje que pasaba hipando por el vino.
Esa ciudad antigua que ambos habitamos
¿no recuerdas que estaba hecha de puertas que jamás se abrían?
Supe allí lo que es dar vueltas sin remedio
frotándome las manos y espiando no sé qué pasos sigilosos
ni qué extraña, inesperada muerte
que ansiaba recibir de manos de Suzanne.
Suzanne quizás sigue de ronda en Clignancourt,
entre cafés con leche bebidos con tirios y troyanos
y escribiendo cartas a nadie en su libreta rota
(*cahier du cadavre* la llamaba),
que escondía debajo de las colchas como una travesura.
Suzanne era un sucio secreto que jamás fue revelado.
¿Recuerdas que viví obsedido por las carnicerías,
el hedor que emana de las tiendas de queso
y los negros pescados que boquean en la rue Daguerre?
Ah, la virtud que tienen esos versos
que escribí aquel invierno es que pueden olvidarse fácilmente.
Esos versos fueron, son harto compasivos,
y el mejor efecto de un poema se parece al de un insulto
gritado al oído del que duerme,
seguido de un golpe si acaso no despierta.
Dudo de todos los poemas que no engendren
la sorpresa y el recelo.
Celebro que un poema se haga odiar.
Si ves a Sonia, háblale de su ternura;
me salvarás del infierno si lo haces.
Desde entonces se han vaciado sobre el mundo siete años

</blockquote>

y recurro a tu memoria y a la mía
para no perder aquellos meses (sin verdaderas penas
y sin ninguna gloria, pero vividos con delirio).
Nuevos inviernos te habrán hecho envejecer un poco;
para mí son los veranos la medida del tiempo.
¿Pero esto no es un viaje que se recomienza?
Nos reiteramos, amigo, el mundo se reitera.
¿Llegaremos a tener la tos seca del conserje
que vagaba por la casa hipando, rezongando?
Todas las nevadas caerán en nuestros ojos
y un día –¡sea así! – no será más que verano abierto
meciéndose sobre el olvido de nosotros dos.
(Has de pensar que es ésta una pésima esperanza.)
Vivo, quiero decir que me devoro:
tengo a cada instante una mayor urgencia, un más vasto
    apetito.
Lo grande es hacer de la vida cotidiana una suma de sorpresas.
Hablamos de esto algunas veces y un día me citaste a
    Apollinaire:
A la fin tu es las de ce monde ancien.
Dije que sí, y aquella noche, en mi cama, Suzanne me reveló
que la vida sigue siendo la parte más hermosa de la muerte.
Descríbeme el entierro de Breton.

JOSÉ EMILIO PACHECO (1939)

Fin de siglo

La sangre derramada clama venganza

Y la venganza no puede engendrar
sino más sangre derramada.
   ¿Quién soy:
el guarda de mi hermano o aquel
   a quien adiestraron
para aceptar la muerte de los demás,
   no la propia muerte?
¿A nombre de qué puedo condenar a muerte
a otros por lo que son o piensan?
Pero ¿cómo dejar impunes
La tortura y el genocidio y el matar de hambre?
   No quiero nada para mí.
   Sólo anhelo
   lo posible imposible:
   un mundo sin víctimas.
Cómo lograrlo no está en mi poder.
Escapa a mi pequeñez, a mi pobre intento
de vaciar el mar de sangre que es nuestro siglo
con el cuenco trémulo de la mano.
Mientras escribo llega el crepúsculo.
Cerca de mí los gritos que no han cesado
no me dejan cerrar los ojos

ANTONIO CISNEROS (1942)

El cementerio de Vilcashuamán

Sólo las cruces verdes, las cruces azules, las cruces amarillas:
flores de palo entre la tierra de los hombres y el espacio que
    habitan los abuelos.
No edificios construidos con usura donde las cenizas se oxidan
    sin mezclarse.
Sólo las cruces verdes, las cruces azules, las cruces amarillas.
Moran aquí nuestros primeros padres:
        bien dispuestos y holgados y armoniosos
entre los rojos campos
              y las colinas interiores del planeta.
"La carne aguanta menos que el maíz y menos que los granos
    el vestido:
más que el algodón la lana pero menos que el hueso:
y más que las costillas quebradizas aguanta el viejo cráneo."
Y llegado el momento
regresan a la tierra igual como la arena se mezcla con la arena.
Abuelo Flores Azules de la Papa, Abuelo Adobe, Abuelo Barriga
    del Venado.
(Y en el techo del mundo de los muertos
como un río de gorgonas la sequía sucede a las inundaciones
              y los hijos
mueren de sed junto a las madres ya muertas por el agua.)
"Dónde tu fuerza, abuelo, que los ojos del fuego no te
    alcanzan."
Sólo los viejos nombres de acuerdo a edad y peso,
sólo las cruces verdes, las cruces azules, las cruces amarillas.
No el arcángel del siglo XIX –la oferta y la demanda– y las
    cenizas solas.
Abuelo Flores Azules de la Papa, Abuelo Adobe, Abuelo Barriga
    del Venado.
"Moja este blanco sol, Abuelo Lluvia."
                      Mientras la tierra engorda.

JOSÉ-MIGUEL ULLÁN (1944)

El viento
(Fragmento)

Nimbo   Número   Noche
s
la imantación
la resonancia

el gesto
borroso

la misma voz de la desobediencia
a ciegas
el mismo paladar
vacío

Nimbo   Número   Noche

y a veces quejumbrosa
la misma presa

la cordial
la infinita con poco
lo inesperado
la sobrecogida
la expulsada del péndulo del convivir
al torbellino del invocar
la que a la lengua mueve
la guiadora nube
el bramido que abrasa las manos
las tachaduras

el dónde estabas tú

lo ensimismado
lo ilegible

lo admirativo
lo fiel
más llanto que visión
oro molido
sobre las cicatrices del porvenir
inmóvil

escucharlo es ser dios

piel por piel
avestruz o topo
testigos mudos

cuerpo a cuerpo
una sola
carne
la inagotable
extrañeza

y tu despojo
tu adiós
tu oír
la sola
voluntad de tenderle un puente
al temor

a lo intacto

al aliento perdido en darle
un rostro verdadero al reclamo

Nimbo   Número   Noche

con los ojos cerrados
alguien va a desclavar
alguien va a desandar
alguien va a desunir

la representación
de las palabras
dadas
o poseídas
¿alguien?
puede ser cualquier cosa

la abdicación
el sin querer

o algo
capaz de desunir
desandar
desclavar
el blanco

del orden

desandar
desunir
desclavar

el origen frutal
del parpadeo el roce
del ramaje
la repentina huella
de la presa en la sed

la sombra de la ayuda
la mirada culpable del que nada aguardaba

la congoja del árbol
de la pasión

quítame la vida

sin colores zumbones
sin zarzas del sentido inextinguible
ni estercolero

y de vinagre
el cetro

desdicha hueca

deslumbrada
no siendo que

y allí la escarcha
que se ciñe al hueso
baja de ley reniega
de los abrojos y
bisbisea

Nimbo   Número   Noche

la avidez de las madrugadas
sus cosechas sus daños
sus voces
bajo el talón confesional de octubre

asomarse al abismo
de lo reconocido

de memoria
de rabia
de amor de aire
a nado

abrazarse a esas manchas
que saltan
de la avispa al lagar
de una en otra
ribera
así

así
las del mojo de anguila
las alas pecadoras
del carbunco

las desleales
a un empeño invasor casi borrado
del mapa

o liebre o grillo o corazón
o herida
siempreviva

desenvoltura
ni figuras ni formas con el agua
al cuello

un gusano de luna
un no saber ni cuándo
un país ceniciento
una reciente
matanza otro
llegar a ser
del deseo

y un candil
con la caligrafía cincelada en cifra
1944
de airosa soledad de ilesa llama

apagar
amatar

aguzar el sentido

Nimbo   Número   Noche

PERE GIMFERRER (1945)

Oda a Venecia ante el mar de los teatros

> Las copas falsas, el veneno y la calavera de los
> teatros
>
> GARCÍA LORCA

Tiene el mar su mecánica como el amor sus símbolos.
Con qué trajín se alza una cortina roja
o en esta embocadura de escenario vacío
suena un rumor de estatuas, hojas de lirio, alfanjes,
palomas que descienden y suavemente pósanse.
Componer con chalinas un ajedrez verdoso.
El moho en mi mejilla recuerda el tiempo ido
y una gota de plomo hierve en mi corazón.
Llevé la mano al pecho, y el reloj corrobora
la razón de las nubes y su velamen yerto.
Asciende una marea, rosas equilibristas
sobre el arco voltaico de la noche en Venecia
aquel año de mi adolescencia perdida,
mármol en la Dogana como observaba Pound
y la masa de su féretro en los densos canales.
Id más allá, muy lejos aún, hondo en la noche,
sobre el tapiz del Dux, sombras entretejidas,
príncipes o nereidas que el tiempo destruyó.
Qué pureza un desnudo o adolescente muerto
en las inmensas salas del recuerdo en penumbra.
¿Estuve aquí? ¿Habré de creer que éste ha sido
y éste fue el sufrimiento que punzaba mi piel?
Qué frágil era entonces, y por qué. ¿Es más verdad,
copos que os diferís en el parque nevado,
el que hoy así acoge vuestro amor en el rostro
o aquel que allá en Venecia de belleza murió?
Las piedras vivas hablan de un recuerdo presente.
Como la vena insiste sus conductos de sangre,

va, viene y se remonta nuevamente al planeta
y así la vida expande en batán silencioso,
el pasado se afirma en mí a esta hora incierta.
Tanto he escrito, y entonces tanto escribí. No sé
si valía la pena o la vale. Tú, por quien
es más cierta mi vida, y vosotros, que oís
en mi verso otra esfera, sabréis su signo o arte.
Dilo, pues, o decidlo, y dulcemente acaso
mintáis a mi tristeza, Noche, noche en Venecia
va para cinco años, ¿cómo tan lejos? Soy
el que fui entonces, sé tensarme y ser herido
por la pura belleza como entonces, violín
que parte en dos el aire de una noche de estío
cuando el mundo no puede soportar su ansiedad
de ser bello. Lloraba yo, acodado al balcón
como en un mal poema romántico, y el aire
promovía disturbios de humo azul y alcanfor.
Bogaba en las alcobas, bajo el granito húmedo,
un arcángel o sauce o cisne o corcel de llama
que las potencias últimas enviaban a mi sueño.
      Lloré, lloré, lloré.
¿Y cómo pudo ser tan hermoso y tan triste?
Agua y frío rubí, transparencia diabólica
grababan en mi carne un tatuaje de luz.
Helada noche, ardiente noche, noche mía,
como si hoy la viviera! Es doloroso y dulce
haber dejado atrás la Venecia en que todos
cara nuestro castigo fuimos adolescentes
y perseguirnos hoy por las salas vacías
en ronda de jinetes que disuelve un espejo
negando, con su doble, la realidad de este poema.

JOSÉ LUIS VEGA (1948)

Isla

Hay una patria donde el poeta
puede morir con dignidad;
una isla opaca que a veces brilla
en el mar del imaginar.
Al norte, limita con el albatros
y al fondo con la oscuridad,
al este colinda con el desvío
y en el viento con la verdad.
Patria vetusta, en sus confines basta
para vivir con libertad
el oro poco de la semejanza
y la metáfora del pan.
Su territorio está habitado
por la hermosura pertinaz
y, más que tierra, es un pensamiento
que se diluye sin cesar.
Plinio encerró su fauna herida
en un zoológico mental;
y en la última rama de sus brumas
cuelga el vellocino real.
Sus ríos caudales van a dar al sueño
persistente de lo fugaz;
allí, junto al bajel desmantelado,
salta el pez de la ambigüedad.
Sólo en el mapa del delirio abierto
ese país tiene lugar:
Itaca, Arcadia, Aleph, Breton, Utopos,
Thule... ¿cuál es su identidad?
Ni los mustios andamios de Bizancio,
ni los cafés de Montparnasse,
ni el colgante aroma de Babilonia,
ni un cementerio junto al mar
tienen la gracia inacabable
de este país por inventar.

AUTORES

Cantar de Mio Cid

Poema anónimo, copiado por Per Abbat en 1307, narra las aventuras y desventuras de Ruy Díaz, el Cid, quien desterrado por Alfonso VI deja Vivar acompañado por sesenta de sus soldados. Épico y narrativo, el poema tiene casi cuatro mil versos asonantados que reconocen influencia francesa, impronta aragonesa, pero también adelantan la poesía castellana, desde sus fuentes juglares, y forjan un primer horizonte legendario y novelesco del héroe enfrentado a los poderes en una saga que lo perpetúa con el valor de la lengua para recuperar lo específico, la emoción y la memoria popular.

Juan Ruiz, Arcipreste de Hita (siglo XIII)

Las únicas noticias de su vida provienen de su obra, *Libro de buen amor*. Nació en Alcalá de Henares y posiblemente estudió en Toledo. Fue arcipreste de Hita (Guadalajara), cargo que se sabe ya no desempeñaba en 1351.

Íñigo López de Mendoza, Marqués de Santillana (1398-1458)

Nació en Palencia (Carrión de los Condes) y falleció en Guadalajara. Fue hijo del almirante de Castilla don Diego de Hurtado de Mendoza y doña Leonor de la Vega. Participó activamente de la política de su tiempo, siendo enemigo de don Álvaro de Luna contra quien escribió el *Doctrinal de privados*. Su *Carta Proemio al condestable de Portugal* es el tratado de crítica literaria más antiguo que se haya escrito en español.

Jorge Manrique (1440-1479)

Nacido en Paredes de Nava (Palencia), fue hijo del maestre don Rodrigo y de su primera mujer, doña Mencía de Figueroa. Éste fue inmortalizado en las *Coplas* de su hijo, quien se dedicó a las letras y a las armas. Fue partidario del príncipe don Alfonso y más tarde de doña Isabel. Murió en Garci-Muñoz (Cuenca).

Juan Boscán (c.1500-1542)

Nació en Barcelona. Fue ayo del futuro duque de Alba. Sirvió luego en la corte de Carlos V. Cuando decidió abandonar la métrica castellana y adaptar el endecasílabo italiano, inició, conjuntamente con Garcilaso, la modernidad poética española. Fue el primer editor de Garcilaso, aunque murió antes de publicar el libro junto a sus propios poemas. Su obra ha sido distinguida entre la poesía "a la castellana", en formas tradicionales, y "al itálico modo", en sonetos y canciones.

Garcilaso de la Vega (1503-1536)

Nació en Toledo, hijo del comendador mayor de León en la orden de Santiago. Al servicio del rey en 1520, participó de varias campañas, entre ellas la expedición a la isla de Rodas en 1522, como Boscán, y en la de Navarra, en contra de los franceses (1523). Murió a consecuencia de las heridas recibidas en la campaña de Provenza (1536). De su obra poética nos quedan tres églogas, dos elegías, una epístola, cinco canciones, treinta y ocho sonetos, algunas coplas de arte menor, y unas pocas poesías en latín. Fue el creador de la estrofa llamada "lira".

Gutierre de Cetina (¿1514/17?-¿1560?)

Nació en Sevilla. Soldado, participó en batallas en Italia, Flandes y Túnez. En 1546 estuvo en México donde se cree que fue herido en un duelo de motivo amoroso. Estudió teología y se hizo sacerdote. Tuvo como amigos a literatos y personajes importantes de la época, y amores con varias damas, aunque se desconoce quién inspiró el famoso madrigal "Ojos claros, serenos". Es autor también de un *Discurso sobre la poesía castellana*.

Santa Teresa de Jesús (1515-1582)

Bautizada como Teresa de Cepeda y Ahumada, nació en el seno de una familia noble, en Ávila. Aficionada a los libros de caballerías, empezó a temprana edad a escribir uno, con la ayuda de su hermano. Sufrió de enfermedades que la paralizaron por dos años. Profesó en el convento de las carmelitas en Ávila, y su vida estuvo ocupada en luchas, viajes, fundaciones (diecisiete casas), visiones e intentos de reforma que le acarrearon dificultades con el poder civil y eclesiástico. Sus obras más famosas son *Camino de perfección* (1565) y *El castillo interior o las Moradas* (1557). Fue beatificada en 1614 y santificada en 1622. Fray Luis de León fue su primer editor.

AUTORES

Fray Luis de León (1527-1591)

Nació en Cuenca e inició sus estudios en Madrid y Valladolid, siguiendo su carrera universitaria en Salamanca. En 1544 ingresó en la orden de San Agustín. Su traducción del hebreo del *Cantar de los cantares* hizo que en 1572 fuera denunciado ante la Inquisición por intrigas de enemigos. Pasó cinco años encarcelado en Valladolid. Absuelto, volvió a su cátedra de Salamanca, reivindicado y triunfal. Sus obras fueron editadas por Quevedo. Murió en Ávila y sus restos fueron trasladados a Salamanca.

Fernando de Herrera (1534-1597)

Nació y murió en Sevilla, en el seno de una familia humilde. Sin ordenarse sacerdote, prestó servicios en la parroquia San Andrés. Estuvo enamorado de doña Leonor de Millán, esposa del conde de Gelves, anfitrión de una importante tertulia literaria; llamó a su musa Eliodora. Conocido con el sobrenombre de "el Divino", además de sus poesías amorosas y heroicas, fue autor de *Anotaciones a la obra de Garcilaso* (1580).

San Juan de la Cruz (1542-1591)

Bautizado como Juan de Yepes y Álvarez, nació en Ávila. Estudió con los jesuitas e ingresó en el Carmelo en 1536, de donde marchó a la Universidad de Salamanca. Santa Teresa de Jesús lo gana para la Reforma en 1567. En 1577 es apresado por los calzados de Toledo, y durante su encierro concibe de memoria la primera parte del *Cántico espiritual*. Sin duda el poeta místico más importante de la lengua española, entre sus obras se encuentran, aparte del *Cántico*, *Subida del Monte Carmelo*, *Noche oscura*, *Llama de amor viva*, y su famosísimo *Cantar de los cantares*.

Luis Barahona de Soto (1548-1598)

Nació en Córdoba. Su poesía es asociada al estilo andaluz. Cervantes elogió su famoso poema narrativo *Las lágrimas de Angélica*. Es probablemente el poeta que mejor conjugó la sensibilidad de Garcilaso con las destrezas de Góngora. En 1903 Francisco Rodríguez Marín recolectó sus obras en una edición fundamental.

Luis de Góngora y Argote (1561-1627)

Nació y murió en Córdoba, hijo de don Francisco de Argote y doña Leonor de Góngora. Fue beneficiado de la catedral cordobesa gracias a su tío materno, convirtiéndose en clérigo sin vocación a los catorce años; no se ordenó hasta tener los cincuenta cumplidos. Sus aficiones, alejadas del mundo eclesiástico, le valieron una acusación ante el obispo Pacheco en 1589. Fue capellán honorario de Felipe II y buscó, sin éxito, otros cargos para mejorar su condición económica. Se retiró a su ciudad natal en 1626, desengañado y con la salud deteriorada. Góngora no publicó sus obras en vida, pero sus escritos circularon en manuscritos, recogiéndose varios de ellos en romanceros y antologías de la época como *Flores de poetas ilustres* (1605). Entre sus obras más famosas están, *Soledades* (en silvas, 1613), *Fábula de Polifemo y Galatea* (en octavas, 1613) y el romance burlesco *Fábula de Píramo y Tisbe* (1618). En ediciones e interpretaciones, Dámaso Alonso ha sido responsable de su mejor lectura.

Félix Lope de Vega Carpio (1562-1635)

Conocido como el "Fénix de los ingenios españoles", Lope de Vega nació en Madrid en el seno de una familia humilde. Cursó estudios en Alcalá e intervino en la conquista de la isla Terceira. A su regreso, conoció a la primera de las numerosas mujeres que amó: la actriz Elena Osorio, *Filis*. Estuvo casado con Isabel Urbina, y luego vivió con Micaela de Luján, Juana de Gardo (su segunda mujer) y Marta de Nevares. Fue secretario de importantes personajes, entre ellos el Conde de Lemos y el duque de Sessa. Poeta fecundo, entre sus numerosas obras destacan: *Rimas* (1602), *Rimas sacras* (1604), *La dragontea* (1598), *Jerusalén conquistada* (1609), *La Filomena* (1621), *La Circe* (1624), *Rimas de Tomé de Burguillos* (1634), y *La Gatomaquia* (1634). Antonio Carreño ha hecho una definitiva edición de las *Rimas* en Crítica (Barcelona, 1998).

Bernardo de Balbuena (1568-1627)

Nació en Valdepeñas, Ciudad Real, y viajó, como muchos de su época, al Nuevo Mundo cuando era muy joven. Fue abad de Jamaica y obispo de Puerto Rico, donde falleció. Su obra principal es el extenso poema épico *El Bernardo o Victoria de Roncesvalles* (1624). Alrededor de 1602 empezó a componer *Grandeza Mexicana* (1604), donde intentó una glorificación descriptiva de la metrópoli mexicana y su "eterna primavera".

Rodrigo Caro (1573-1647)

Nació y murió en Sevilla. Fue sacerdote en el arzobispado de la ciudad andaluza, donde desempeñó cargos importantes. Fue también abogado y tuvo afición por la arqueología. Hombre de vasta cultura, mantuvo correspondencia con los mayores escritores de su tiempo, entre ellos Quevedo y Pellicer. Escribió en castellano y latín, sus obras son de gran erudición. Entre sus trabajos poéticos quedan la *Silva a Carmona* y la famosa *Canción a las ruinas de Itálica*, que debe haber compuesto a los veintidós años de edad a las ruinas de esa colonia romana próxima a Sevilla, que se remonta al periodo de Escipión el Africano.

Francisco de Quevedo y Villegas (1580-1645)

Nació en Madrid en el seno de una familia hidalga aunque pobre. Su padre ocupó importantes cargos palaciegos, su madre fue dama de la reina. Quevedo estudió con los jesuitas y en la Universidad de Alcalá de Henares. Sirvió bajo el duque de Osuna y luego bajo Felipe IV. Su erudición, dominio de lenguas clásicas y modernas, así como su temprana producción poética le dieron fama erudita y mundana. Sirvió bajo el poderoso duque de Osuna, virrey de Nápoles; pero a su caída, un arzobispo víctima de las sátiras de Quevedo, logró hacerlo encarcelar en un convento de Cuenca. Estuvo luego desterrado de Madrid hasta 1623. Su famosa "Epístola satírica y censoria" la dedicó al conde-duque de Olivares, aunque estaba inicialmente destinada a otro poderoso. Olivares le hizo su secretario, luego de otro destierro de Quevedo. En la alterna amistad y odio del conde-duque, Quevedo llevó la peor parte; a consecuencias de una sátira que se le atribuyó volvió a prisión por cuatro años. Se retiró enfermo a la Torre de Juan Abad, donde murió a los sesenta y cinco años. Entre sus obras poéticas, publicadas póstumamente, se hallan: *El Parnaso español, monte en dos cumbres dividido con las nueve musas castellanas* (1648) y *Las tres musas últimas castellanas* (1670). Borges dijo que no era un escritor sino una literatura, por la diversidad de su ingenio, registros y pasiones.

Juan de Tasis, Conde de Villamediana (1582-1622)

Poeta y cortesano, fue correo mayor del rey. Escribió sonetos de amor secreto y riesgoso. Murió asesinado, se afirma que por voluntad real, seguramente a consecuencias de esos amoríos. Su amigo Góngora, en una carta describió con horror la crudeza de su muerte. Juan Manuel Rozas ha editado sus *Obras* (Castalia, 1969).

Luis Carrillo y Sotomayor (1583-1610)

Nació en Córdoba, estudió en Salamanca, y participó en las campañas de Italia. Su muerte temprana fue muy lamentada, dado su evidente talento poético, de gusto italianizante y elaboración culterana. Sus poemas se reunieron en *Obras* (1613).

Francisco de Rioja (1583-1659)

Poeta sevillano, jurisconsulto, y cortesano. Fue protegido del conde-duque de Olivares; Felipe IV le hizo su cronista y bibliotecario. Por mucho tiempo se le atribuyeron dos de los más famosos poemas de su tiempo, "A las ruinas de Itálica", y el anónimo "Epístola moral a Fabio". A la caída de su protector, se retiró a Sevilla.

Miguel de Guevara (España, 1585-1646)

La atribución del famoso soneto "No me mueve, Señor, para quererte" sigue siendo un problema irresuelto. Primero le fue atribuido a Santa Teresa de Jesús, más tarde a Miguel de Guevara, misionero radicado en México, y luego a Antonio de Rojas (¿1585?-¿1650?), poeta religioso más conceptista que inspirado. Las varias versiones del soneto y las fechas distintas en que aparece complican aún más su atribución. La fuerza humanizadora del poema, que convierte a la experiencia religiosa en emoción inmediata, en albedrío del yo frente al tú, parece característica de la lírica dialógica del XVII.

Esteban Manuel de Villegas (1589-1669)

Vivió en Madrid desde 1603, donde, como precoz poeta, conoció a los más importantes escritores de la época en la corte. Estudió Leyes en Salamanca y se retiró a Nájera. En 1651 se vio envuelto en un proceso inquisitorial por sus opiniones sobre el libre albedrío, que le valieron algunos meses de destierro. Su obra más original son *Las eróticas o amatorias* (1618), que es una colección escrita con mucho cuidado desde su juventud, dividida en dos partes y cuatro libros. La lírica de Villegas fue modelo preferido de los poetas neoclásicos.

Francisco de Medrano (1570-1607)

Nació en Sevilla. De aliento metafísico y pensamiento sutil, fue educado por los jesuitas y se ordenó de sacerdote. Después de dejar la orden, retirado en Sevilla, cultivó la poesía. Dámaso Alonso redescubrió su trabajo poético y escribió su biografía en *Vida y obra de Medrano* (1958). Su edición de la *Poesía* de Medrano está en Cátedra (Madrid, 1988).

Luis de Sandoval y Zapata (¿1620?-1671)

Perteneció a un grupo nutrido y diverso de poetas gongorinos. De sus obras sólo nos quedan poemas sueltos, escritos todos entre 1642 y 1665. Su lujosa destreza es evidente en sus sonetos, siendo también famoso el que dedicó "a una cómica difunta". José Pascual Buxó ha editado sus *Obras* (México, Fondo de Cultura Económica, 1986).

Sor Juana Inés de la Cruz (1651-1695)

Bautizada con el nombre de Juana Ramírez de Asbaje, nació en San Miguel de Nepantla, de madre criolla y padre español. Fue el mayor talento literario que se produjo en el Nuevo Mundo durante la época colonial. Ingresó en el convento de San Jerónimo. Su poesía lírica es diversa y oscila entre la reflexión metafísica, el juego cortés y amatorio, a veces epigramático. También escribió obras dramáticas de brioso ingenio y autos sacramentales de lirismo sutil. Entre sus obras se encuentran: *Respuesta a sor Filotea de la Cruz, Fama y obras póstumas* (ambas recogidas por el padre Diego Callejas en 1700) e *Inundación castálida* (1689). Sus obras están publicadas por el Fondo de Cultura Económica de México, editadas por Alfonso Méndez Plancarte; y hay ediciones solventes y más actuales de Georgina Sabat de Rives, Antonio Alatorre y Margo Glantz.

Juan del Valle y Caviedes (1652-1697)

De origen andaluz, pasó al Perú durante su niñez. Siguiendo la influencia de Quevedo escribe romances, quintillas y sonetos en los cuales ejercita su talento satírico y crítico. Su poesías circularon en pliegos sueltos y sólo se publicó modernamente. Es autor de *Diente del Parnaso, Poesías serias y jocosas*, y también de poesía mística y amorosa. Daniel Reedy ha editado su obra completa en la Biblioteca Ayacucho de Caracas.

Andrés Bello (1781-1865)

Nació en Caracas y murió en Santiago de Chile. Estudió en la Real y Pontificia Universidad de Caracas. Gran humanista, trabajó muchos años en la residencia y biblioteca londinense de Miranda y en el Museo Británico. Fue el primer editor moderno de *El Cid*. Dirigió desde Londres el *Repertorio americano*, la más seria tribuna intelectual americanista de su tiempo. Profundizó estudios sobre Derecho internacional, crítica literaria y filología. Gran parte de su obra de jurista, educador y organizador, la realizó en Chile, de cuya Universidad fue rector. Las notas a la oda americanista que incluimos son de Pedro Grases y aparecieron en el tomo *Poesías* de la edición de las *Obras* de Bello publicadas por Nascimiento en Chile. Una edición más actual es la de las *Obras completas*, dirigida por Oscar Sambrano Urdaneta en la Casa de Andrés Bello, Caracas.

José Zorrilla (1817-1893)

Nació en Valladolid y estudió en el Seminario de Nobles en Madrid. Su lectura de un poema en el entierro de Larra fue un famoso gesto romántico; su vida y su obra estuvieron marcadas por ideales del romanticismo. Vivió en México, favorecido por el emperador Maximiliano. De vuelta en España, fue coronado en Granada. Aparte de sus poemas legendarios o históricos, su mejor obra fue en el teatro, gracias a su *Don Juan Tenorio*.

José Hernández (1834-1886)

Fue periodista y político. Su fama literaria viene de su obra *Martín Fierro*, extenso poema lírico-narrativo que apareció en dos partes, *El gaucho Martín Fierro* (1872) y *La vuelta de Martín Fierro* (1879). Esta obra, considerada como el más alto ejemplo de la poesía gauchesca, utiliza el habla, las imágenes y la visión del mundo de los gauchos también para denunciar los abusos que el estado nacional les había infligido.

Gustavo Adolfo Bécquer (1836-1870)

Nació en Sevilla. Se formó en la Escuela de San Telmo y en la biblioteca de su madrina. Marchó a Madrid con el propósito de alcanzar gloria literaria pero, decepcionado, pasó años de penuria. En 1857 enferma de tuberculosis, de la que nunca se recuperaría. Estuvo enamorado de Julia Espín, a quien nunca le declaró su amor consciente de la diferencia social que existía entre ellos. Fue ésta la inspiración de algunas de sus poesías en su obra *Rimas* (1871). Otras de sus obras son: *Cartas literarias a una mujer* (1860-1861), *Leyendas* y *Cartas desde mi celda*.

Rosalía de Castro (1837-1885)

La mayor figura de la poesía gallega, pasa sus primeros años en Santiago de Compostela. A la edad de quince años sufre una crisis moral que revelaría su temperamento melancólico, si bien la contemplación de la naturaleza es en su obra una fuerza íntima vivificante. Siguiendo sus convicciones regionales, participa brevemente de la política, aunque sin éxito. Su trabajo más característico está escrito en gallego. Sus obras más reconocidas son *Follas novas* (1880) y *En las orillas del Sar* (1884).

José Martí (1853-1895)

Poeta y patriota cubano, dedicó su vida y también su muerte a la causa de la independencia de Cuba; murió en el primer combate del largo proceso emancipatorio. Su ensayo "Nuestra América" es una de las definiciones más tempranas de una política de cuño americano. Escribió numerosas crónicas para revistas y diarios del continente sobre la vida política tanto de América como de los Estados Unidos, pero también acerca de la vida cotidiana de Nueva York, donde vivió exiliado trece años. Su obra completa ha sido editada en La Habana bajo la coordinación de Cintio Vitier.

Manuel Gutiérrez Nájera (1859-1895)

Poeta mexicano de inspiración francesa y acento modernista, precursor de un verso colorido y mundano; fue también cronista y narrador de la vida urbana moderna, de los regustos de la sociabilidad. Su trabajo está reunido en *Obras* (1959).

Julián del Casal (1863-1893)

Poeta cubano. Decadentista y elegante, dedicó su corta vida a la perfección formal y la sensibilidad plástica de una obra rica de color y figuración. Escribió una serie de sonetos a partir de cuadros de Gustave Moreau. Sufría de tuberculosis, lo que le costó la vida.

José Asunción Silva (1865-1896)

Poeta colombiano. Vivió holgadamente pero el negocio de su familia quiebra a consecuencia de la guerra civil en 1884. Fue bohemio y esteta finisecular. Su obra más famosa es el "Nocturno III" que rememora la muerte de su hermana en tonos lírico-románticos e incluso eróticos. Sus poemas se recogen en *El libro de versos* (1923) y escribe una importante novela, que no se publica sino hasta 1925, *De sobremesa*. La Colección Archivos de la Literatura Latinoamericana ha editado su obra completa.

Ricardo Jaimes Freyre (1866-1933)

Poeta boliviano, cultivó el gusto por la exquisitez formal y la sensibilidad fónica en sonetos de musicalidad modernista y figuración algo parnasiana. Fue también un serio estudioso de la métrica tradicional, sobre lo cual escribió un valioso tratado.

Rubén Darío (1867-1916)

Nacido en Nicaragua con el nombre de Félix Rubén García Sarmiento. Su vida itinerante lo llevó temprano a Chile, donde publicó sus primeros libros, que le dieron pronta fama. Fue corresponsal de *La Nación* en España. Figura central del movimiento modernista, que renovó la poesía en español, desde la publicación de su libro *Azul* (1888), elogiado por Juan Valera, que representa un momento clave en la creación de un nuevo espacio poético donde el lenguaje destaca por su riqueza verbal, temperamento musical y diversidad formal. Entre sus obras más famosas se distinguen *Los raros* (1893), *Prosas profanas* (1896); *Cantos de vida y esperanza* (1905); *El canto errante* (1907). La excelente edición de su poesía hecha por Ernesto Mejía Sánchez se reprodujo en la Biblioteca Ayacucho con prólogo de Ángel Rama.

Leopoldo Lugones (1874-1938)

Uno de los poetas argentinos más distinguidos, su carrera lírica pasa de un temprano romanticismo hacia las formas del simbolismo francés y el modernismo hispánico hasta llegar a un regionalismo sencillo. Sus posturas políticas fueron del anarquismo a un socialismo poco ortodoxo y, finalmente, a un tipo de fascismo. Entre su obra lírica destacan: *Las montañas del oro* (1897), *Los crepúsculos del jardín* (1905), *Lunario sentimental* (1909), *Odas seculares* (1910), *El libro fiel* (1912) y *Las horas doradas* (1922).

José María Eguren (1874-1942)

El poeta más original del tardío modernismo en Perú. Vive una vida tranquila de reclusión en su casa en las afueras de Lima. Cultiva el simbolismo y adelanta rasgos de la vanguardia. También exploró las mitologías nórdicas, la pintura y la música impresionistas. Es uno de los primeros artistas en abandonar el espacio público y elegir la marginalidad. Escribió cuatro colecciones de poemas: *Simbólicas* (1911), *La canción de las figuras* (1916), *Sombra* y *Rondinelas*, publicadas ambas en sus

Poesías (1929). *Motivos estéticos* reúne su prosa ensayística. Su poesía completa ha sido editada en Lima por Ricardo González Vigil.

Antonio Machado (1875-1939)

Nacido en Sevilla, estudió Filosofía y Letras en la Universidad de Madrid. Fue catedrático de francés en Soria, donde se casó con Leonor, con quien marchó a París a seguir cursos en la Sorbona. Muerta su esposa tras una penosa enfermedad, Machado regresa al Instituto de Baeza, y pasa luego a Segovia y a Madrid. Durante la Guerra Civil residió en Valencia y Barcelona. Su obra poética ahonda la exploración anímica pero también el paisaje humano y moral de su tiempo. Su sentido crítico se da dentro de un cierto estoico escepticismo; pero también expresa un pensamiento inquisitivo original. Entre sus obras se cuentan *Soledades. Galerías. Otros poemas* (1907), *Campos de Castilla* (1912), *Páginas escogidas* (1917), *Nuevas canciones* (1924). Sus *Poesías completas* fueron publicadas en 1928 y 1933.

Juan Ramón Jiménez (1881-1958)

Poeta español cuya evolución va del modernismo, con influencias becquerianas, al simbolismo francés y la "poesía pura", que se caracteriza por su música interior, sin rima y metro, pero cuyo lirismo y limpidez resultó ejemplar para generaciones siguientes. Exiliado voluntariamente de España por la Guerra Civil, vive en los Estados Unidos y en Puerto Rico, donde fallece. Recibió el Premio Nobel en 1956. Sus obras más conocidas son: *Jardines lejanos* (1904), *Diario de un poeta recién casado* (1917), *Antolojía poética* (1922), *Dios deseado y deseante (Animal de fondo)* (1964).

Delmira Agustini (1886-1914)

Nació en Montevideo y murió trágicamente en manos de su esposo, de quien se había intentado divorciar. Sus poemas asumen una feminidad vehemente, de apasionado lirismo y gran sensibilidad. Sus poesías se recogen en: *El libro blanco* (1907), *Cantos de la mañana* (1910), *Los cálices vacíos* (1913) y *El rosario de Eros* (1924).

Ramón López Velarde (1888-1921)

Poeta mexicano y uno de los mejores representantes de la transición entre el modernismo y la vanguardia. Su poesía se caracterizó primero por la sencillez, luego por una sensualidad torturada y una religiosidad agónica. Con sus versos fue capaz de descubrir el México de su tiempo, partiendo del habla de la provincia y la expresión popular. Entre sus obras se hallan: *La sangre devota* (1916), *Zozobra* (1919), *El minutero* (1923), *El son del corazón* (1932); son libros *El león y la virgen* (1945) y *Poesías, cartas, documentos, iconografía* (1952).

Gabriela Mistral (1889-1957)

Escritora y poeta chilena, su nombre fue Lucila Godoy Alcayaga. Fue maestra rural. Su poesía se caracteriza por un tono intimista, emoción y vigor en sus paisajes, una cierta inquietud religiosa y un lenguaje acendrado y poderoso. Recibió el Premio Nobel de Literatura en 1945. Su obra poética incluye *Desolación* (1922), *Ternura* (canciones para niños, 1925), *Las mejores poesías* (1938), *Lagar* (1954), entre otros libros.

Alfonso Reyes (1889-1959)

Nació en Monterrey, México. Formó parte de la nueva generación intelectual que se caracterizaba por su independencia, espíritu crítico y filosófico, su interés por la antigüedad clásica y por el renacimiento de las humanidades en su país. Su obra poética es de inspiración clásica, y logra fundir imágenes reflexivas y el aire refinado de canción popular. Es autor de *Huellas* (1922), *Pausa* (1926), *Cinco casi sonetos* (1931), *Romances del río de enero* (1933), *Yerbas del Tarahumara* (1934), *Otra voz* (1936) y *Cantata en la tumba de Federico García Lorca* (1936). La monumental edición de sus Obras completas viene siendo publicada por el Fondo de Cultura Económica de México bajo la coordinación de José Luis Martínez.

Pedro Salinas (1891-1951)

Nació en Madrid y murió en Boston, Estados Unidos. Fue profesor universitario en los Estados Unidos. Intelectual y humanista, cultivó con agudeza la crítica literaria. Su poesía se caracteriza por una precisa concepción de la poesía, una visión platonizante de la realidad, un sentido lúcido, de flujo discursivo y de intimidad gozosa. Entre sus obras se encuentran: *Presagios* (1924), *Seguro azar* (1929), *Fábula y signo* (1931), *La voz a ti debida* (1933), *Razón de amor* (1936), *Largo lamento* (1939), *El contemplado* (1946) y *Todo más claro y otros poemas* (1949).

Alfonsina Storni (1892-1938)

Poeta argentina. Su obra está atravesada por una fuerza expresiva a la vez desasosegada y sensual, pero asimismo por el gusto por los repertorios formales del modernismo en su versión más existencial y desnuda.

César Vallejo (1892-1938)

Nació en Perú en el seno de una familia provinciana de la sierra andina. Estudió el bachillerato en la Universidad de Trujillo, donde formó parte de un grupo rebelde y bohemio. Su poesía, sobre todo con *Trilce* (1922) demostró su poderosa originalidad. A consecuencia de una asonada en su pueblo, pasó varios meses en la cárcel. Se marchó a París, donde murió dejando gran parte de su obra inédita. Sus obras poéticas son: *Los heraldos negros* (1918), *Poemas humanos* (1938) y *España, aparta de mí este cáliz* (1939) son sus otros libros. Américo Ferrari es coordinador de una edición crítica de la poesía completa en Archivos de la literatura latinoamericana. Una reciente edición cuidada se debe a Ricardo Silva Santisteban (Universidad Católica del Perú).

Vicente Huidobro (1893-1948)

Nació Vicente García Huidobro Fernández en Santiago de Chile. Comenzó a publicar desde muy joven y mantuvo una vida cultural muy activa y polémica a través de revistas literarias. Fue un hombre de fortuna familiar. Fundador del movimiento creacionista, afirma que la "primera condición del poeta es crear, la segunda crear y la tercera crear". Viajó por muchos países pregonando su ideal poético y asumiendo posiciones políticas. Entre sus obras literarias destacan: *Ecos del alma* (1911), *Canciones en la noche* (1913), *La gruta del silencio* (1913), *El espejo del agua* (1916), *Horizon carré* (1917), *Poemas árticos* (1918), *Altazor o el viaje en paracaídas* (1931), *Ver y palpar* (1939), y *El ciudadano del olvido* (1941).

Jorge Guillén (1893-1984)

Poeta español perteneciente a la Generación del 27. A consecuencia de la Guerra Civil vivió exiliado. Cursó Filosofía y Letras en Madrid y Granada. Fue catedrático en Murcia y Sevilla, y más tarde en las universidades estadunidenses de Wellesley College, Harvard y Berkeley. Sus obras más conocidas son: *Cántico* (1928), *Ardor* (1950), *Clamor. Maremagnum* (1957), *Que van a dar en la mar* (1960), *A la altura de las circunstancias* (1963), entre otras. Fue también excelente ensayista literario.

Federico García Lorca (1898-1936)

Nació en Granada. Estudió Filosofía y Letras y se licenció en Derecho por la Universidad granadina. Desde 1919 reside habitualmente en Madrid, y durante los años 1929-1930 viajó por Estados Unidos, Canadá y Cuba. Fundó el teatro universitario La Barraca, con el cual viajó por el interior representando comedias y autos sacramentales de Vega, Tirso y Calderón de la Barca. Poeta y dramaturgo, logró una difusión universal, murió fusilado por las fuerzas nacionalistas al comienzo de la Guerra Civil. Entre sus obras líricas se hallan: *Impresiones y paisajes* (1918), *Libro de poemas* (1921), *Poema del cante jondo* (1931, escrito en 1921), *Primer romancero gitano* (1928), *Poeta en Nueva York* (publicado en 1940), y *Llanto por Ignacio Sánchez Mejías* (1935).

Luis Palés Matos (1898-1959)

Poeta puertorriqueño, participó del primer movimiento vanguardista con énfasis en la onomatopeya. Cultivó el estilo negroide y su poesía se convierte en síntesis de música y palabra en movimiento de gran efecto visual y auditivo: estos ritmos también transportan el pesimismo generacional, la ironía, el erotismo y la magia de la negritud. De sabiduría clásica y regusto formal, sus poesías están recogidas en *Azaleas* (1915), *El palacio en sombras* (1919-1920), *Canciones de la vida media* (1925), *Tuntún de pasa y grifería* (1937) y *Poesía 1915-1956* (1957). Una edición comentada es la de Mercedes López Baralt, *La poesía de Luis Palés Matos* (Editorial de la Universidad de Puerto Rico).

Vicente Aleixandre (1898-1984)

Poeta español. Se licenció en Derecho y Comercio y fue profesor de Derecho Mercantil. Fue premiado con el Premio Nacional de Literatura en 1934 y el Premio Nobel de Literatura en 1977. A partir de Freud y las vanguardias, asumió un lenguaje "parasurrealista" de vehemente aliento lírico; más tarde optó por una palabra comunicativa y dramática. Destacan sus libros: *Ámbito* (1928), *La destrucción o el amor* (1935), *Sombra de paraíso* (1944), *Historia del corazón* (1954), *Retratos con nombre* (1965), *Poemas de la consumación* (1968) y *Diálogos del conocimiento* (1974).

Jorge Luis Borges (1899-1986)

Poeta, narrador y ensayista argentino. Estudió en Ginebra, donde entró en contacto con las vanguardias literarias y, en especial, con el expresionismo alemán y el ultraísmo español, que llevó a Buenos Aires en 1921. Dirigió varias revistas literarias, trabajó como bibliotecario, escribió para periódicos y dictó clases particulares. Borges es considerado como uno de los escritores más originales del siglo XX. Su poesía fue primero vanguardista, de verso libre, proliferación de la metáfora y cierto localismo literario. Después de una fecunda producción de prosas y ensayos, vuelve en la madurez a la poesía, pero siguiendo modelos clásicos. Sus obras líricas, entre otras, son: *Fervor de Buenos Aires* (1923), *Luna de enfrente* (1925), *Cuaderno San Martín* (1928), *El idioma argentino* (1928), *Elogio de la sombra* (1969), *El otro, el mismo* (1972), *El oro de los tigres* (1972) y *La rosa profunda* (1975).

Emilio Prados (1899-1962)

Nació en Málaga. Vivió en la Residencia de Estudiantes en Madrid entre 1914 y 1923. Durante los años de la República se dedicó a tareas de instrucción cultural. Participó activamente en el bando republicano y terminó exiliándose a México. Su personalidad retraída y el desorden con el que se fueron publicando sus obras contribuyeron al escaso reconocimiento de su excelente poesía, basada en la imagen, el mundo interior, y las correspondencias sutiles y secretas. Entre sus obras poéticas se hallan: *Tiempo. Veinte poemas en verso* (1925), *Canciones del farero* (1926), *El llanto subterráneo* (1936), *Memoria del olvido* (1940), *Cuerpo perseguido* (1954), y *La piedra escrita* (1961).

José Gorostiza (1901-1973)

Poeta mexicano, fue miembro del grupo de "Contemporáneos". Su primera poesía es una muestra notable de purismo, aunque luego se destacan sus versos por sus resonancias barrocas, simbología compleja, la reflexión sobre el lenguaje y los motivos existenciales y metafísicos. *Muerte sin fin* es una de las sagas contemplativas más importantes en la poesía mexicana. Sus obras líricas son: *Canciones para cantar en las barcas* (1925), *Muerte sin fin* (1939), *Poesía* (1964) y *Poesía y poética* (1988).

Rafael Alberti (1902-1999)

Nació en Cádiz, en el Puerto de Santa María. Llega a Madrid en 1917, donde empezará a mudar su vocación de pintor a la de la literatura. Del neopopulismo pasa al gongorismo, luego al surrealismo y al compromiso político militante con el Partido Comunista durante la República y la

Guerra Civil. Exiliado, vive en la Argentina y en Italia regresando a España en 1976. Sus obras más conocidas son: *Marinero en tierra* (1925), *Sobre los ángeles* (1929), *El poeta en la calle* (1938), *Entre el clavel y la espada* (1941), *Pleamar* (1944) y *Retorno de lo vivo lejano* (1968).

Nicolás Guillén (1902-1989)

Poeta cubano, participó activamente de la vida política y cultural de su país, militando en el Partido Comunista. Es la mayor figura en la poesía negra afroantillana, y uno de los principales cultivadores de la poesía social. Su maestría estilística le hizo adaptar contenidos sociales e intimistas a los ritmos de la música popular caribeña. Entre sus libros de poemas están: *Motivos del son* (1930), *Sóngoro cosongo* (1931), *West Indies Limited* (1934), *España (Poema en cuatro angustias y una esperanza)* (1937), *Cantos para soldados y sones para turistas* (1937) y *La paloma de vuelo popular* (1958).

Xavier Villaurrutia (1903-1950)

Poeta y dramaturgo mexicano, realizó numerosas traducciones del francés, italiano y el inglés. Sus temas recurrentes son la soledad, la muerte, meditaciones de incertidumbre y rigor formal. Se lo asocia al surrealismo; fue editor de la gran revista *El hijo pródigo*, eje de la renovación literaria mexicana. Sus obras líricas son: *Reflejos* (1926), *Nocturnos* (1933), *Nocturno de los ángeles* (1936), *Nocturno rosa* (1937), *Nostalgia de la muerte* (1938), *Décima muerte y otros poemas no coleccionados* (1941) y *Canto a la primavera y otros poemas* (1928).

Luis Cernuda (1902-1963)

Fue discípulo de Pedro Salinas en la Universidad de Sevilla, donde estudiaba Derecho, pasando luego a Madrid en 1928. Fue miembro del grupo poético español del 27. Su lírica parte de la poesía pura y del clasicismo, pasa por el surrealismo para llegar a una poesía coloquial, reflexiva y moral. Se exilió en México en 1938, donde vivió hasta sus últimos días. Sus obras líricas más importantes son: *Perfil de aire* (1927), *Los placeres prohibidos* (1931), *Donde habite el olvido* (1934), *Las nubes* (1940), *Como quien espera el alba* (1947) y *Desolación de la Quimera* (1962). Fue también notable ensayista literario.

Pablo Neruda (1904-1973)

Seudónimo del poeta chileno Neftalí Ricardo Reyes Basoalto. Estudió Pedagogía en la Universidad de Chile, carrera que pronto abandonó por la literatura. Dirigió varias revistas literarias y cumpliendo tareas diplomáticas residió en Barcelona, París y México. La Guerra Civil española afectó profundamente su obra y persona. Militó en el Partido Comunista de Chile. Fue uno de los poetas con más influencia de la lengua española. Su poesía empieza por un juvenil neorromanticismo, pasa por el surrealismo, donde adquiere originalidad de expresión, asume la poesía ideológicamente comprometida, se demora en el elogio de las cosas elementales y vuelve a un lirismo personal. Sus obras más famosas son: *Crepusculario* (1923), *Veinte poemas de amor y una canción desesperada* (1924), *Residencia en la tierra* (1925-1931), *España en el corazón* (1937), *Tercera Residencia* (1947), *Canto general* (1950), *Odas elementales* (1954), y *La barcarola* (1967).

César Moro (1906-1956)

Seudónimo de Alfredo Quíspez Asín, oriundo de Lima, Perú. Se lo considera el poeta más estrictamente surrealista de América Latina. El rechazo de la sociedad de su tiempo lo lleva a abandonar Lima. Vive por largas temporadas en París y México. Hizo suyo el francés, en el que escribió la mayor parte de su obra poética. Participó activamente en el movimiento surrealista; organizó con André Breton la exposición internacional del surrealismo en México (1938). Sus obras son: *Le château de grisou* (1943), *Lettre d'amour* (1944) y *Trafalgar Square* (1954). Póstumamente se publicaron *Amour à mort* (1957) y *La tortuga ecuestre* (1938-1939).

Martín Adán (1908-1984)

Poeta peruano barroquizante, tan metafísico como existencial, cuyo talento verbal se hizo patente muy temprano. Es autor de una de las novelas vanguardistas más valiosas de América Latina, *La casa de cartón* (1926), así como de una tesis sobre *Lo barroco en el Perú*, que repasa la historia cultural desde una lectura personal creativa. Sus mayores libros son *Travesía de extramares* (1950) y *La mano desasida*. Sus libros de poesía están recogidos en *Obra poética* (1980) y su prosa en *Obras en prosa* (1982).

Miguel Hernández (1910-1942)

Nació en Alicante, España. Hijo de comerciantes apenas cursó estudios que tuvo que abandonar a los 15 años para dedicarse al oficio de pastor.

Empezó a publicar en 1930, y a partir de 1934 se instala en Madrid. Durante la Guerra se alista en las filas del ejército de la República y recorre los frentes de Madrid y Jaén aprovechando para dar numerosos recitales poéticos para las tropas. Fue hecho prisionero al final de la guerra. Es encarcelado en Orihuela, en Ocaña y finalmente en Alicante, donde muere de una tuberculosis pulmonar. Su obra, publicada en mayoría de forma póstuma, incluye: *Perito en lunas* (1934), *El rayo que no cesa* (1936), *El silbo vulnerado* (1949) y *Cancionero y romancero de ausencias* (1958).

Enrique Molina (1910-1996)

Poeta argentino, heredero del surrealismo, al que le confirió una entonación americana. Su poesía canta con vehemencia el diálogo erótico, la comunicación elemental, la aventura subvertora. Es autor de *Las cosas y el delirio* (1941), *Pasiones terrestres* (1946), *Costumbres errantes o la redondez de la tierra* (1951), *Amantes antípodas* (1961), *Fuego libre* (1962), *Las bellas furias* (1966), *Hotel pájaro* (1967) y *Monzom Napalm* (1968).

Emilio Adolfo Westphalen (1911)

Poeta y periodista peruano. Formó con César Moro un grupo surrealista que tuvo considerable influencia en el desarrollo de la poesía peruana. Sus poemas convocan hoy a una lectura decantada por el paso de las vanguardias para hacer ver mejor su calidad específica, que recorre la tradición poética, desde San Juan de la Cruz hasta asociaciones del surrealismo, transparentando su canto amorosos radical y rebelde, su afirmación de la palabra como epifanía. Entre sus obras líricas están: *Las ínsulas extrañas* (1933), *Abolición de la muerte* (1935), *Bajo zarpas de la quimera. Poemas 1930-1988* (1991), *Ha vuelto la Diosa Ambarina* (1988), *Otra imagen deleznable* (1980), *Arriba bajo el cielo* (1982) y *Belleza de una espada clavada* (1986).

José Lezama Lima (1912-1976)

Nacido en Cuba, fue poeta, novelista, ensayista, fundador de la revista *Orígenes* y del grupo literario del mismo nombre. Fue guía fecundo del culto poético como suma, fe y oficio. También es autor de una de las más inspiradoras teorías de la cultura latinoamericana, no como trauma del origen sino como mezclas y crecimientos de simpatía creadora. Su obra poética se inicia con *Muerte de Narciso* (1937), sigue con *Enemigo rumor* (1941), *Aventuras sigilosas* (1945), *La fijeza* (1949), *Dador* (1960) y el póstumo *Fragmentos a su imán* (1977).

Nicanor Parra (1914)

Poeta chileno, de larga impronta en la evolución de la poesía en lengua española, por su narratividad irónica, relativismo crítico y sabor cotidiano. La práctica del "antipoema" iniciada por Parra es un cuestionamiento del esencialismo, que hizo de la poesía un absoluto, pero también es una apertura del coloquio y del escenario urbano del poema. Sus libros son: *Cancionero sin nombre* (1937), *Poemas y antipoemas* (1954), *La cueca larga* (1958), *Versos de salón* (1962), *Canciones rusas, Obra gruesa* (que reúne su poesía, 1969), *Sermones y prédicas del Cristo de Elqui* (1977) y *Nuevos sermones y prédicas del Cristo de Elqui* (1979).

Octavio Paz (1914-1998)

Nació en México. Gran líder de la inteligencia mexicana del siglo, ejerció una función provocadora y estimulante desde los foros de revistas como *Taller*, *Plural* y *Vuelta*. Ensayista y crítico, de intuición certera y vocación polémica. Le fue concedido el Premio Nobel de Literatura en 1990. Su trabajo poético está reunido en: *Libertad bajo palabra* (1958), *Salamandra* (1962), *Ladera Este* (1969), *Vuelta* (1976), *Poemas* (1935-1975) y *Árbol adentro* (1987). Sus obras completas han sido publicadas por el Fondo de Cultura Económica en México.

Gonzalo Rojas (1917)

Poeta chileno. Fue profesor en la Universidad de Concepción y representante diplomático de la Unidad Popular de Salvador Allende. Luego del golpe de estado de 1973 vivió en Venezuela y Estados Unidos; con el proceso de transición democrática, volvió a su país. Ha obtenido numerosos premios internacionales por su obra. Participó del grupo surrealista formado en torno a la revista *Mandrágora* (1938-1943). Ha publicado: *La miseria del hombre* (1948), *Contra la muerte* (1974), *Oscuro* (1977), *Transtierro* (1979), *Del relámpago* (1981), *50 poemas* (1982), *Críptico y otros poemas* (1984), *Materia de testamento* (1988) y *Desocupado lector* (1990).

Olga Orozco (1920-1999)

Poeta argentina, de verso salmódico, impronta surrealista y regusto por las asociaciones rituales del deseo y la celebración. Es autora de *Desde lejos* (1946), *Las muertas* (1952), *Los juegos peligrosos* (1962), *La oscuridad es otro sol* (1968), *Cantos a Berenice* (1978), *Obra poética* (1979), *La noche a la deriva* (1984) entre otros títulos. El Instituto de Cooperación Iberoamericana publicó una *Antología poética* de su obra en 1985. *Relámpagos de lo invisible* (México, Fondo de Cultura Económica) es otra muestra. Obtuvo el Premio Juan Rulfo de Literatura en Guadalajara en 1998.

Cintio Vitier (1921)

Poeta y ensayista cubano, uno de los mayores críticos latinoamericanos, especialista en la obra de José Martí, que ha editado; así como en la poesía cubana, a la que dedicó un tomo fundamental, *La poesía en Cuba*. Su vasta obra poética reconoce la impronta del grupo de *Orígenes*, la lírica visionaria, la religiosidad cotidiana, pero evoluciona con madurez propia gracias a su coloquio, hecho de intimidad y convicción. Sus libros principales son *Vísperas (1938-1953)* (1953), *De peña pobre* (1980), *Vísperas y testimonios* (1988), *Poemas de mayo y junio* (1990), *Nupcias* (1993). Sus *Obras* son de 1997.

Juan Sánchez Peláez (1922)

Poeta nacido en Venezuela. Durante la dictadura se exilió en Santiago de Chile y vivió luego en París y Nueva York. Ha sido agregado cultural de su país en Colombia y España. Ha proseguido el surrealismo en su credo estético, con una práctica muy personal de signo vital y visionario. Sus poemas están recogidas en *Elena y los elementos* (1951), *Animal de costumbre* (1959), *Filiación oscura* (1996), *Rasgos comunes* (1975), *Por cuál causa o nostalgia* (1981) y *Aire sobre aire* (1989). *Poesía* (Caracas, Monte Ávila, 1993) reúne sus libros a la fecha.

Gabriel Ferrater (1922-1971)

Nació en Barcelona. Su obra poética está escrita en catalán. A partir de su cultivo de la poesía inglesa, y gracias a su sensibilidad irónica, forjó una dicción propia, de intimidad y desapego, que cuajó en soliloquios de contemplación y narración, de elocuencia y sagacidad. *Las dones i el dias* (1968) fue primer libro. Se tradujo como *Mujeres y días* en 1979. Luego de su muerte se han compilado sus ensayos en dos tomos, *Sobre literatura, 1951-1971* y *Sobre pintura*, publicados en 1979 y 1981.

José Hierro (1922)

Poeta español. Autor de una poesía vivencial y memoriosa, que en el ciclo de las "alucinaciones" encuentra un registro de interpolaciones temporales y relatos, que comunican la fuerza de una resistencia anímica y vital frente a las fuerzas contrarias de todo orden. Sensibilidad y humanidad dan a su poesía drama y nobleza. Recibió el Premio Cervantes de Literatura en 1999. De *El libro de las alucionaciones* (1964) hay una edición comentada y anotada por Dionisio Cañas (Madrid, Cátedra, 1986). *Cuanto sé de mí* (1957) compila su obra a la fecha. *Cuaderno de Nueva York* (1988) es su último libro.

Álvaro Mutis (1923)

Nació en Bogotá. Reside en México desde 1956. Es también autor de varias novelas de aventuras pasionales y personajes encantados. Ha publicado los siguientes libros de poesía: *La balanza* (1948), *Los elementos del desastre* (1953), *Los trabajos perdidos* (1961), *Summa de Maqroll el gaviero* (1973, reúne su poesía entre 1948 y 1970), *Textos olvidados* (1980), *Caravansary* (1981) y *Crónica regia y alabanza del reino* (1985).

Carlos Martínez Rivas (1924-1988)

Nicaragüense, poeta de registro celebratorio y sabidurías formales en la definición de lo cotidiano. Es autor de *El paraíso recobrado* (1943) y *La insurrección solitaria* (1953). Ha sido reconocido por los más jóvenes como una de las voces de apertura y convicción.

Jorge Eduardo Eielson (1924)

Poeta peruano, también se dedica a la prosa, al teatro y, sobre todo, a la pintura. Su poesía se destaca por su brío imaginario, libertad prosódica y agudeza ritual. Una novela suya, *El cuerpo de Giulia-no* ha tenido lectores fieles. Su producción poética está recogida en: *Poesía escrita* (1942-1960), que incluye *Canción y muerte de Rolando* (1943), *Reinos* (1945) y *Mutatis mutandis* (1967), entre otros cuadernos. Martha Canfield ha preparado una edición cuidada de la obra de Eielson para la Editorial Norma de Bogotá.

Roberto Juarroz (1925-1995)

Poeta argentino. Trabajó largamente de bibliotecario. Su obra cuajó en torno a un ciclo indagatorio y meditativo, que él llamó "poesía vertical", una designación que anuncia su juego metafísico; tanto la trama espacial como la alegoría gráfica articulatoria. La serie se inicia en 1958 con *Poesía vertical*. Una *Séptima poesía vertical* es de 1982.

Ernesto Cardenal (1925)

Poeta nicaragüense, es una de las figuras responsables de la nueva dicción hispanoamericana narrativa hecha sobre la tradición moderna norteamericana, las crónicas de Indias, y el coloquio popular. Su obra poética está recogida en los siguientes títulos: *La ciudad deshabitada* (1946), *Oración por Marilyn Monroe y otros poemas* (1965), *El estrecho dudoso* (1966), *Homenaje a los indios americanos* (1969), *Vida en el amor* (1970), *Oráculo de Managua* (1973), *Nueva antología poética* (1978), *Los campesinos de Solentiname piden el Evangelio* (1982) y *Canto cósmico* (1989).

Ángel González (1925)

Poeta español, nacido en Oviedo. La revolución asturiana de 1934 lo marcó profundamente. Uno de sus hermanos fue asesinado durante la Guerra Civil, otro marchó al exilio. Pasó tres años en las montañas, curándose de una enfermedad pulmonar. Estudió Derecho en Oviedo y en 1951 se traslada a Madrid. Trabaja en el Ministerio de Obras Públicas hasta 1972. Desde ese año enseña en universidades norteamericanas, y en 1975 es nombrado profesor permanente de la Universidad de Nuevo México, Alburquerque. Algunos de sus libros son *Áspero mundo* (1956), *Grado elemental* (1962), *Tratado de urbanismo* (1967), *Palabras sobre palabra* (poesía reunida, 1968, 1977), *Muestra de algunos procedimientos narrativos* (1977).

Blanca Varela (1926)

Poeta peruana. Su poesía madura reveló una voz confesional de severo auscultamiento, desgarro y desamparo. Al mismo tiempo, se trata de una poesía a media voz, enigmática y de compleja forma diversificada. Sus libros son *Ese puerto existe* (1959), *Luz de día* (1963), *Valses y otras falsas confesiones* (1972), *Canto villano* (1978), *Ejercicios materiales* (1993). *Canto villano, Poesía reunida, 1949-1983* (México, Fondo de Cultura Económica, 1986) reúne su obra.

Jaime Sabines (1926-1999)

Poeta mexicano. Con Efraín Huerta inició una línea descarnada y emotiva, urgida de comunicación. Extremando la confesión, el testimonio y el lugar común de la emotividad, logró una poesía áspera y tierna a la vez. Sus publicaciones son: *Horal* (1950), *La señal* (1951), *Tarumba*

(1956), *Diario semanario y otros poemas en prosa* (1961), *Recuento de poemas* (1962), *Yuria* (1967), *Algo sobre la muerte del mayor Sabines* (1972), *Maltiempo* (1972), *Nuevo recuento de poemas* (1977 y 1980), y *Poemas sueltos* (1981).

Carlos Germán Belli (1927)

Poeta peruano. Forjó una peculiarísima mezcla de repertorios formales clásicos, tópicos de la tecnología actual y léxico coloquial. Artesanía y fuerza emocional se traman en su poesía con barroquismo y desgarro íntimo. Sus libros son *El pie sobre el cuello* (1964), *Por el monte abajo* (1966), *Sextinas y otros poemas* (1970), *En alabanza del bolo alimenticio* (1979) y *Canciones y otros poemas* (1982).

Tomás Segovia (1927)

Poeta mexicano de origen español (Valencia). Autor de una amplia y rica obra poética, de inspiración amorosa y pasión celebratoria, es autor asimismo de importantes compilaciones de ensayos y traductor constante y fehaciente. Vive entre México y España, y su obra es ejemplar de ese diálogo transatlántico. Su libro más representativo es *Anagnórisis*, 1964-1967. Su obra está reunida en *Poesía, 1943-1976* (México, Fondo de Cultura Económica, 1982).

Jaime Gil de Biedma (1929-1990)

Poeta catalán, escribió en castellano. Una de las voces más complejas y sutiles de la llamada "Escuela de Barcelona". Estuvo a cargo de negocios familiares, entre Cataluña y Filipinas; su poesía despliega con elegancia un recuento de ironías y pérdidas, de escepticismo e intimidad. Ha reunido su poesía en *Las personas del verbo* (Barcelona, Seix-Barral, 1982). Es autor también de *Diario del artista seriamente enfermo* (1974) y del tomo de ensayos *El pie de la letra* (1980).

Enrique Lihn (1929-1988)

Nació en Santiago de Chile. Poeta, narrador, crítico y animador, Lihn fue una fuerza literaria de renovación provocadora. Su capacidad de responder fue, al final, admirable. Su obra poética consiste, entre otros, de los siguientes libros: *Nada se escurre* (1949), *Poemas de este tiempo y de otro* (1955), *La pieza oscura* (1963), *Poesía de paso* (1966), *Escrito en Cuba* (1969), *La musiquilla de las pobres esferas* (1969), *Por fuerza mayor* (1975), *París, situación irregular* (1979), *A partir de Manhattan* (1979), *Estación de los desamparados* (1982) y *Al bello aparecer de este lucero* (1983).

Eduardo Lizalde (1929)

Poeta mexicano. Su obra amplía registros iniciados por la voz urbana de Efraín Huerta y la intensidad visceral de Jaime Sabines. Lizalde representa esa otra dimensión de la poesía mexicana, la de la materialidad vital, la de los sentidos alertas, la del agonismo diario. Su trabajo poético está reunido en *Nueva memoria del tigre (Poesía, 1949-1991)*, publicada por el Fondo de Cultura Económica en 1993.

José Ángel Valente (1929)

Poeta español, una de las opciones más agudas y lúcidas de la poesía española moderna. Valente es también crítico y ensayista de sensibilidad y compromisos, y ha explorado tanto el "decir breve" como la mística, los poetas modélicos de la modernidad como los temas de la tradición. Fue traductor de las Naciones Unidas por muchos años, y volvió a su país luego de la muerte de Franco. *Punto cero (Poesía: 1953-1971)*, Barcelona, Barral, 1972, compila su producción poética. Ha publicado luego *Mandorla* (Cátedra, 1982), *Al dios del lugar* (Tusquets, 1991), *No amanece el cantor* (Tusquets, 1992), y varios tomos de ensayos, entre ellos *El fin de la edad de plata* (Tusquets, 1995).

Rafael Cadenas (1930)

Poeta venezolano de vocación reflexiva y larga curiosidad por la sabiduría Zen y la mística. Es profesor universitario y ha escrito contra la pérdida del lenguaje en el mundo actual formulaico. Entre sus libros están *Cantos iniciales* (1946), *Los cuadernos del destierro* (1960), *Falsas maniobras* (1966), y *Memorial* (1977).

Juan Gelman (1930)

Poeta argentino. La "Carta" que incluimos proviene de su libro *Si dulcemente* (1980) y fue escrita a raíz de que el 26 de agosto de 1976 su hijo

Marcelo Ariel y su mujer encinta fueron secuestrados en Buenos Aires por un comando militar; el hijo de la pareja nació en la prisión y los padres forman parte de "los desaparecidos" de la guerra sucia. *Señales de vida* (1968-1998) es una muestra del importante trabajo de este poeta de la emotividad latinoamericana.

Francisco Brines (1932)

Nació en Valencia, España. Tras estudiar con los jesuitas, hizo la carrera de Derecho en Deusto, Valencia y Salamanca. También estudió en Madrid y fue lector por dos años en Oxford. Su poesía de gozo contemplativo y deseo contemplado incluye ciclos de recuento y exploración. Su *Poesía completa, 1960-1977*, fue publicada por Tusquets en 1977.

Claudio Rodríguez (1934-1999)

Poeta español. Estudió Filosofía y Letras en la Universidad Central de Madrid, licenciándose en filología románica en 1957. Obtuvo el Premio Adonais con su primer libro, *Don de ebriedad* (1953). Fue lector de español en Inglaterra desde 1958, primero en Notthingham y luego en Cambridge; en 1964 volvió a su país. Su libro *Alianza y condena* (1965) obtuvo el Premio de la Crítica. *Desde mis poemas* (Tusquets, 1983) reunió su obra a la fecha. *Casi una leyenda* (Tusquets, 1991) es su último libro.

Manuel Díaz Martínez (1936)

Poeta cubano, exiliado desde 1992 en Las Palmas, Gran Canaria, en cuya Universidad de las Palmas edita la revista *Espejo de paciencia*. Fue periodista y maestro en su país. Es autor de *Vivir es eso* (1967) por el que obtuvo el Premio Nacional de Poesía "Julián del Casal". Sus otros libros son *Memoria para el invierno* (1994) y *Señales de vida* (Madrid, Visor, 1998), que antologa su trabajo entre 1968 y 1998. Algunos de sus poemas le dan a la experiencia del exilio la limpidez de un ritual de agonías, la certeza de un destino nostálgico. El amor, el arte y la amistad son parte de ese testimonio de nuestro tiempo.

José Emilio Pacheco (1939)

Poeta, narrador, hombre de letras mexicano. Logró sumar la sensibilidad moral y la concisión verbal en una poesía del instante y la conciencia, de la cotidianidad amenazada. Sus poesías se recogen en los siguientes tomos: *Los elementos de la noche* (1963), *El reposo del fuego* (1966), *No me preguntes cómo pasa el tiempo* (1969), *Irás y no volverás* (1973), *Islas a la deriva* (1976), *Desde entonces* (1980) y *Los trabajos del mar* (1982). Títulos más recientes son *Miro la tierra, Ciudad de la memoria, El silencio de la luna* y *Escenarios*. También, antologías de su trabajo poético son *Ayer es nunca jamás, Fin de siglo* y *Alta traición*. Es asimismo autor de relatos y novelas de reconocida calidad, así como de traducciones y ensayos. Obtuvo el Premio Nacional de Literatura en 1993.

Antonio Cisneros (1942)

Poeta peruano. Desde los años sesenta se distinguió por su capacidad para darle un nuevo lenguaje a la poesía de persuasión crítica, experiencia y confesión, y recuento de época. Con plasticidad y control de sus propios recursos, el talento de Cisneros definió la entonación evocativa de la actualidad, cernida por el poema como forma cenital. *Canto ceremonial contra un oso hormiguero* (1968) obtuvo el Premio de poesía de Casa de las Américas, La Habana. Nuevos registros aparecieron en *El libro de dios y de los húngaros* (1977) y en *Crónica del Niño Jesús de Chapi* (1982). Su trabajo poético está reunido en *De noche los gatos* (Fondo de Cultura Económica, 1989).

José-Miguel Ullán (1944)

Poeta y escritor español, uno de los más innovadores y exploratorios, autor de una saga de rupturas y recomienzos que ha influido en liberar a la práctica poética española tanto de la tradición lírica como de la discursividad elocuente. De allí la gravitación de esta poética operativa entre los más recientes poetas españoles. Una excelente muestra de su producción es *Ardicia. Antología poética, 1964-1994* preparada por Miguel Casado para Cátedra de Madrid (1994).

Pere Gimferrer (1945)

Nació en Barcelona. Cursó estudios de Filosofía y Letras y Derecho, y ha trabajado como asesor literario de una empresa editorial. Además de su colaboración en diversas revistas literarias, practica la crítica cinematográfica y literaria, así como el relato, el ensayo y la traducción. Fue galardonado con el Premio Nacional de Poesía por su libro *Arde el mar* y es uno de los poetas incluidos en la antología de J.M. Castellet *Nueve novísimos* (1970). En su primera etapa escribe en castellano pero a partir de 1970 lo hace en catalán. Algunas de sus obras son: *Arde el mar* (1966), *La muerte en Beverly Hills* (1968), *Els miralls* (1970), *Hora foscant* (1972), *L'espai desert* (1977).

José Luis Vega (1948)

Poeta puertorriqueño. Es profesor de literatura en Estudios Hispánicos de la Universidad de Puerto Rico, donde estudió la tradición poética española y las rupturas vanguardistas hispanoamericanas. Fundó la revista *Ventana*, uno de los ejes de la producción poética de los años sesenta en su país. Se ha dedicado al estudio de los modelos rupturistas, de Huidobro, Vallejo, Girondo y Nicanor Parra. Su poesía reconoce varios registros, que van de la ironía epigramática al canto lírico, de la exploración del bolero como formato y repertorio a la celebración del erotismo. Poesía dialógica, de destreza comunicativa y diseño preciso, de nobleza formal y sabiduría epifánica. Entre sus libros están *Signos vitales* (1974), *La naranja entera* (1983), *Tiempo de bolero* (1985) y *Bajo los efectos de la poesía* (1990), *Solo de pasión* (1997) y *Techo a dos aguas* (Puerto Rico, Editorial Plaza Mayor, 1998).

tipografía: teresa báez
impreso en candiani
av. taxqueña 1784
col. paseos de taxqueña - méxico, d.f.
dos mil ejemplares y sobrantes
15 de febrero de 2000

www.ingramcontent.com/pod-product-compliance
Lightning Source LLC
Chambersburg PA
CBHW021753230426
43669CB00006B/68